# 現代中小企業の
# ソーシャル・イノベーション

佐竹 隆幸 編著
Satake Takayuki

同友館

# 目 次

序　章　中小企業の存立とソーシャル・イノベーション …… 佐竹隆幸 …… 1

第1章　地域中小企業の存立とソーシャル・イノベーション
　　　　―企業の社会的責任・企業倫理・地域活性化― …… 佐竹隆幸 …… **15**
　第1節　現代日本の企業の存立と経営環境 ……………………………… 15
　第2節　日本経済「失われた20年」と現代日本の経営環境 ………… 19
　第3節　格差問題解消のためのソーシャル・イノベーション ………… 30
　第4節　社会的責任を果たしうるソーシャル・イノベーション ……… 33
　第5節　むすび　ソーシャル・イノベーション実効のための
　　　　　ヒトづくり …………………………………………………… 36

第2章　世界をつなぐソーシャル・イノベーション ………… 山口隆英 …… **41**
　第1節　はじめに ………………………………………………………… 41
　第2節　社会的な課題を解決するグローバル展開 ……………………… 43
　第3節　Table For Two のケース ……………………………………… 46
　第4節　なぜ、TFT は当初から国際的な活動ができたのか ………… 62
　第5節　まとめ …………………………………………………………… 66

第3章　事業の仕組から見たソーシャル・イノベーション … 西岡　正 …… **71**
　第1節　はじめに ………………………………………………………… 71
　第2節　ソーシャル・イノベーションと事業の仕組 …………………… 71
　第3節　事例の検討：新たな農業ビジネスで中山間地域の
　　　　　活性化を目指す企業事例 ………………………………………… 75

第4節　小括 …………………………………………………………… 84

第4章　地域経済の振興とソーシャル・イノベーション
　　　―地域商社「ばうむ合同会社」による地域経済活性化の挑戦―
　　　………………………………………………………… 梅村　仁 …… **87**
　　第1節　地方都市：高知県の現状 …………………………………… 87
　　第2節　総合計画的な高知県産業振興計画 ………………………… 89
　　第3節　地域商社「ばうむ合同会社」の取組 ……………………… 91
　　第4節　地方都市における小さな経済づくりと
　　　　　　ソーシャル・イノベーション …………………………… 101

第5章　イノベーションの価値の持続
　　　―中小企業の競争力維持戦略― ……………………… 長野寛之 … **105**
　　第1節　はじめに ……………………………………………………… 105
　　第2節　数値で見る家電と自動車 …………………………………… 106
　　第3節　後発優位のメカニズム ……………………………………… 108
　　第4節　日本の液晶パネルの敗因 …………………………………… 113
　　第5節　日本の自動車産業競争優位 ………………………………… 126
　　第6節　新しいフレームワークの提案 ……………………………… 130
　　第7節　中小企業にとってのフレームワークの意味 ……………… 135

第6章　社会的事業を営む中小企業に関する一考察 ………… 久富健治 … **139**
　　第1節　はじめに ……………………………………………………… 139
　　第2節　中小企業とソーシャル・イノベーション ………………… 140
　　第3節　新たな社会的事業を始めた中小企業の事例 ……………… 143
　　第4節　おわりに ……………………………………………………… 151

## 第7章 中小企業の社会的責任によるソーシャル・イノベーション
　　　　　　　　　　　　　　　　　　　　　　　　　藤川　健 … **153**
- 第1節　はじめに …………………………………………………… 153
- 第2節　経営品質の解釈論 ………………………………………… 155
- 第3節　CSR、経営品質、ソーシャル・イノベーション ……… 161
- 第4節　むすびにかえて
　　　　―ソーシャル・イノベーションの向こう側― ………… 168

## 第8章 東日本大震災被災中小企業の復興とソーシャル・イノベーション
　　　―宮城県南三陸町の事例から― ……………… 青田良介 … **173**
- 第1節　はじめに …………………………………………………… 173
- 第2節　ミュージックセキュリティーズ株式会社の
　　　　東日本大震災被災事業者応援ファンドについて ……… 176
- 第3節　宮城県南三陸町(有)橋本水産食品の再建 …………… 189
- 第4節　まとめ：応援ファンドの特色と被災中小企業への
　　　　支援に関する考察 ………………………………………… 203

## 第9章 地域中小企業の存立維持とグローバル化に関する一考察
　　　―中小製造業の海外事業展開を中心に― ……… 長谷川英伸 … **209**
- 第1節　問題意識 …………………………………………………… 209
- 第2節　世界各地域の中小企業研究 ……………………………… 210
- 第3節　グローバル化に伴う中小企業経営 ……………………… 215
- 第4節　地域中小企業の海外事業展開の経営行動 ……………… 218
- 第5節　結論 ………………………………………………………… 225

## 第10章　ベンチャー型中小企業のソーシャル・イノベーション創出
　　　　─地域資源を活かした市場創造形成プロセス─
　　　　………………………………………………………… 須佐淳司 … **229**
　　第1節　中小企業の第二創業とソーシャル・イノベーション ………… 229
　　第2節　日本のベンチャー・ビジネスと
　　　　　　中小企業に関する既存研究 ………………………………… 233
　　第3節　研究方法と考察対象 ……………………………………………… 238
　　第4節　ケース・スタディ（事例研究）………………………………… 239
　　第5節　考察 ………………………………………………………………… 249

## 第11章　地域中小企業の経営革新によるソーシャル・イノベーション
　　　　………………………………………………………… 山下紗矢佳 … **259**
　　第1節　はじめに …………………………………………………………… 259
　　第2節　イノベーションと経営革新 ……………………………………… 261
　　第3節　「ソーシャル・イノベーション」先行研究 …………………… 265
　　第4節　地域中小企業によるソーシャル・イノベーションの
　　　　　　実態調査研究 …………………………………………………… 268
　　第5節　中小企業政策とソーシャル・イノベーションに
　　　　　　対する政策課題 ………………………………………………… 275
　　第6節　地域を支えるソーシャル・イノベーション ………………… 279

## 第12章　顧客価値創造経営を実効するソーシャル・イノベーション
　　　　………………………………………………………… 佐竹隆幸 … **285**
　　第1節　「ヒトづくり」からイノベーションへ ………………………… 285
　　第2節　理念型経営によるソーシャル・イノベーション …………… 288
　　第3節　ケース分析による中小企業の存立と
　　　　　　ソーシャル・イノベーション ………………………………… 292

第4節　「強い企業」と「よい企業」の同時実現 ……………………… 306

**終章　地域中小企業によるソーシャル・イノベーションへの展望**
　　………………………………………………………… 佐竹隆幸 … **309**
　　第1節　「ヒト」による「顧客価値創造経営」の実効 ……………… 309
　　第2節　過去20年間における現代中小企業の現状と方向性 ……… 311
　　第3節　ヒトづくりの経営と新たな価値創造 ………………………… 319
　　第4節　経営革新と経営品質の同時実現 ……………………………… 323
　　第5節　むすび　ソーシャル・イノベーションによる
　　　　　　持続可能な企業の実現 ……………………………………… 327

あとがき ……………………………………………… 佐竹隆幸 … 335
索　引 ……………………………………………………………… 341

# 序章

# 中小企業の存立とソーシャル・イノベーション

　多くの尊い人命が失われた第二次世界大戦の終焉から70年が過ぎ、日本は見事に経済復興を成し遂げ、高度経済成長を経て先進国へのキャッチアップを果たした。しかし阪神・淡路大震災、東日本大震災という未曾有の大災害を経験し、失われた20年が継続し、経済的にも政治的にも不透明な時代が続いている。アメリカのトランプショック、イギリスのEU離脱ショックをはじめ世界経済はさまざまなリスク要因のもと不透明で不安定な状況を強めている。国際金融市場の深刻な不安定化、原油価格の止まらない下落、さらに過激派組織IS、中国と東南アジアとの海域問題、ウクライナ危機に伴う欧州・ロシアの対立や難民問題等の地政学的リスクも高まってきている。また富裕層と貧困層の格差問題、「新常態」路線を宣言した中国からは国外製造企業の流出が加速している。締結により日本も大きな影響が予想される環太平洋経済連携協定（TPP）、東アジア地域包括的経済連携（RCEP）、環大西洋貿易投資連携協定（TTIP）等のメガ自由貿易協定の進展の可能性も深まり、影響額は世界の国内生産の約3割～5割を占めることが予想されている。

　日本経済も、円安と株高のもと輸出型大企業と内需型企業との業績格差、都市圏と地方都市の景況格差、正社員と非正規雇用社員の賃金格差等の格差

拡大・二極化の進行が顕著となっている。こうした背景を踏まえて日本財政の破綻危機と10％の消費税増税が予定されるなかで、団塊の世代が70歳となり後継者難が進み、構造的な人手不足の時代の到来という労働力問題が顕著となり、経営危機・廃業を余儀なくされる企業が激増する「2017年問題」が到来する危険性が生じている。さらに人口減少・高齢社会の到来は、長引く地域経済の衰退や過疎化により、地域の活性化が待ったなしの状況にあるといえる。激変する日本の社会・経済のもとでは、変化への機敏な対応が不可欠である。グローバル競争と技術革新のもとで新たな存立基盤を確立していかねばならない。そのためには第二創業・経営革新をはじめとし、経営資源不足の解消、外部資源の活用、自立化、事業承継、IT活用、連携、信用力創造、人財育成、ネットワーク・マネジメント、企業再生問題など多岐にわたる。「失われた20年」に対応すべく日本の経済政策の基調は、グローバル競争を勝ち抜き、高度な技術革新へ対応できるような企業を育成することであり、いわば「強い企業」を創造することである。この「強い企業」を核に、「強い産業」を育成し、「強い地域」をつくりあげていくことが重要とされている。しかし「強い企業」とはいかなる企業なのであろうか。グローバル化に対応できる海外事業展開を視野に入れた企業のみが「強い企業」ではない。

　「強い企業」に求められるものはいかなる資質であろうか。グローバル化のなかで、世界的に進む気候変動や資源枯渇、人口爆発による食糧不足をはじめ、先進国で進む高齢化・労働力減少、新興国で進む人口の都市集中によるインフラ不足や環境破壊、途上国で一向に減らない貧困問題や格差問題等の深刻な社会的課題等世界的には重要な課題が山積している。こうした認識を中小企業でも理念的行動実践に盛り込み、広い視野からの「社会に対するお役立ち」志向を有する企業であることを情報発信し、顧客にアピールするとともに、同じ目的を持つ企業や団体と連携し、オープン・イノベーションを推進することが希求される。社会的課題解決のためには、社会秩序づくり

が不可欠であり、実践で得られた暗黙知を組織としての形式知にすることで、イノベーションの再現力を強化することが不可欠である。地域に存立する企業が理念を浸透させ、叡智を結集した経営戦略を実践し、地域の再生だけではなく、むしろ経営を革新する原動力としてのイノベーションを実効していくことが求められる。したがって長きにわたり一定の地域に存立し、地域に貢献してきた企業こそが地域における存立基盤を確立している企業であり、地域資源を活用したイノベーション力を実効しうる企業なのである。地域においてイノベーション力を発揮しうる「強い企業」のいわゆる社会貢献活動により、地域に貢献できる「よい企業」となりうる。「よい企業」には、「ヒト・モノ・カネ」といった経営資源を通じて「強い企業」で蓄積された利益を地域に還元していくことが求められる。こうして地域は住民本位の「よい地域」となる。このような地域が有する利益を地域に還元していく地域力のことを「地域内再投資力」と呼ぶ。「地域内再投資力」によって地域に存立する個々の企業、自治体や地域経済団体、大学・研究機関、さらに地域住民等の潜在的な地域資源を掘り起こし、「よい企業」「よい地域」を創り出すためのシナジー効果を生み出すイノベーションを発現していく必要がある。そのためにはイノベーションの担い手を育成していく必要がある。地域活性化のコーディネータ力、あるいはソーシャル・イノベーションをリードしうる人財を社会に輩出し、地域資源活用型の企業を創生していく必要があるだろう。

　今、社会に求められている人財を育成するためには、「強い企業」とともに「よい企業」を育成し、「強い地域」「よい地域」を創りあげるための高度な経営知識と確かな実践力を身につけることを可能にする専門的な枠組のなかで人財を育成していかなければならない。企業の持続的成長には、顧客価値創造経営の実現が不可欠である。顧客価値創造経営とは「従業員のモチベーションを高めることによって、顧客のニーズを適切に把握し、顧客に最高の商品・サービスを提供できる」経営のことである。すなわちES（社員

満足）を高めることで、自ずとCS（顧客満足）が高まり、CSR（企業の社会的責任）を高度に実践することでES（社員満足）を高めて、企業成長の循環を高度化していくことである。近江商人の行動哲学、「三方よし」の原則である。CSRを高度に実践し、企業の信用力創造を達成していくことが求められる。

　現代日本は多くの社会的課題（少子高齢化・環境問題・地域の活性化等）が山積している。格差拡大傾向は個人間においては深刻さが増している一方で地域が従来では考えられないほど疲弊しており、富の大都市圏への集中、いや首都圏への集中といっていいほど東京を中心とした首都圏と地方との格差は拡大しており、富の再配分など新たな戦略的・政策的処方箋は喫緊の問題である。社会的課題の一つである地域振興・地域活性化は地域の雇用・財政等に大きな経済的効果をもたらす。地域の活性化に向けての課題を克服するためには地域経済の持続的発展が不可欠である。地域経済の持続的発展には地域資源を活用した比較優位製品に着目する必要がある。地域の比較優位製品を生み出す経済主体としては、地域中小企業の存在があげられる。地域経済の持続的発展を模索していくには地域中小企業の存立維持戦略が不可欠である。その基本的支柱が「ソーシャル・イノベーション」である。「ソーシャル・イノベーション」は社会的課題の解決のために必要とされる社会的商品やサービスの提供、あるいはその提供の仕組の開発といえる。「ソーシャル・イノベーション」はその特性から地域経済に多大なる影響を及ぼし、地域経済の活性化につながる可能性が高い。従来、地域経済の担い手として重要な役割を果たしている地域中小企業は「ソーシャル・イノベーション」の担い手ともいえる。何故なら長い間地域において存立維持してきた地域中小企業は地域の雇用を創造し、その地域で必要とされる製品・サービスを製造・販売している。すなわち「地域に対するお役立ち」を実践する「地域にとってなくてはならない企業」なのである。また地域中小企業は地域の利害関係者に対して多大なる影響を及ぼす力がある。つまり地域中小企業は地域内の異

なる業種間で相互の強みを活かした集積・ネットワーク・クラスターを形成し、1社では実現できない高付加価値の製品・サービスを提供する事業体を形成しようとすると、企業間連携の中核企業としての信用力を保有し、一定のビジネスモデルを前提とし、地域資源を活用しながら自企業の経営資源を発掘し、内発型の新事業を創出しているのである。こうした企業行動は、自社の強みを活かした社会的課題の解決に向けた挑戦であり、ビジネスチャンスを活かした新規事業創出となる。自社の強みを活かし、他社にできないレベルを確立するためには、潜在的顧客ニーズをしっかり把握し、より絞り込んだ分野で強みを特化させる必要がある。社会や地域のニーズや課題を把握して、その解決（製品・市場）に向けての戦略的行動を策定する。バリュー・チェーンの競争力強化（川上から川下連携）を実効していくと共に社会貢献を行なう方策を模索する。地域コミュニティの基盤強化（異業種連携）を行ない、地域貢献を実現していく。こうしたさまざまな戦略行動を通じて直面する地域特有の課題が認識でき、新しいビジネスの可能性、企業存立基盤強化への方策があると考えられる。

　本書では、地域中小企業こそが「ソーシャル・イノベーション」の担い手であり、「ソーシャル・イノベーション」をもとに存立維持していくことが持続可能な地域づくりへとつながるとの認識のもとで、地域中小企業の「ソーシャル・イノベーション」について理論的体系化、ケースに基づく実証研究をはじめ、さまざまな角度から「ソーシャル・イノベーション」について分析検討していく。中小企業・地域経済の研究に携わる研究者を中心に終章を合わせて13章にわたり、理論的・実証的・政策的に議論を展開していく。中小企業の存立維持可能性に関する一側面である『現代中小企業のソーシャル・イノベーション』を体系的に分析検討していくことは、学術的に大きな意義を成すものである。以上のような問題意識から本書における研究は、中小企業のソーシャル・イノベーションについて日本経済における現代的な検証を行なったうえで主に経営的な側面から分析していく。まず日本の地域中

小企業の全般的な現状と課題について整理・検討していく。これに続いて、グローバル経営、新規事業展開、地域経済活性化、経営品質、減災復興政策、マーケティング、イノベーションの各課題から分析検討していく。さらに兵庫県における中小企業のソーシャル・イノベーションの現状と課題について整理し、ソーシャル・イノベーションが地域創生へと進化している事例について検証していく。終章では、ソーシャル・イノベーションが地域活性化・地域創生には不可欠な要素であり、そのための必要十分条件とは何なのかについて、顧客価値創造経営をキーワードに整理検討し、理論的・実証的・政策的に検証していく。

　各章の概略は以下のようになっている。

　「第1章　地域中小企業の存立とソーシャル・イノベーション—企業の社会的責任・企業倫理・地域活性化—（佐竹　隆幸）」では、現代日本における経営環境が、少子高齢化による人口減少や増加し続ける政府の総債務残高等により楽観できない状況が続いていることや格差拡大傾向が見られることについて分析検討し、地域活性化には中小企業の存立が必要不可欠であるとの視座から、この問題を解決するためソーシャル・イノベーションが不可欠であることについて検証している。ソーシャル・イノベーションの担い手である中小企業が、地域において長きにわたり、経済主体として存立すること自体が地域活性化につながるとの観点から、その中核は経営資源たる「ヒト」の育成に他ならないことについて分析し、現代社会において持続的成長を実現する企業行動として、長期的な視点で企業経営における経営理念や行動指針について深く考え直すことが求められていることについて分析している。

　「第2章　世界をつなぐソーシャル・イノベーション（山口　隆英）」では、創業間もないベンチャーやNPOが、なぜ国際的なソーシャル・イノベーションの担い手になれるのかについて分析している。創業間もない企業が国際的な企業活動を展開するボーン・グローバル（BGC）という経営形態がある。BGCは、①ネットワーカーとして機能している点と②環境へイノベーティ

ブに対応することで、海外展開を実現していた。この点を、国際的なソーシャル・イノベーションに挑むNPOであるTFTの活動に照らして検証している。TFTは、ネットワーカーとしてさまざまな関係者を結びつけ、イノベーティブに環境に適応している。以上のことから、国際的なソーシャル・イノベーションに挑もうとする場合、その組織は、豊富な経営資源を持たなくても、ネットワーカーとしての能力や、環境へイノベーティブに対応する能力があれば対応できる、としている。

　「第3章　事業の仕組から見たソーシャル・イノベーション（西岡　正）」では、事業の仕組の観点から、地域中小企業のソーシャル・イノベーションについて考察している。事業の仕組とは顧客に対する価値提供手段と収益確保の仕組を示す。具体的な考察に当たっては、中山間地域の零細農家との協働による新たな農業ビジネスを創出することで地域活性化を目指す企業の事例を取り上げた。事例の分析からは、既存事業の仕組に社会的課題の解決に資する要素を事後的に組み込めること、社会的課題の解決という新たな視点が、企業の競争優位性を高め、あるいは新たな事業領域を創出できることが明らかとなった。そのうえで、すべての地域中小企業が、ソーシャル・イノベーションの担い手となる可能性を有しているとしている。

　「第4章　地域経済の振興とソーシャル・イノベーション―地域商社「ばうむ合同会社」による地域経済活性化の挑戦―（梅村　仁）」では、多くの地方都市で、少子高齢化や人口減少、産業の空洞化等を背景に地域の活力や持続可能性が問われていることに鑑み、地方都市では地域の活力の源となる地域資源も乏しく、その対応策に苦慮している現実があることから、高知県でのソーシャル・イノベーションによる地域経営や地域課題解決のシステム構築について分析している。山間部に位置する高知県本山町において、起業目的を「地域経済活性化」と謳う地域商社「ばうむ合同会社」を事例に、厳しいといわれる地方都市での活性化への取組や地域住民、企業等の多様な主体間の連携の現状について検証し、地域中小企業の「役割」と「志」を伝える

とともに、小さな経済づくりへの可能性について考察している。

「第5章 イノベーションの価値の持続―中小企業の競争力維持戦略―（長野　寛之）」では、2008（平成20）年リーマンショック後、家庭用電気機械器具（家電）産業は事業が衰退したが、自動車が復活していることに着目し、その本質を見極めることで、日本のような工業先進地域でものづくりの競争力をいかに長期に渡って持続させるかについて分析を行なっている。その結果、イノベーションを継続し競争力を維持する戦略、あるいは中小規模の事業に着目し、後発国からの追撃を回避しながら独自の事業領域を形成する戦略、さらにはその両方を狙うのが好ましいと結論づけている。この戦略は、大企業に限ったものではなく、中小企業にとっても重要な示唆を与えるもので、半完成品を製造している中小企業であっても、最終製品の事業領域がイノベーション継続型か、中小事業規模型かで戦略を変える必要があるとしている。

「第6章 社会的事業を営む中小企業に関する一考察（藤川　健）」では、中小企業が新たな社会的事業を展開することを通じて行なったソーシャル・イノベーションの発生過程について分析するため、愛媛県松山市に拠点があるフェローグループのケーススタディを行なっている。そこでは、中小企業におけるソーシャル・イノベーションの発生条件や経営成果に関するインプリケーションを導出している。小企業が行なうソーシャル・イノベーションの特徴として、危機的な経営状況に直面した場合にイノベーションが発現すること、経営成果と密接にリンクしていること、経営者の力強い意思によって下支えされていること、の3点を指摘している。

「第7章 中小企業の社会的責任によるソーシャル・イノベーション（久富健治）」では、共同性を基盤とする中小企業の社会的責任を起点に、経営品質の向上を媒介として、ソーシャル・イノベーションへと展開される道筋について考察している。中小企業の社会的責任は、地域・社員・顧客・業界にとって「なくてはならない企業」になることと、中小企業存立論的観点から

規定できる。共同性を基盤とする「なくてはならない企業」に向けた理念的に必然的な意思によって、マーケティングとは異なる回路で経営品質の向上が可能になり、市場と社会との境界が乗り越えられ、その革新的な実践はソーシャル・イノベーションとして展開されうる。そのためには、経営者の「詩人性」ともいうべき資質が必要で、地域社会の課題を感受し、対象化することを可能にすることについて指摘している。

「第8章 東日本大震災被災中小企業の復興とソーシャル・イノベーション―宮城県南三陸町の事例から―（青田　良介）」では、東日本大震災で被災した中小企業に対する、クラウドファンドを用いた投資型の支援に着目している。支援金は出資金と寄付金で構成され、義援金と異なり支援先の事業者と顔の見える関係になれる。工場や店舗等ほぼ全てを失うなか、1社あたり平均3,000万円近い支援が集まり、支援者からの手紙や訪問も受ける等、事業者は物心両面で励まされた。自然災害により失った私有財産の回復は自助努力が原則とされるなかで、公的支援の充実と併せ、地元と共存共栄する被災中小企業への支援のあり方に変化が見られる。一歩踏み込んだ市民参画型の支援や企業の持ち味を生かした社会貢献等、共助による地方再生イノベーションにつながるとしている。

「第9章 地域中小企業の存立維持とグローバル化に関する一考察―中小製造業の海外事業展開を中心に―（長谷川英伸）」では、地域中小企業が地域資源や企業間ネットワークをどのように活用し、海外事業展開に至ったのかについて兵庫県下の中小製造業の事例5社から考察している。地域中小企業の海外事業展開についてのヒアリング調査から海外事業展開の動機、形態の分類を行なっている。またヒアリング調査からは地域中小企業が地域資源や企業間ネットワークを通じて自社の海外事業展開を円滑に進めることを可能としたために、海外拠点のみならず国内拠点の業績をも向上させている現状について明らかにしている。一方、地域中小企業の海外事業展開に関する課題を浮き彫りにし、経営資源が大企業よりも欠乏している地域中小企業だ

けでは克服できない課題（現地の情報収集など）に関しては、政府・地方自治体等からの支援体制の必要性について検証している。

　「第10章　ベンチャー型中小企業のソーシャル・イノベーション創出―地域資源を活かした市場創造形成プロセス―（須佐　淳司）」では、地方のベンチャー型中小企業が、地域資源を活かして新たな市場を創造し、存立維持をはかるためのソーシャル・イノベーション創出事例について考察している。自らの市場創造をどのように形成していったのかというプロセスから、経営者のアントレプレナー精神による地域愛から社会的な使命感を持ち、能動的に人的ネットワーク構築と活用によってステークスホルダーを巻きこんでいくことで創発的に市場を形成していくプロセスで成り立つことについて明らかにしている。すなわち地方のベンチャー型中小企業は地域外からの来訪者数の増加によって地域経済活性化をもたらす仕掛けをつくりながらソーシャル・イノベーションによる市場創造を形成していくことを通して存立維持をはかるとしている。

　「第11章　地域中小企業の経営革新によるソーシャル・イノベーション（山下紗矢佳）」では、地域中小企業にとってソーシャル・イノベーションとはいかなるものなのか明らかにするため、イノベーションについての概念整理をしながら、社会的課題に対応していく過程で自社の存立基盤強化を果たし、経営革新すなわちイノベーションを発現する企業行動をソーシャル・イノベーションとしたうえで、地域中小企業の経営行動について分析している。そこで地域中小企業の抱える諸問題について整理・検討を行ない、加えてソーシャル・イノベーションはイノベーションとして想起されがちなプロダクト・イノベーションやプロセス・イノベーションとは異なり、多様な業種や規模の比較的小さな企業においても現実妥当なイノベーションである点を強調するために、兵庫県多可郡多可町の事例も踏まえ地域中小企業に焦点を当て事例分析を行ない、ソーシャル・イノベーションを実効する地域中小企業の現状について検証している。

「第12章 顧客価値創造経営を実効するソーシャル・イノベーション（佐竹　隆幸）」では、地域活性化の担い手となり、企業の存立基盤強化の源泉となるのはまさに経営資源「ヒト」であると指摘し、顧客価値創造経営を実効することで、サステイナビリティを実現するメカニズムを構築し、独自能力によるイノベーションを発揮していることに着目している。そこで「地域にとってなくてはならない企業」の創造がソーシャル・イノベーションであるとの認識からソーシャル・イノベーションへとつながる事例について検証している。そこでのケースは、経営革新（第二創業）や経営品質の向上を図り、経営者の強いリーダーシップと地域貢献を核とした企業、従業員のオーナーシップ・理念型経営・連携を主にした企業、社会との調和の推進の視点から、過疎化に悩む中山間地域において農業を軸とすることで、地域資源活用・社会的分業により雇用創出に貢献している企業、である。以上を踏まえ、顧客価値創造経営の実現には「強い企業」と「よい企業」の同時実現が必要であるとしている。

「終章　地域中小企業によるソーシャル・イノベーションへの展望（佐竹　隆幸）」では、「失われた20年」において激変する経営環境のなか、イノベーション力を有する中小企業は、サステイナビリティを実現することが求められているとし、中小企業の存立にはイノベーションによる「顧客価値創造経営」の実現が必要であり、規模の大小を問わず企業においては、ヒトがイノベーションの源泉であることから、ヒトづくりの経営が新たな価値を生み出すとし、この点について理論的に整理検討している。地域活性化には地域・社員・顧客・業界にとって「なくてはならない企業」の存在が不可欠である。イノベーションとは、経営資源を戦略的に集中させ、新たな価値を創造することであるが、企業が長く同一地域に存立すること自体が地域貢献であり、ソーシャル・イノベーションを実現できる。経済的価値と社会的価値のシナジーによる、経営革新と経営品質の同時実現が企業のサステイナビリティを実効するメカニズムとなり、地域活性化の源泉となる。

地域・社員・顧客・業界にとって「なくてはならない企業」とは、地域・社員・顧客・業界から永遠に愛され、信頼され、必要とされる企業（組織・経営）のことであり、存立基盤は強化され存立可能性を高めることができる。そのためには、激変する経営環境に機敏に対応することはもちろん、going concernの実現を志向し、永遠に続く経営の根源的な課題に真摯に向き合わなければならない。そこで「強い企業」であり、「よい企業」であることを享受した企業組織となるために必要で有効な経営の方向性を模索していくことが求められる。このためには経営革新（第二創業）の追求と経営品質の向上による二軸の融合化が必要となる。地域活性化に貢献できる企業の実現、これこそがソーシャル・イノベーションの実践である。さまざまなパラダイムシフトにおいて直面する社会的・経済的課題に対し、企業として追及する経済的価値と社会的価値の実現に向け取組むこと自体がソーシャル・イノベーションであるとの認識のもとで、地域貢献型企業となることを通じて自社イメージの向上を図り、社会や環境への負荷を自社の責任として取組み、ステークホルダーとの良好な関係を築いていくことが重要となる。いわゆる企業の経済的価値と社会的価値は、トレードオフの関係ではなく、むしろシナジー効果のあるものに進化させていくことが重要である。この理論は、Portor, M. E.が提唱する、共通価値の創造（＝CSV：Creating Shared Value）という考えに基づく。経営を高めるのではなく「深める」、豊かさを高めるのではなく「深める」といった、企業づくり・地域づくりの必要性がそこにある。経営革新（第二創業）への取組と経営品質向上のための取組について互いに無関係に見える両面の取組が持続可能な企業づくりへ進化する共通点となる可能性をもっており、ミッシングリンクが解消されることになる。

　企業のソーシャル・イノベーションの実効、すなわち地域貢献・社会貢献・CSRの実践が特に奇をてらうものではなく、まさに地域においてgoing concernを実現し、地域内再投資力の実効しうる顧客価値創造経営を戦略行

動の中核におき、地域に長く存立し続けることそのものが「地域にとってなくてはならない企業」であり、「地域にとってなくてならない企業」であることによる信用力創造が存立基盤を強化する源泉であるということを本書を通じて理解していただきたい。

(佐竹　隆幸)

# 第1章

## 地域中小企業の存立とソーシャル・イノベーション
### 企業の社会的責任・企業倫理・地域活性化[(1)]

### 第1節　現代日本の企業の存立と経営環境

　日本人だけでも300万人といわれる多くの尊い人命が失われた第二次世界大戦の終焉から70年が経過した。戦後70年、非常に意義深いときを迎え第二次世界大戦後の日本を、あるいは日本経済を振り返ることは不可欠である。第二次世界大戦後日本は見事に経済復興を成し遂げた。吉田茂内閣による日米講和（いわゆる日本の独立）後、日本国憲法堅持、軽武装という方針のもとで進められた経済成長重視の池田勇人内閣による国民所得倍増計画に端を発する高度経済成長によって日本は先進国へのキャッチアップを果たすことになる。1970年代以降の日本経済は、世界の奇跡といわれた。経済成長のシンボルとなった「一億総中流化」という標語があるが、極端に富む者・貧しい者もいない、「分厚い中間層」の存在が、日本経済の大きな強みであった。しかし1990年代の日本経済は、バブル経済崩壊後、格差社会の進行が認識され、問題視されるようになってきた。また人口減少社会の到来は、地

---

(1)　本稿の初出は「ソーシャル・イノベーションによる社会的責任―企業倫理・経営戦略・地域活性化―」『公益財団法人中小企業研究センター年報2015』pp.17-34所載、公益財団法人中小企業研究センター（2015年11月）である。加筆修正して掲載している。

方においてその影響が大きく、長引く地域経済の衰退や過疎化により、地域の活性化は浮揚するにはさまざまな課題が山積している。

そもそも第二次世界大戦以降の日本は、混合経済体制、すなわち政府（行政）が市場を補填するのみならず主導することにより、急速な先進国へのキャッチアップを実現した。先進国の中で最も有効に政府（行政）の役割が機能した国であるといわれている。つまり高度経済成長により国民の生活水準は向上し、「一億総中流化」を果したことから、所得再分配が最も機能的に働き、公共事業によるインフラ整備の進展による地域経済成長を達成し、産業政策による国際競争力を保持した企業・業種が形成されたわけである。高度経済成長システムが形骸化していることが、日本のシステムが劣化している大きな要因といわれるが、先進国日本にふさわしい政府（行政）と民間との融合による地域創生システム[2]の再構築が必要となり、ここで日本のそして政府（行政）の力量が試されることとなる。

地域＝中小企業といってよいほど、地域社会での中小企業の果たす役割は大きい。なんといっても雇用と納税の苗床である。しかし中小企業は低賃金や後継者難など、ネガティヴ・イメージもある。地域の経済と雇用を支える役割としての中小企業は、経営行動を通じて技術や技能はもとより文化の継承においても重要な存在であり、地域活力の源泉といえる。また経済・社会構造の変化が地域経済や中小企業に与える影響は大きい。しかし人口減少局面で経済的・社会的に発展した国や地域はないといわれるなかで、日本における人口減少は深刻な課題となっている。

この問題について、元総務大臣・元岩手県知事の増田寛也氏らが日本創成

---

(2) 兵庫県では「地方創生」策をあえて「地域創生」策として策定している。「兵庫県地域創生条例」を制定し、「地域創生」を「急速な少子高齢化の進展に的確に対応し、人口の減少を抑制するとともに、東京圏に一極集中している人口及び活力を地方に分散することにより、地方が自立する構造を確立し、将来にわたって、県内の各地域で活力ある地域社会を構築していくための取組」として独自の展開を試みている。

会議に提言した内容が注目を浴びている。雑誌『中央公論』に掲載された「消滅する市町村523―壊死する地方都市―」という記事、すなわち「自治体消滅論」である。20歳から39歳の女性の人口に着目し、現状の出生率等を前提とした場合、2040年に人口が全国で半減以下となり1万人を切る自治体（消滅集落）が523になると予測している。さらにこの現象は全国で均等に起こるのではなく、若い女性が少ない地域ほど人口が減少し、自治体そのものが存続できない状況になると指摘している。こうして、少子高齢化が進む地方において若年女性が大都市に大量に流出することにより、地方において人口がさらに減少し、地方での合計特殊出生率が大幅に低下する。一方、都市部に人口が一極集中することになる。すなわち都市部において、若年女性が流入した分だけ出生率が上昇し、ますます人口が増加するが、地方では高齢者の死亡により人口が減少していく。こうした状況を「極点社会」と呼ぶ[3]。

そこで日本創成会議は、人口減少の深刻な状況に関して、国民の基本認識の共有を図るうえでの戦略（少子化戦略、地方元気戦略、女性・人材活躍戦略）を提案している。特に「希望出生率」については、2012（平成24）年時点での合計特殊出生率（いわゆる出生率）1.41を、2025年には1.80にするとしている。これら基本目標の方向性は、従来の少子化対策に留まらず、税制等で企業の地方移転を促す投資と施策の提言、また若者の雇用対策等に関わる戦略的な施策の提言へと展開している。

兵庫県は阪神・淡路大震災という未曾有の大災害を経験し20年が経過し、さらには岩手・宮城・福島の3県を中心に大きな被害をもたらした東日本大震災からも4年が経過した。日本は、日本人は、日本の企業は、日本の地域は、第二次世界大戦、大震災といった未曾有の大災害によって多くの社会・生活の基盤が崩壊したなかでも、自立・自主・民主の精神で復興・復旧を遂

---

(3) 増田寛也・日本創成会議（人口減少問題検討分科会）（2013）および増田寛也・日本創成会議（人口減少問題検討分科会）（2014）による。

げてきた。これは単なる再生ではなく、むしろイノベーションを推進する原動力を発揮し、見事に乗越えてきたわけである。しかしまだ多くの課題が存在するのも事実であり、創造的持続可能性を有するにはまだまだ着実な戦略が求められる。

　第二次世界大戦後日本では、自然災害による死者・行方不明者は合計で約31,000人、特に多かったのは阪神・淡路大震災6,434人、伊勢湾台風4,697人、洞爺丸台風1,761人等となっている。そして東日本大震災である。東日本大震災の被害は死者・行方不明者が合わせて現時点で2万人近い数字になっていることを考えれば日本の歴史上特筆すべき大惨事であったといわざるを得ない。なぜこのような事態を招いたか。これは経済成長による日本の先進国化によって自然災害による人的被害は発生しても最小限に食い止められるものとして捉えられ、経済発展による政府の防災対策、技術的先進性に伴う建物の耐震性、さらにはインフラ・都市計画・社会制度などに急速な整備によって、災害への抵抗力が向上したと考えられていたからである。いわゆるこれが「想定外」といわれるゆえんであるが、社会的抵抗力を上回る自然災害が発生すれば、結果としてこのような大惨事になることは想定できたのではないだろうか。決して「想定外」が政府の防災対策に対する「免罪符」にはならないわけである。高度な経済発展を遂げた日本では災害が起きても人的被害は最小限に食い止められる、という暗黙の前提を置いていたのではないだろうか。これでは「政策的慢心」といわれても仕方がない。このような流れを考えると「自然の力に対する侮り」はなかっただろうか。諸外国、特に発展途上国における災害ではいつでも社会の最も脆弱な部分を襲う。今回の東日本大震災においても被害が大きいのは、第一次産業従事者とともに中小企業である。国内産業・企業の事業継続性を確保するための、創造的な産業構造形成を前提とした、地域ごとに自立しながらも他地域と相互に補完できるネットワーク型の産業構造システムの構築等が急務である。阪神・淡路大震災の復旧・復興の事例モデルを活かした早急な東日本の再活性化が望ま

れる[(4)]。日本を襲った未曾有の大震災と原発事故は、今なお深刻な状況であり事態の全容がまだ明らかではない。しかしながらこの苦難から脱却するには生活・経済の復興が不可欠であり、日本人としての強さ・秩序・道徳・人と人とのつながり・勤勉さを伴う復興に向けての団結力と誠実さが試されているのである。「地域」の持つ役割がますます重視されてきていることを認識しなければならない。

## 第2節　日本経済「失われた20年」と現代日本の経営環境

### (1) 近年の経済状況の推移

　日本において最も深刻な問題が少子高齢化による人口減少である。終章においても触れるが、日本創成会議の増田レポートは人口減少の結果、消滅する可能性の高い自治体が数多く存在することを指摘した。全国では523に及ぶ自治体が消滅の危機にあるとしている。増田レポートの数値を用いた推測による提唱は、世論に大きな衝撃を与えた。人口減少が将来の日本にとって大きな不安要素となっているのである。日本の人口推移（図表1-1）をみると、2008（平成20）年をピークに減少局面に突入したのである。

　その一方で政府総債務残高の推移（図表1-2）は2010（平成22）年には1兆円を超え少子高齢化はますます日本の財政状況を深刻化させる可能性が高い。少子高齢化・人口減少によりGDPは縮小していくとみられ、日本経済は今後30年ほどで大きくシュリンクしてしまうような危機的状況となっている。

　日本の人口が現状で約1億3,000万人[(5)]として、今後約30年間で9,000万

---

(4)　林　敏彦（2011）による。
(5)　2015年国勢調査では、外国人を含む日本の総人口は1億2,711万47人と10年前の調査に比べて94万7,305人減少した。人口が増えた都道府県は東京都、愛知県、沖縄県の3都県のみである。

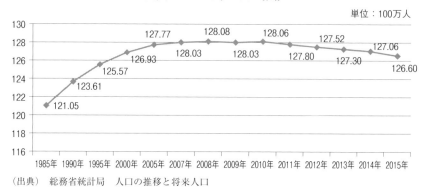

図表1-1　日本の人口推移

（出典）　総務省統計局　人口の推移と将来人口

図表1-2　政府総債務残高の推移

（出典）　GFS（政府財政統計マニュアル）　※2015年は推計値

人以下になるといわれている。人口減少は全国に均等に減少するわけではなく、人口のさらなる偏在化は進むと考えられる。近年、概ね都市部に6,000万人、その他の地方部に6,000万人が暮らしているとする。人口減少現象により東京を中心とした首都圏をはじめとした都市部の人口、特に生産労働人口はあまり減少せず、地方部の成長の担い手であるはずの人口が極端に減少していくと考えられる[6]。厚生労働省によると経済成長が進まなければ

2014(平成26)年時点で6,351万人だった就業者数は2030年時点で5,561万人に減少する。予想通りに人口減少が続くと経済が縮小することとなり、これに呼応した消費・投資といった有効需要の減少に伴い、納税額が減少し、あらゆる政策や社会保障が維持できない状況となる。過疎地域を中心とした地方の人口減少のみならず大都市においても人口減少が始まったことで、第二次世界大戦後の「国民所得倍増計画」「日本列島改造」「ふるさと創生」といった日本の経済計画における構図、すなわち生産や消費の担い手であり、分配の対象となる都市部人口において積み上げられた所得が地方の人口を支え、地方の公共事業を支えるという日本経済の構図に大きな変化をもたらす。多様化（ダイバーシティ）するヒトへの適切かつ効果的な対応を工夫することによって、女性や高齢者の労働参加が進まなければ2030年の日本の潜在成長率は0.6％分ほど下がるとの試算もある[7]。

　少子高齢化による生産労働人口の減少は産業の衰退と消費の縮小を招くが、産業の衰退によって雇用そのものが維持・確保できなくなる。1985(昭和60)年からの失業率の推移（図表1-3）を見てみると、1990(平成2)年はバブルの最中であったが、以降は失業率が高水準へと悪化している。2000(平成12)年以降は徐々に回復するかに思われたが、いざなぎ越えの時期を経て2008(平成20)年のリーマンショックで再び悪化した。その後は緩やかではあるが回復基調であることがわかる。

　人口減少は、すでに示したように消費・投資といった有効需要を縮小局面に陥らせるため、マクロ経済的側面からすれば経済発展を実現することは、国単位でも地域単位でも難しくなる。こうしたことから日本としては今後どのような政策・施策を講じていくのか。短期的には海外からの労働力や移民の受入等で対応することが議論されているが、諸外国の事例を見ても課題は

---

(6)　国立社会保障・人口問題研究所（2007）「日本の都道府県別将来推計人口」による。
(7)　(株)三菱総合研究所政策・経済研究センター（2015）「内外経済の中長期展望2015-2030年度」p.10.

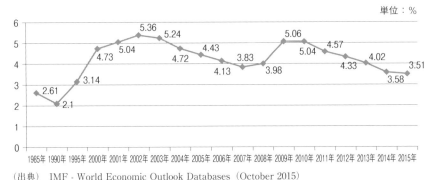

（出典） IMF - World Economic Outlook Databases（October 2015）

大きいようである。2015（平成27）年6月時点で在留資格を持つ外国人は約217万人となっており、過去最高であった2008（平成20）年を上回っている[8]。人口の構造的な不足化現象が進展すれば、多様化（ダイバーシティ）としての外国人労働力の受け入れ拡大も急務となる可能性が高い。近年、有効求人倍率の推移（図表1-4）は改善傾向をみせているもののむしろ非正規雇用者の増加という形での改善である傾向が強く、格差拡大傾向に拍車をかけている。

　人口の維持に関しては、緩やかな経済発展のもと、正規雇用の確保や女性の雇用環境、子育て支援などの経済・社会基盤をさらに整備していくことが必要であるが、超高齢化社会の到来が確実ななかで、高齢者に対する医療や福祉のサービス提供も国を挙げた検討と対策が必要であることは周知のとおりである。

　次に、日本経済の成長率の推移（図表1-5）について見てみよう。バブル経済の最高潮期である1988（昭和63）年の7.15％をピークに、バブルの崩壊以降1995（平成7）年の阪神・淡路大震災時には1.94％、その後の1998（平

---

[8]　（公財）日本国際交流センター（2015）「「多文化共生と外国人受け入れ」に関する自治体アンケート2015―調査結果報告書―」p.1.

図表1-4 有効求人倍率の推移

(出典) 厚生労働省 - 一般職業紹介状況（2016年1月）

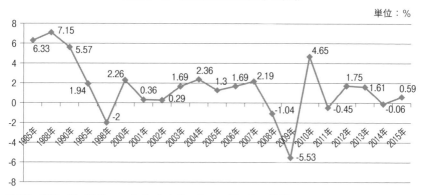

図表1-5 日本経済の成長率の推移

(出典) IMF - World Economic Outlook Databases（October 2015）

成10)年には、この時期の谷となる-2%を示した。その直後には2000年問題の特需があってか、2.26%まで回復を見せた。

その後、緩やかな回復傾向を示していたが2008(平成20)年に起こったリーマンショックにより、-5.53と深刻な経済変動ともいうべき谷を記録した。しかしその反動か2010(平成22)年には4.65%という回復基調となる。しかしながら2011(平成23)年には再びマイナス成長となる。この年は東日本大

震災が発生したことで、日本経済が低迷したわけであるが、2012(平成24)年には1.75%まで回復し、政権交代による景気の回復感が出たためか、ほぼ横ばいの成長率を示した。しかし2014(平成26)年には再びマイナス成長となっている。これは、アベノミクスに対する当初の期待ほどの景気回復が実現しなかったこと、原油価格の高騰による原材料費・燃料費等のコスト増加、都市と地方との格差拡大傾向などがその要因である[9]。特に地方においては、人口、特に生産労働人口の減少が地域経済の縮小化を招き、いわゆる衰退の悪循環を生じさせる恐れがある。人口減少が消費や投資といった有効需要の減少を招き、生産が縮小すると分配の縮小も生じることから雇用の減少、賃金の低下を招く。結果としてさらなる人口減少を招き負のスパイラルが深刻化することとなる。

　日本経済の回復には、デフレからの脱却と国富の拡大を目指すということで、2012(平成24)年以降、民主党から自由民主党への政権交代による安倍晋三内閣誕生で、「アベノミクス」なる経済政策が実施されてきた。周知のとおり主要施策として、3本の矢「大胆な金融政策」「機動的な財政政策」「民間投資を喚起する成長戦略」が柱として行なわれてきたわけである。

### (2) 日本経済　現状と構造

　2012(平成24)年12月の第二次安倍内閣の発足以来、「デフレからの脱却」を掲げたアベノミクスの経済政策が始まった。アベノミクスによる経済政策を推進してきた結果、輸出型大企業を中心に企業収益は回復し、「雇用拡大」傾向を示している。また労使交渉を通じた「賃金上昇」により、消費は持ち直しの兆しをみせた。「大胆な金融政策」「機動的な財政政策」によって市中のmoney supplyは増え、資金の流動性から投資を刺激し、賃金上昇、消費

---

[9]　兵庫県下の中小企業の状況については佐竹が、二場邦彦（立命館大学名誉教授）、関智宏（同志社大学商学部准教授）と共著で実施している、兵庫県中小企業家同友会経営環境改善委員会による「NTレポート」を参照のこと。

第1章　地域中小企業の存立とソーシャル・イノベーション

増大を経て有効需要を増強し、経済成長を達成しようとするものであった。しかしこれらの施策はあくまでサプライサイドの成長戦略であり、現実には個人消費は低調で、実際の企業の生産・投資が伸び悩みを見せた。さらに中小企業や地域経済への波及効果は乏しく、アベノミクスによる経済効果は、景気回復を実感させるところまでには至っていない。アベノミクスは、デフレからの脱却に向け、何よりも「需要不足」の解消が重要という認識のもと、「アベノミクスの三本の矢」、第一の矢（大胆な金融政策）、第二の矢（機動的な財政政策）、第三の矢（岩盤規制改革）を政策理念に実施された。

　第一の矢では、金融緩和を実行し、市場に流通する money supply を増やし、デフレマインドを払拭する金融政策を行なった。第二の矢では、約10兆円規模の経済対策予算によって、政府が需要を創出する機動的な財政政策を行なった。第三の矢では、規制緩和等によって、民間企業等の投資を喚起する成長戦略を打ち出した。第一の矢と第二の矢によって、USドル／円為替レートの推移（図表1-6）で株価は高値となり、輸出型大企業を中心に企業収益は好転し、数値的には雇用も改善、賃金も上昇した。対円ドル相場は 75.54 円（2011（平成 23）年 10 月 31 日）を最高値に以降、円安傾向を示し

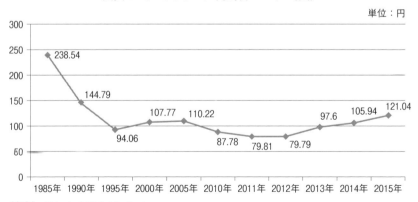

図表1-6　USドル／円為替レートの推移

（出典）　Principal Global Indicators

ており、今日に至っている。

　しかしあくまでこれは輸出型大企業、首都圏をはじめとする限られた都市経済における成果であり、第三の矢としての成長戦略によって具体策を示すことが求められることになる。いわゆる為替差益により輸出型大企業の業績が好転し、産業連関による経済的波及効果が国民経済の底上げを実現させる過程において規制緩和等によって民間企業や個人の実力を発揮するための方策を推進し、日本経済を持続的成長に導く道筋を示すことが求められた。しかし産業構造の転換、新産業の創出、新企業の創業促進、正規雇用者を中心とした雇用の増大といった成果には至っておらず、カンフル剤として一定の効果が認められたものの日本経済が回復基調にあるとは言い難い状況が継続している。

　安倍内閣は、2013(平成25)年の支持率76％をピークに直近では40〜50％台にまで落ち込んでいる。承知のとおり憲法第9条の恒久平和主義に抵触する安保関連法を十分な議論をしないまま強行採決で法律を成立させたことが大きな要因であるが、やはりアベノミクスを機能させることができなかったことも忘れてはならない。いわゆるトリクルダウン[10]が働いていないのである。大企業や都市部が豊かになれば、それが中小企業や地方部へも波及して全体的によくなるという経済の好循環を生み出すことであるが、実体は株価だけが上昇しただけで資産市場の活況はあったが、それが消費の拡大や国民の暮らしの向上にはつながっていないのである。逆に格差だけが拡大しているのが現実となっている。たとえば下請中小企業においては、従来は輸出型大企業が利益を上げると、サプライヤーである下請中小企業の仕事

---

(10)　「徐々に流れ落ちる」という意味で、「大企業や富裕層の支援政策を行うことが経済活動を活性化させることになり、富が低所得層に向かって徐々に流れ落ち、国民全体の利益となる」とする仮説である。新自由主義の代表的な主張の一つであり、この学説を忠実に実行したアメリカ合衆国第40代大統領 Reagan., R. W.、いわゆる Reaganomics について、その批判者と支持者がともに用いた言葉である。

も増え、それが地域活性化につながるという図式であったが、近年では、大企業が海外事業展開により賃金の安い海外での部品供給システムを形成し、国内の下請企業に依存する比率は減っている[11]。またバブル経済崩壊後の「失われた20年」において中小企業の生産性の伸びだけでは補えないほど下請中小企業に対する下請代金引下要求が強く、中小企業の存立基盤を押し下げている[12]。

　安倍内閣は、2015(平成27)年10月に第3次安倍改造内閣を発足し、あらたに一億総活躍大臣を据えた。しかし従来のアベノミクスの成果も不十分で検証もされないままであり、さらにいえば予算も半減された地方創生は、置き去りにされている。そのようななかアベノミクスの第2ステージとして「新・三本の矢」なる3つの方針が打ち出された。第1に、2020年を目途にGDP600兆円を達成するというものである[13]。第2に、50年後も人口1億人を維持し、2020年代半ばには、希望出生率1.8の数値目標を掲げた少子化対策である。そして第3に、介護離職ゼロという多様な人材活用と多様な働き方への環境整備による高齢化対策であるが、従来アベノミクスが目指し、達成できなかった目標の焼き直しのように思われる。ただ総論的には素晴らしいイメージの「一億総活躍社会」という政策であるが、果たして本当に実現するのか、どうしたら実現できるのか、なんとなく国威発揚の追い風にするためのスローガンを打ち上げた感が否めない。

　現代日本で最も深刻な問題が少子高齢化による人口減少問題である。前述のように、日本の人口推移をみると2008(平成20)年をピークに減少局面に

---

(11)　西岡　正（2013）による。
(12)　後藤康雄（2014）による。
(13)　過去20年間の日本のGDPは約500兆円で推移している。今後5年間でGDP600兆円を達成するには現在より数倍の年率の経済成長率を達成していく必要がある。日本銀行によると最近の潜在成長率は0.5％程度とされており、GDP600兆円を達成するのはかなり高い数値目標といえる。根拠の1つに2020年の東京オリンピックによる特需を見込んでいる。

突入し、今後日本の GDP は縮小していくとみられる。「希望出生率」という言葉で国民の希望が叶った場合という曖昧さがみられるが、人口減少問題に対し、希望出生率 1.8 という具体的数値目標が示された。合計特殊出生率の推移（図表 1−7）は 2005（平成 17）年に 1.26 と最低値を記録してからはやや上向傾向となっている。

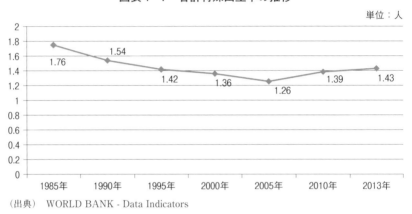

図表 1−7　合計特殊出生率の推移

（出典）　WORLD BANK - Data Indicators

　社会保障では、介護離職ゼロと生涯現役社会の実現を目指し、予防医療への重点化や健康投資・健康経営を促進させる方向性を示した。しかし一方で社会保障給付の削減等が進めば「一億総活躍社会」は、協働・共生できる社会づくりではなく、高齢者も働かざるを得ない状況に追い込む弱者切り捨て政策にならないか懸念されている。これまでのアベノミクスが成果を挙げているという前提にたった「新・三本の矢」は、GDP600 兆円、希望出生率 1.8 という具体的かつ高い数値目標が示されたが、目標を達成するためにどのような戦略を実効していくのかを明確に示すことが必要となっている。日本の持続可能な社会形成、「デフレからの脱却」という目標の達成には、安倍政権による有効な政策と戦略の実効性が求められている。

戦後70年、世界の奇跡といわれた日本経済であるが、深刻な格差社会への警鐘としてピケティ（Piketty, T.）の著書『21世紀の資本』[14]がある。現代日本では、日本の強みであった「一億総中流化」が崩壊しつつある。「分厚い中間層」の存在は、日本経済の大きな強みであったが、人口減少社会の到来による地方への影響、長引く地域経済の衰退や過疎化により、地域の活性化が問われている。格差の現況は個人間のみならず企業間、業種間、そして最も深刻なのが地域間格差である。格差問題へのこれからの対応としては次の3点があげられる。Piketty, T. の主張のように、①所得再分配についての再考を加える必要がある。②アメリカ型の株主中心主義、成果主義賃金、雇用の流動化からのイノベーションも重要であるが、何と言っても「人財」育成（ヒトづくり）である。③「ヒトへの投資」は、あくまでも「ヒトが価値を生み出す」新しい経営モデルの再構築が必要なのはいうまでもない。そのためには一人でも多くの若い世代を地域に定着させ、各地域でそれぞれの地域資源を活用し、アイデアや財源に基づく地域独自の取組により、若者をはじめとした経済活動を活発化させることによって地域を活性化させるべきである。そのためには、地域主導で域内への投資の拡大を図り、「ヒト・モノ・カネ」という経営資源を循環させることによる地域内再投資力を拡大し、雇用の確保を確実なものにする必要がある[15]。労働力が減るなかで潜在成長率を高めるには技術革新などによる生産性向上が欠かせない。若い世代を地域に定着させるには、産学公をはじめとした連携循環による積極的な投資を行なう必要がある。人口や企業の集積を強めることによって研究開発、人材育成を強化し、競争力向上を模索すべきである。こうして地方からの人材流出抑制が現実化する可能性が増大していく。地域創生ばかりではなく都市部においても何がしかの対策が不可欠な状態となっている。その方策こそが「ソーシャル・イノベーション」である。

---

(14) Piketty, T. (2013) による。
(15) 岡田知弘（2005）による。

## 第3節　格差問題解消のためのソーシャル・イノベーション

　格差が深刻な社会問題となっている。個人間のみならず、企業間、業種間、そして最も深刻なのが地域間格差である。前述したように、格差については、フランスの経済学者Piketty, T.が著書『21世紀の資本』で今の時代に警鐘を鳴らしており、格差をめぐる議論に変革をもたらしている。格差問題を経済政策の核心に、すなわち所得再分配について真剣に再考する時期に来ているとの警鐘である。新自由主義、規制緩和、競争促進といった言葉に象徴されるように、21世紀に入り、日本においてもアメリカ型の株主中心主義、成果主義賃金、雇用の流動化を採用していくことこそが「グローバル・スタンダード（世界標準）」であるという意識が広がり、長期不況からの脱却には採用すべきであるという機運や風潮が強まった。「富める者が富めば、貧しい者にも自然に富が滴り落ち（トリクルダウン）ていく」とする経済理論のもと、「まずは強いものを強くしてじわりじわりと富を隅々にまで広げていく」という考え方であるが、こうした見解を理論的支柱として、小泉純一郎内閣による構造改革以後、安倍晋三内閣においてはアベノミクスによって景気回復を達成しようとしている。本当に中小企業が、地域経済が、主役になれる時代が到来するのだろうか。

　Piketty, T.の理論は、「資本の収益率が経済の成長率を上回るとき、資本主義は自動的に格差を生み出す」とし、21世紀に入って15年たった現在、富の格差は歴史上かつてないほど広がり、新たなグローバル経済は莫大な格差をもたらしたこと、一部の富裕層と貧困層との格差は拡大傾向にあり、行き過ぎた格差が社会全体を不安定にしていることを理論的・実証的に明らかにしたものである。確かに1970年代以降、所得格差は富裕国で大幅に拡大し、特にこれはアメリカにおいて顕著で、2000年代における格差の拡大は、1910年代の水準に戻ってしまったどころか、少し上回るほどになっていることも指摘している。Piketty, T.によれば格差拡大の主要な力は、市場とは

何ら関係なく、資本市場の活動が活発になればなるほど、経済成長をしてもすべての国民が豊かになるわけではなく「富の偏在」が問題になることを明らかにしているのである。富の社会的分配は、格差が経済成長にとってプラスの面もあるが、安く製品を作って高く売るメカニズムは所得格差を活用してこそ可能なシステムで、格差が許されるのは、「最貧困の人々の暮らしに寄与することのできる、底上げができている状態」であるということであって、そうでなければ格差は結局、社会を不安定化してしまうということである[16]。日本経済において、高度経済成長を支えた側面として「二重構造[17]」があるが、すでに示したように世界的にも奇跡といわれた「一億総中流化」を達成化することと並行しての現象であったため「格差」が「貧困」へとつながらなかった。しかし21世紀に入り、格差問題が顕著になっている。特に地域間の格差解消が今後の日本経済を考えるうえでの最も重要な課題となっている。「極点社会」を解消していくため、あるいは少なくとも緩和していくためには従来にはない戦略的思考・政策的措置が必要となる。そこで必要な処方箋の1つといわれているのが「ソーシャル・イノベーション」である。現代社会において持続的成長を実現する企業の経営行動として、企業倫理あるいは企業の社会的責任の視点から「社会・地域・社員・業界にとってなくてはならない企業」としての経営のあり方、企業倫理の本質、信用力創造の重要性について指摘されることが多い。ここでいう「社会・地域・社員・業界にとってなくてはならない企業」が「ソーシャル・ビジネス」であり、「ソーシャル・ビジネス」の戦略的行動こそが「ソーシャル・イノベーション」である。

　「ソーシャル・イノベーション」を担う「ソーシャル・ビジネス」の定義はまだ定まっていない。「ソーシャル・ビジネス」をあまりにも狭義に解釈することで、かえって「ソーシャル・イノベーション」の役割・可能性を狭めて

---

(16)　Piketty, T. (2013) による。
(17)　佐竹隆幸 (2008)、第2章を参照のこと。

いるように考えられる。そこで本書では「ソーシャル・ビジネス」による「ソーシャル・イノベーション」とは何かについて示し、「ソーシャル・ビジネス」による「ソーシャル・イノベーション」を享受することによる企業・地域の活性化を達成するためのメカニズムについて検証していく。「グローバル・スタンダード（世界標準）」の方向性のもとで、経営者の認識の変化によって目先の利益のみを追求する「利益至上主義」に向かう傾向が生じている。短期的に市場拡大・競争力強化を達成するがために経営品質、いわゆる顧客価値の創造を重視せず、守られるべきモラルの低下、法的な問題がなければ何をやってもいいという倫理に反する行為が多発している。その結果、リスクマネジメントを軽視した企業の多くが社会から追放されている。短期的な利益追求と長期的な利益追求としての信用力創造とを比較しながら、企業存立に向けた価値観、倫理観、経営理念といったものが大企業のみならず中小企業にも求められ、その実現こそが「ソーシャル・ビジネス」に求められるものであり、「ソーシャル・イノベーション」を達成することができるのである。

次節では、まず失われた20年ともいうべき過去20年間の中小企業の戦略と政策を概括的に整理し、企業がいかなる方向性を模索したかについて整理していく。続いて、戦略的方向性としての企業の社会的責任（CSR）の内容について検討し、企業倫理およびコンプライアンスの視点からの検討に加えて、なぜ企業の社会的責任が必要なのかについて理論的に検討していく。経営品質向上のための要素である社員満足（ES）を高め、顧客満足（CS）を高めるためには、企業の社会的責任（CSR）を高度に実現することが不可欠であり、こうして顧客価値創造経営が実現できる。その帰結として経営品質の向上による顧客価値創造経営の実現を担っている企業こそが「ソーシャル・ビジネス」と定義することができ、地域に存立している「ソーシャル・ビジネス」こそが「ソーシャル・イノベーション」の担い手である。次節では地域内再投資力の実効こそが「ソーシャル・イノベーション」であることに

ついて理論的に検討する。

## 第4節　社会的責任を果たしうるソーシャル・イノベーション

　「ソーシャル・イノベーション」を担うべき企業である「ソーシャル・ビジネス」は主に4つの業種が典型的な存立業種といわれている。すなわち4Kといわれるのは、「環境・教育・健康・観光」の4つの業種である。また「企業の社会的責任（CSR、以下「CSR」とする）」という概念がある。企業という経済主体は私的利益を追求する主体であるばかりでなく、経営行動自体が社会に与える影響に責任をもち、あらゆる利害関係者（ステーク・ホルダー）からの要求に対して適切な意思決定をしなければならない。日本では、利益を目的としない慈善事業（いわゆるボランティア）と誤解されることが多く、また「法令遵守」と訳される「コンプライアンス」と同義で用いられることもある。むろんボランティアもコンプライアンスもCSR概念に含まれるがそれのみをもってCSRというのはCSRそのものの役割を誤認しているといわざるを得ない。以下では、CSR概念そのものを3つの視点から検討し、「新しい公共」の役割として「ソーシャル・イノベーション」を実現していくことが「CSR」の実効そのものであることについて整理・検討していく。

　中小企業を復活させることは日本の今後を左右する大きな課題であり、カギとなるのが「ヒトへの投資」である。企業にとって大切なのは「規模」ではなく「質」であり、「質」を形成する要因は長年にわたり育成した「人財」である。従業員のモティベーションを如何にして高めるのか。日本的経営の強みを発揮すべきではないか。「ヒトが価値を生み出す[18]」企業の持続可能な存立維持に不可欠な要素は以下の3点である。

---

(18)　佐竹隆幸（2014）を参照のこと。

第1には、これらを実現するには、既存事業（本業）でのCSR等を通じて、従業員自らが仕事や会社に誇りを持つことで社員満足（ES、以下「ES」とする）が高まり、その結果、顧客満足（CS、以下「CS」とする）が創造することが求められる。こうして経営品質を高めていくことが可能となる。経営品質が高い企業[19]とは、「ESが高く、CSが高く、そのうえでCSRを高度に実践している企業であり、これをPDCAサイクルで実効し、利益に直結させるメカニズムを構築できている企業」のことである。このメカニズムが、これまでに存在しなかった価値を創造し、「顧客価値創造経営[20]」を確立することとなる。企業の持続可能な成長（サステイナビリティ）の実現には、顧客価値創造経営の実現が不可欠である。顧客価値の創造とは「従業員のモティベーションを高めることによって、顧客が最高の価値であると認める製品・サービスを創造し、提供すること」である。まずはESとCSが有機的に連関することで相互に高位平準化を実現し、企業の存立基盤を高めていくことが重要となる。

　第2に、ESを独自に高めていく方法も検討しなければならない。そのためには、経営理念を再考し、徹底することで事業を再定義していくことが求められ、本業を通じた地域貢献を柱にしてCSRを実現し、理念型経営企業（Visionary Company）を体現することが求められる。「経営理念」とは、社会に対するお役立ち、社員に対するお役立ち、自社のスローガン・モットーを統合したものであり、企業の個々の行動指針の基盤となる考え方である。その中にはいわゆる「経営の三種の神器」といわれる①創業者・経営者によ

---

[19] 「経営品質が高い企業」を表彰する顕彰制度として、アメリカでは、The Malcolm Baldrige National Quality Award（マルコム・ボルドリッジ国家品質賞）が1987年に創設された。日本では、（公財）日本生産性本部による日本経営品質賞（1995（平成7）年）がある。日本経営品質賞には卓越した企業品質が求められるためそのステップ的な視点から「実効力ある経営」認証制度が2011（平成23）年より制定され、導入認証・継続認証・上級認証の3段階に分かれている。

[20] 事例については、佐竹隆幸（2012）を参照のこと。

る創業の志（こころざし）、②創業以来ののれん（信用）、③創業以来の屋号（ブランド）の3つを前提として構築しうる企業経営の中核的思考である。企業のコーポレート・アイデンティティ（CI）を示すものとして、企業経営の方向性を示すものであり、企業内部に向けては社員の行動指針となり、企業の一員としての共同体的連帯意識を高めることを可能とする基盤となる。また社会に対しての企業の約束事としての役割も果たしている。こうして、従業員一人一人の中に「オーナーシップ」が存在する状態、つまり自分の企業であるという自覚と誇りを醸成することができる。自社への愛情を基盤に、自分が会社を良くしていくという姿勢から、イノベーションが生まれる。理念型経営が企業の存立基盤を強化することとなる。

　第3に、地域内における経済循環、すなわち地域内再投資力を高め、「地域にとってなくてはならない企業」へと進化することが求められる。「地域にとってなくてはならない企業」であると同時に、社員にとって、顧客にとって、業界にとって「なくてはならない企業」となることが求められる。地域経済の持続的な発展を実現しようとすれば、その地域において地域内で繰り返し、再投資する力＝地域内再投資力をいかに創り出すかが決定的に重要になる。経営資源である「ヒト・モノ・カネ」を活用した経営行動を地域内で行使することにより、地域内に財務的資源が還流することになり、地域内に実質的に投資行動を行うことと同一の状況、すなわち乗数効果をもたらす。こうして地域内に投資する（いわば「ヒト・モノ・カネの地産地消[21]」ともいうべき再投資行動）ことにより、相乗効果として雇用や原材料等の調達、地域内企業への資金供給を繰り返し、地域内の雇用が増大し、地域内存立企

---

[21]　「まち・ひと・しごと創生本部」においては、地域貢献型の企業を「ヒト」の地産地消を進めていく「雇用貢献型企業（雇用の創出及び維持を通じて地域経済に貢献している企業）」、「モノ」の地産地消を進めていく「コネクターハブ企業（地域からより多くの仕入を行い地域外に販売している企業）」、「カネ」の地産地消を進めていく「利益貢献型企業（利益及び納税を通じて地域経済に貢献している企業）」として地域中核企業と位置づけている。

業の経営行動が促進・成長すれば、地域活性化が進展し、地域経済の持続的な発展が可能となる。地域経済の持続的な発展とは地域内再投資の進展を意味する。地域内再投資の進展は地域に雇用と税収の増大を生み出す。増大した雇用と税収の増大は地域の持続的発展へとつながる。企業が社会的責任を果たし地域貢献をするとは地域の雇用と税収促進を意味することであるが、その真意は地域内再投資の進展拡大が根拠となっている。地域内再投資は地域における企業間活動の深化を通じて地域内産業連関を構築する[22]。

地域に長きにわたり存立する企業が地域内再投資力を行使する経済主体として存立する。このこと自体が地域活性化につながり、持続可能な地域づくりへと進化していく原動力となる。したがって企業にとってのCSRとは、「地域にとってなくてはならない企業」になることであると同時に、社員にとって、顧客にとって、業界にとって「なくてはならない企業」へと進化することであり、中でも理念型経営の実効による「地域にとってなくてはならない企業」化が、当該企業にとっての地域貢献（社会貢献）となる。地域貢献（社会貢献）を実効しうる企業こそが「ソーシャル・ビジネス」であり、「ソーシャル・ビジネス」が実効する地域内再投資力を享受しうる経営行動（「ヒト・モノ・カネの地産地消」を実効しうる経営行動）そのものが「ソーシャル・イノベーション[23]」なのである。

## 第5節　むすび　ソーシャル・イノベーション実効のためのヒトづくり

人口減少社会において持続可能な企業・地域を創るための方策こそが、ソーシャル・イノベーションである。その中核となるのが経営資源「ヒト」の育成に他ならない。少子高齢化に伴う人口構造の劇的な変化に伴って構造的な人材不足現象が生じている。総人口が緩やかに減少するなかで生産労働

---

(22)　岡田知弘（2005）pp.138-140 による。
(23)　事例については、第12章を参照のこと。

人口が急激に減少しているのである。また正規社員と非正規社員間の格差にみられるように所得階層構造は大きく変化し、格差が拡大している。こうした状況下で経営資源である「ヒト」の確保は、企業にとって、地域にとって大きな課題となっている。「ヒト」が企業や地域に定着すること自体が強みとなり、競争力の源泉ともなっている[24]。

　そのためには自社の存立意義を検証し、事業コンセプトを従業員と共有し、高い顧客価値を実現できる組織をつくることが不可欠である。こうして経営品質の向上が実現し、顧客に期待水準以上の価値を提供して、満足だけではなく感動までも与えられる企業を目指すことが可能となる。企業は成長のためには優良な経営資源を獲得すること、すなわち質の高い「ヒト・モノ・カネ」をはじめとした経営資源を確保することが求められてきた。しかし優良な経営資源を保有しても提供する製品・サービスの質が必ずしも高まるものではないことが認識されている。すなわち企業にとって重要なのは「資源そのものではなく、資源がもたらす用役（service）」なのである。問題解決能力の基礎にあるのは、企業の資源活用能力である。したがって、たとえ完全ではない経営資源であっても、経営者を始め、企業の力量で経営資源の質を高めることこそが重要な課題となる。「地域になくてはならない企業」であり続けるためには、「活力あるヒトづくり」、「ヒトを活かす企業づくり」を経営理念に掲げ、自社が持続的に存立していくために必要となる「ヒトが価値を生み出す」自社独自の経営モデルを創造していくことが重要である。企業の持続的な成長の原動力は、「人財」である。ヒトが育つ環境づくり、企業風土づくりを進めることが重要である。

　ヒトは人生において何かの組織や集団（会社、家族、学校、地域等）に所属する。日本人は従来、それぞれの所属する組織のなかで、「イエ」的な意識が自然と培われてきた。つまり組織や集団への所属意識と、その「場」に

---

[24]　佐竹隆幸（2014）を参照のこと。

おける存在価値である。所属意識については、所属することで得られる安心感が最大の要因であり、その所属或いは帰属する組織や集団での、存在価値を所属する者自身と組織を構成するメンバー共に認識することで、さらに所属意識・存在価値が増幅され、組織や集団への忠誠心が芽生えるのである[25]。これこそが「オーナーシップ」の醸成につながる。社員は家族のように大切にされ、上司は部下の成長を見守る。たとえ短期的には成果が出ない時期でも、目先の利益に振り回されることなく、会社は社員の面倒を一生見て、社員は一生をかけて会社に貢献する。勤労は美徳であるゆえ、仕事を通じてわが身も成長し、企業も成長するという考え方が必要である。そのためにまずは、目の前のヒトを幸せにする経営に戻らなくてはならない。

　CSRによる信用力創造に存立基盤を置く企業には、「ヒト」の活用・育成とともに「地」に焦点を当てた企業経営が求められる。「地」に焦点を当てた企業経営を進めていくには経営品質の向上が企業にとっては必要不可欠である。企業は社会・地域の主要な構成要素であるとの認識に基づいて、社会・地域に貢献していくには、既存事業で顧客価値を創造して利益を上げ、雇用を創造できる存立基盤の強い企業になることが、企業がなしうる最大の地域・社会貢献であるということを認識しなければならない。実効性のある戦略行動として、企業が地域や社会への支援や協力を行なうことが、自社の利益や存立基盤の強化にもつながってくることを認識すべきである。言い換えれば、社会とのつながりをしっかり持って、経済的主体であるだけではなく、社会的主体にまでなり得た企業でなければ、持続可能な企業には進化できない。

　現代社会において持続的成長を実現する企業行動として、短期的な利益よりも長期的な視点で現代の企業経営における価値観、倫理観、経営理念や行動指針について深く考え直すことが求められる。企業倫理の視点から社会・

---

[25]　佐竹隆幸（2008）第6章を参照のこと。

地域にとってなくてはならない企業としての経営のあり方、企業倫理の本質とはどういうものなのか。それはまさしく「ソーシャル・イノベーション」の実効に他ならない。

**【参考文献（引用文献を含む）】**

Acs, Z. J. & Audretsch, D. B. (1990) *Innovation and Small Firms*, MIT Press.

Acs, Z. J. & Audretsch, D. B. (eds) (1991) *The Economics of Small Firms*, Kluwer.

Acs, Z. J. & Audretsch, D. B. (eds) (1993) *Small Firms and Entrepreneurship*: An East-West Perspective CUP.

Borzaga, C. & Defourny, J. (eds) (2001) *The Emergence of Social Enterprise*, London & New York, Routledge.（内山哲朗・石塚秀雄・柳沢敏勝訳（2004）『社会的企業―雇用・福祉のEUサードセクター』日本経済評論社）

後藤　晃・児玉俊洋編（2006）『日本のイノベーション・システム―日本経済復活の基盤構築に向けて―』東京大学出版会.

後藤康雄（2014）『中小企業のマクロ・パフォーマンス　日本経済への寄与度を解明する』日本経済新聞社.

林　敏彦（2011）「慢心と過信」『Hem21Opinion vol.5』（公財）ひょうご震災記念21世紀研究機構学術施センター.

池田　潔（2012）『現代中小企業の自律化と経営戦略』ミネルヴァ書房.

池田　潔編（2014）『地域マネジメント戦略―価値創造の新しいかたち―』同友館.

増田寛也・日本創成会議（人口減少問題検討分科会）（2013）「2014年、地方消滅。「極点社会」が到来する」『中央公論』2013年12月号、pp.18-31.

増田寛也・日本創成会議（人口減少問題検討分科会）（2014）「消滅可能性都市896全リストの衝撃―523は人口一万人以下―」『中央公論』2014年6月号、pp.32-49.

松永桂子（2012）『創造的地域社会―中国山地に学ぶ超高齢化社会の自立―』新評論.

西岡　正（2013）『ものづくり中小企業の戦略デザイン―サプライヤー・システム、産業集積、顧客価値―』同友館.

小川正博（2000）『企業のネットワーク革新―多様な関係による生存と構造―』同文舘.

小川正博・西岡　正編（2012）『中小企業のイノベーションと新事業創出』同友館.

岡田知弘（2005）『地域づくりの経済学入門地域内再投資力論』自治体研究社.

Piketty, T. (2013) *Le Capital au XXIe siècle*, Les Livres du nouveau monde. Arthur Goldhammer (trans) Capital in the Twenty-First Century.（山形浩生・守岡桜・森本正史訳（2014）『21世紀の資本』みすず書房）

Prusak, L. & Cohen, D. (2001) "How to Invest in Social Capital," Harvard Business Review. Vol.79, No.6, pp.86-97.（小林大克訳（2001）「『見えざる資本』に投資する―ソーシャル・キャピタル組織力の本質―」『ハーバード・ビジネス・レビュー』第26巻第8号、pp.108-119.）

Rothwell, R. & Zegveld, W. (1982) *Innovation and the Small and Medium Sized Firm*, Pinter.（間苧谷努・岩田勲・庄谷邦幸・太田進一訳（1987）『技術革新と中小企業』有斐閣）

佐竹隆幸（1999）「VB（ベンチャー・ビジネス）・VC（ベンチャー・キャピタル）の振興策」後藤幸男・西村慶一・植藤正志・狩俣正雄編著『ベンチャーの戦略行動』中央経済社、pp.207-224.

佐竹隆幸（2008）『中小企業存立論―経営の課題と政策の行方―』ミネルヴァ書房.

佐竹隆幸（2012）『「地」的経営のすすめ』神戸新聞総合出版センター.

佐竹隆幸（2014）『「人」財経営のすすめ』神戸新聞総合出版センター.

Schumpeter, J. A. (1950) *Capitalism, Socialism and Democracy* (3.ed), G. Allen & Unwin.

関　智宏（2011）『現代中小企業の発展プロセス―サプライヤー関係・下請制・企業連携―』ミネルヴァ書房.

谷本寛治編（2006）『ソーシャル・エンタープライズ―社会的企業の台頭―』中央経済社.

安田　雪（2004）『人脈づくりの科学―「人と人との関係」に隠された力を探る―』日本経済新聞社.

（佐竹　隆幸）

# 第2章

# 世界をつなぐソーシャル・イノベーション

## 第1節 はじめに

　ソーシャル・イノベーションは、国内の社会問題だけではなく、海外の社会問題の解決もその範疇となる。たとえば、アメリカの靴の製造販売会社であるTOMS[1]は、アルゼンチンの社会問題である貧困家庭の子供への靴の提供を行うことで、ひとつの問題解決策を提示している。アメリカの消費者がTOMSの靴を一足購入すると、アルゼンチンの子供たちに新しい靴が1足提供されるという「One for One」というコンセプトでビジネスを展開している。つまり、TOMSのビジネスは、実際にビジネスを展開する国とは異なる国の社会問題が解決されることが可能であることを示した。また、いくつかの地域のプレイヤーが結びつくことで、いくつかの社会問題が解決されることもある。中国でもチベット族が多く住む青海省でとれるヤクの毛をチベット族から購入し、中国国内の工場で毛糸にし、上海の沖に浮かぶ崇名島の女性たちの手で、その毛糸がニット製品に編み上げられ、世界各地で販

---

(1) TOMSの事例は、Marquis and Park（2014）、および相川美咲（2015）を参考にしている。加えてTOMSのウェッブサイト（http://www.toms.com/ 最終アクセス日2015年12月25日）も参考にしている。

売される。この香港人と台湾人の女性によって創業されたSHOKAY[2]は、チベット族の住民に現金収入の道を開き、中国の離島の女性に職を提供した。このビジネスでは、原材料を生産する地域と原料を製品に仕立て上げる地域とその製品を販売する地域とを結びつけることで、さまざまな社会的課題の解決に貢献しつつ、ビジネスが国際的に展開されている。

　以上のように、世界をつなぐことで、ソーシャル・イノベーションを実現していくケースがみられるようになってきている。これらの組織の多くは、創業と同時に国際的な展開もしくは国際的なつながりをベースにしたビジネス活動を行なっている。平たく言うと、ベンチャーによる国際的なソーシャル・イノベーションといえる。ベンチャーといったが、ソーシャル・イノベーションを現実のものとし、国際的な社会問題の解決にあたるのは、企業組織だけでなく、NPO（Non-Profit Organization）も含まれている。それでは、なぜこのよう国際的なソーシャル・イノベーションの担い手に、創業間もない、もしくは、創業と同時に企業やNPOがなれるのであろうか。この点が本章での検討課題である。

　このような課題に向けて、第1に、創業間もない企業が国際的な企業活動を展開するボーン・グローバルについての研究を紹介し、ボーン・グローバル企業がなぜ国際化できるのかという点についての議論を紹介する。第2に、ケースとして、国際的な社会的課題の解決に挑むNPOであるTable For Two（TFT）の活動について紹介する。第3に、Table For Twoの実践をボーン・グローバルの研究から得られる視点から分析することで、創業とともに国際的なソーシャル・イノベーションに取り組む組織の条件を明らかにする。そして、最後に、なぜ国際的なソーシャル・イノベーションの担い手に、ベンチャーやNPOがなれるのかという点についての見解をまとめるとともに、今後の課題を示して結びとする。

---

　(2)　ソー＝チヤウ（2010）を参考に記述している。

## 第 2 節　社会的な課題を解決するグローバル展開

　社会的な課題を解決するために、グローバル展開をするというケースが見られる。通常、企業の国際展開は、ウプサラモデルの議論に見られるように、国内で成長した企業が、貿易活動を通じて現地市場の知識を学び、次いで現地で企業を運営する知識を獲得するプロセスを通じて徐々に海外での事業活動が実施されるものと考えられてきた[3]。このような伝統的な国際化の漸進的・段階的プロセスに対して、プロセスを飛び越えて進展する蛙飛び現象が見られるようになった[4]。ウプサラモデルに従わず蛙飛びをする企業の研究がボーン・グローバル企業（Born Global Company：以下では「BGC」とする）研究として行なわれている[5]。

　BGC は、設立間もないオーストラリア企業が国際化する状況を説明するためにマッキンゼー社が提示したコンセプトである[6]。BGC の研究の起源は、中小企業の国際化の研究である。中小企業の国際化の研究と BGC 研究との大きな違いは、時間軸を導入したことである。Knight（1997）は、定量的な定義として、ボーン・グローバル企業を「1976 年以降に設立された企業で、設立後 3 年以内に輸出活動をはじめ、その後、25％かそれ以上の海外販売比率を持つ企業」としている。定量分析を意識した定義であるので、1976 年という年代が入るが、本質的には、設立されて 3 年以内に売り上げの 4 分の 1 以上を海外で上げている企業をボーン・グローバル企業として定義している。つまり、創業間もないベンチャー企業が、短期間で海外での売上を伸ばすというケースを BGC として分析の対象としている。

---

[3]　Johanson and Vahle（1977）の研究で提示された考え方。
[4]　中村久人（2013）
[5]　Rennie（1993）; Oviatt and McDougall（1994）; Knight and Cavusgil（1996）; Madsen and Servais（1997）; Andersson（2000）; Andersson and Wictor（2001）など
[6]　McKinsey & Co.（1993）

それでは、なぜBGCと定義されるベンチャーは、早期に国際化が可能であるのだろうか。旧来の国際化は企業が所有する有形資産に焦点を置いていたが、BGCについては、組織文化や組織能力、個々の従業員が持つ知識、国際的成功を容易にする主要なチャネル・メンバーとの関係といった一連の無形資産やケイパビリティの活用が指摘されている[7]。BGCは、有形資産というよりも、グローバルな機会を利用するために、所有する知識を活用するケイパビリティといった無形資産を活用して国際化するということである。さらにいうと、BGCは、資産を持たずに国際化しており、必要な資源にアクセスするのにネットワークや他社との関係を活用するバーチャル・カンパニーとしての側面を持っているといえる[8]。つまり、BGCは、所有する資産というよりも、さまざまな関係性を通じて、つまり、ネットワーカーとして、さまざまな企業が持つ資産と機会を結び付ける起業家的活動[9]によって、早期の国際化が可能となっているといえる。

　また、BGCの早期国際化については、組織学習の議論では別の視点を提示している。上記の経営資源の所有と関連する議論として、ダイナミック・ケイパビリティについての議論がある。ダイナミック・ケイパビリティとは、組織が所有する資源を統合し、再配置し、獲得し、そして、更新する企業の能力である[10]。要するに、変化する環境の中にあって、組織内の経営資源を再配置し、業務慣行を見直し、その組織が優れた業績を上げられるようにする能力である。Teece, et al. (1997) が述べるように、企業が環境に適応できるように企業の能力を更新する能力である。ダイナミック・ケイパビリティは、BGCにとって重要な能力といえるが、その根本には組織学習の議論が潜んでいる。Weerawardena, et al. (2007) は、BGCが、外部市場との

---

(7)　Cavusgil and Knight (2009)
(8)　Coviello and Munoro (1995); Cavusgil and Knight (2009)
(9)　Cavusgil and Knight (2009)
(10)　Cavusgil and Knight (2009)

関係での学習ケイパビリティと組織内部の学習ケイパビリティとネットワーキング・ケイパビリティを持つことを指摘した。学習能力が高いことが、BGC が国際的に活躍できるキー・ファクターであるという指摘である。組織学習を Nelson and Winter（1982）の観点から見ると、実施したことの結果としての組織ルーチンを創り出すことである。組織ルーチンは、操業期間が長い企業ほど、企業内に多くの種類の組織ルーチンを持つことになる。しかし、創業間もない BGC では、組織ルーチンはほとんどないか、全くない状況である。組織学習の視点からすると、組織ルーチンが全くない状態であるが、新しい知識を学ぶだけの状態である。つまり、組織学習を妨げる既存の知識の学習棄却の必要性がない状態といえる。Cavusgil and Knight（2009）は次のように述べている。

「BGC の主要な優位性は、長期間確立された企業が長期間にわたって所有している管理の遺産という特質を典型的に有していないことである。歴史の古い企業において長期にわたって確立された組織構造やプロセスは戦略的選択を抑制しがちである。」

要するに、BGC は、国際化によって生じるさまざまな課題に対して、これまでの経験に基づく解決策を有していない代わりに、これまでのやり方に習うという制約もない。したがって、新しい環境に新しいやり方で適応していくことが可能である。さらに述べると、BGC は、古い企業が新しい環境に対して画一的な対応しかできないことに対して、それまでにないイノベーティブな方法で適応する柔軟性と有しており、その点が強みになっているといえる。

以上の議論をまとめると、BGC が国際化できる理由は、第 1 に、組織自体が事業活動のために必要な外部の資源を結び付けるネットワーカーとしての役割を果たすことである。そして、第 2 に、資源を所有しないことから、

さまざまな環境に対して、組織自体がイノベーティブに適応できる能力にあるといえる。

## 第3節 Table For Two のケース

　この節では、なぜ国際的なソーシャル・イノベーションの担い手に、創業間もない、もしくは、創業と同時に企業や NPO がなれるのかという点を検討するために、ひとつのケースとして、Table For Two（以下では、「TFT」とする）を取り上げる。

### (1) TFT の概要[11]

　TFT が提供する Table For Two プログラムは、TFT のロゴマークを提示しているレストランで、対象となる定食や食品（身体に良い食事）を購入すると、1 食につき 20 円の寄付金が、TFT を通じて開発途上国の子どもの学校給食となる仕組である。この 20 円という金額は、開発途上国の給食 1 食分であるので、先進国で 1 食とるごとに開発途上国に 1 食が贈られることになる仕組である。「開発途上国が抱える貧困という社会問題」と「先進国が抱える過食という社会問題」を結び付けることで、一方の解決策がもう一方の解決策にもなることを目指している。TFT の活動は、日本をはじめとする先進国とアフリカの発展途上国をつなぐことで、ソーシャル・イノベーションを実現していこうという取組であるといえる。

　TFT の正式名称は、特定非営利活動法人 TABLE FOR TWO International[12] である。2007(平成 19)年 10 月に日本で設立された（組織の概要は

---

(11) この部分の作成にあたっては、TFT のウェッブサイトや TFT の年次報告書を参考にしている。特に記述がない場合は、これらからの引用である。
(12) 「International」が法人名に入ったのは、TFT の活動が国際展開を目指すもので、その本部が日本であるという思いがあったと小暮真久（2009）は述べている。

図表2-1に示されている)。Table For Two という名前の由来は、直訳すると「2人の食卓」であり、先進国と開発途上国の子どもたちが、時間と空間を越え食事を分かち合うというコンセプトである。世界の約70億人のうち、約10億人が飢餓や栄養失調の問題(途上国の貧困問題)で苦しむ一方で、20億人近くが、食べ過ぎが原因で肥満状態(先進国の過食問題)であることとを結び付け、解決しようという取組である。

TFTは2007(平成19)年10月に設立され、数社での試験的導入後、2008(平

**図表2-1　TFTの組織の概要**

| 団体名 | 特定非営利活動法人 TABLE FOR TWO International |
|---|---|
| 設 立 | 2007(平成19)年10月24日 |
| 役 員 | **代表理事**　小暮　真久 - table for two Internationa<br>**理　　事**　浅尾　慶一郎 - 衆議院議員<br>　　　　　　須田　将啓 - 株式会社エニグモ 代表取締役<br>　　　　　　世耕　弘成 - 参議院議員<br>　　　　　　高島　宏平 - オイシックス株式会社 代表取締役社長<br>　　　　　　藤沢　久美 - シンクタンク・ソフィアバンク 代表<br>　　　　　　船橋　力 - 株式会社ウィル・シード 取締役会長<br>　　　　　　古川　元久 - 衆議院議員<br>　　　　　　松田　公太 - 参議院議員<br>**監　　事**　渡辺　伸行 - TMI総合法律事務所　弁護士 |
| 事務局 | 安東　迪子 - 事務局長<br>張　一華 - 国内事業推進、新規事業開発 担当<br>大宮　千絵 - 国内事業推進、マーケティング 担当<br>小林　智子 - グローバル展開担当（ミュンヘン在勤）<br>河尻　由美子 - 業務担当\*　　室井　あかね - 業務担当\*<br>田澤　玲子 - PR担当\*　　　　安野　美奈子 - IT担当\*<br>鈴木　理恵 - 会計担当\*　　　　　　　　　　　　\*非常勤 |
| 所轄庁 | 東京都 |
| 認定NPO法人としての詳細 | 課法11-281（2010年1月16日～2015年1月15日）<br>26生地第1661号（2015年1月14日～2020年1月13日） |

(出所)　TFTのウェッブサイト（http://jp.tablefor2.org/aboutus/organization.html　最終アクセス2015年12月25日）

成20)年から本格的に社員食堂でのプログラムがスタートした。2008(平成20)年に597,652食であった寄付食は、2013年には5,991,916食に増加している（寄付額を1食20円で換算したもの）[13]。TFTのプログラムに参加している団体は日本国内で増加するだけではなく、世界的に広がっている。2013(平成25)年時点で、TFTのプログラムに参加している団体は、日本618、香港36、アメリカ24、韓国15、ノルウェー・イギリス・スイス・サウジアラビア・ベトナムがそれぞれ1である。TFTが学校給食という形で支援しているのは、サハラ以南アフリカのケニア・ルワンダ・タンザニア・エチオピアの4ヵ国46校28,400人と、東南アジアのミャンマーの2校230人である。

　TFTの財務状況を見ると、2013(平成25)年度の収入は144,205千円で、支出は146,924千円であり、2013(平成25)年度の会計は2,719千円の赤字であった。この赤字については、前年度からの繰越金が39,922千円あり、その繰越金から補填されている。この数字は2012(平成24)年度の収入が142,620千円で支出が123,287千円であったところから見ると、TFTの事業規模は少しずつ大きくなっているといえる。収入の内訳をみると、給食事業寄付金は、2012(平成24)年度の118,649千円から2013(平成25)年度は127,619千円と伸びている。食堂プログラムや外食店、自動販売機、宅配、小売店の食品などによる給食事業寄付金がTFTの収入の9割を占めている。そのほかの収入を見ると、ルワンダに給食室を建築するというプログラムを進めており、そのプログラムに対する寄付が4,014千円であった。支出の内訳をみると、2013(平成25)年度の給食事業は、102,095千円であり、2012(平成24)年の94,919千円から、7,176千円の増額となった。また、ルワンダでの給食室の建設に、3,233千円を支出している。そのほかの支出には啓発活動があるが、多くがTFTの活動を維持するための人件費を含めた費用となっている。

---

(13)　2015(平成27)年10月末日時点で閲覧できるは2014(平成26)年に発行された2013(平成25)年度の年次報告書となっている。登場する人名の敬称は省略されている。

人件費から見ると、常勤の職員は3名、非常勤の職員は4名である。しかし、この7名だけで、TFTの組織を運営しているのではない。代表理事が小暮真久であり、小暮のもとに、事務局長の安東迪子、事業局長の小林智子がいる。理事として8名がいる。理事は、衆議院議員の浅尾慶一郎、参議院議員の世耕弘成、オイシックス株式会社の高島宏平といった別に本業を持つ人たちで構成されている。加えて、理事会での重要な意思決定にアドバイスする立場として、3人の創設者が存在している。近藤正晃ジェームズ（Twitter Japan株式会社代表取締役会長）、堂前宜夫（株式会社ファーストリテイリング上席執行役員）、古川元久（衆議院議員、理事も兼ねる）である。2006（平成18）年のヤング・グローバル・リーダーズ会議に出席した創設者たちが、「世界の飢餓と飽食」というテーマに対して日本から提案したコンセプトがTFTである。TFTではそのほかにも、TFTの戦略や運営に対する相談をし、助言を行なうアドバイザー、海外展開についての相談・助言の役割を担うグローバル・アドバイザー、そして、自身の専門知識・経験・ネットワークを活かし、TFTの活動を支援する評議員がいる。多くの外部の専門家の力を活用できる仕組である。さらに、海外展開諮問委員会（TFTの海外チャプターの設立・運営についての助言を理事会に行なう）、支援先選定諮問委員会（TFTの支援先の選定についての助言を理事会に行なう）という2つの外部の専門家から構成される諮問員会がある。

　このような運営組織に加えていくつかのサポーターがTFTを支援している。第1に、社会人サポーターである。有志の社会人サポーターは、本業を持ちながら勤務時間外に、アイディアの提供やスキルの提供を行なっている。2014（平成26）年には、セールスフォース・ドットコム・ファンデーションと資生堂の社員がニュースレターの発送作業を手伝ったりしている。第2に、プロフェッショナル・サポーターである。法務、財務、ウェッブ構築などの専門分野で、4つの法人がサポーターとなり、弁護士・弁理士・税理士・行政書士・社会保険労務士・デザイナー・プログラマーといった人が個人でサ

ポーターとなっている。第3に、パートナーとして、パートナー企業が2社（ポーラ・オルビスホールディングスと三菱商事）あり、TFTの活動に対する資金支援を行なっている。そして、第4に、アンバサダーである。アンバサダーは、さまざまな場面でのTFTの活動の情報発信をサポートしており、キャスターの内田恭子、モデルのANGELA、写真家の桐島ローランドがついている。

　以上のように、TFTの活動はTFTを本業として働く人と、別に本業を持つ人たちが何らかの形で、活動に参画することで活動を実施している。

## (2) TFTの設立の経緯[14]

　TFTは、先にも触れたが、2006（平成18）年にカナダのバンクーバーで行われた「ヤング・グローバル・リーダーズ会議」の席上であった。この会議には、ダボス会議を主催する世界経済フォーラム[15]が指名した40歳以下の多種多様な分野の次世代リーダーが世界中から集まる。日本からも毎年何人かがヤング・グローバル・リーダーの指名を受けている。2005（平成17）年については、TFTの創設メンバーである近藤正晃ジェームズ・古川元久・堂前宜夫を含む10名が指名を受けている。2006（平成18）年の会議のテーマは、「世界の飢餓と飽食」であった。社会問題の解決に関しては欧米人の関心が高く、日本人は聞き役に回ることが多かったそうだが、ここで「世界をうな

---

(14) この部分の記述は、小暮真久（2009）と小暮真久（2012）に基づいて記述されている。他の資料の引用についてはその都度示している。

(15) 世界経済フォーラム（World Economic Forum）は、そのウェブサイト（http://www.weforum.jp/：最終アクセス2015年12月25日）によると、グローバル・シチズンシップの精神に則り、パブリック・プライベート両セクターの協力を通じて、世界情勢の改善に取り組む国際機関である。ビジネス界、政界、学界および社会におけるその他のリーダーと連携し、世界・地域・産業のアジェンダを形成している。1971年にスイスのジュネーブに本部を置く非営利財団として設立された世界経済フォーラムは、いずれの利害関係にも関与しない独立・公正な組織であり、あらゆる主要国際機関と緊密に連携して活動している。

らせる国際貢献のアイディアを日本人が出そう」ということで、近藤・古川・堂前のTFTの創設者が提示したものがTFTのコンセプトであった。

　2006(平成18)年に事業のコンセプトができ、社員食堂にTFTのプログラムを導入し、20円で自分の健康維持と途上国の食糧問題を解決するというTFTのプログラムを試験的に導入する企業[16]があったが、その活動は順調に成長したとは言えない。TFTのコンセプトを考えだした創設メンバーの3人は皆本業を持ち、TFTの活動を専業で推進できる体制ではなかった。結果として、TFTのプログラムの導入を検討する企業に対して十分な対応ができず、画期的なコンセプトであるにもかかわらず、TFTのプログラムの普及は進まなかった。現在、代表理事を務める小暮は、当時、代表理事を務めていた近藤から、次のように誘われ、専務理事を引き受けたと語っている[17]。

「TFTの事業で起業してみないか？専任で実務の指揮を執ってほしい」

　マッキンゼーの先輩である近藤からTFTのコンセプトについて聞かされ、「すごいシステムだ」と感じた小暮が専任になることを了承し、2007(平成19)年にTFTの専務理事に就任する。小暮は、当時、社会事業に関心を持ち始めていた。従来の感覚では、社会貢献は「持てる人から持たざる人への善意に基づいた施し」という感覚であったが、TFTのコンセプトは、寄付する方が飽食ゆえに抱える肥満・メタボという問題も一緒に解決することに魅力を感じたと小暮は述べている。

　2007(平成19)年に専任理事を得たTFTはその活動が本格化していく。

---

(16) 小暮真久 (2009) によると、TFTのプログラムは、2007年7月以前に、伊藤忠商事の社員食堂を皮切りに、ファミリーマート、日本アイ・ビー・エム、日本航空、日本電気、横浜市で試験的に導入されていた。
(17) 小暮真久 (2009) p.32.

TFT は 2007 (平成 19) 年以前には、伊藤忠商事に始まり、ファミリーマート・日本 IBM・日本航空・日本電気・横浜市で試験的に導入されていた。小暮が TFT の専務理事になってすぐ、企業の担当者から次のような問い合わせがあったと述べている[18]。

「寄付金がたまっているのですが、どこに振り込めばいいのですか。」

2007 (平成 19) 年時点で、TFT には銀行口座はおろか代表印も事務所の電話番号もなかった。もちろん TFT は NPO 法人としての認可申請もしていなかった。小暮の加入時点で、TFT のコンセプトは素晴らしいが、実務面は全く整備されていなかった。

小暮の最初の重要な仕事は、NPO 法人としての認可申請をえることであった。NPO の申請は、定款・設立趣旨書・2 年分の事業計画書と収支予算書などの所定の書類を作成して、内閣府に提出することが求められる。実際の書類の作成プロセスにおいて、TFT のビジネスモデルの細部が詰められることになった。小暮は TFT の NPO 法人の認可書の作成プロセスを次のように述べている[19]。

「書式を埋めようとすると、どうしてもすんなりと書けないところが出てきます。20 円の出所や、給食費になるまでの道筋、活動資金の集め方などは、この時点では完全に固まっていませんでした。だからといって「未定」や「空欄」では審査を通りません。うまく書けないところが出てくると、僕と立ち上げメンバーが話し合って細部を詰める、という作業を書類が完成するまで延々と続けました。」

---

(18) 小暮真久（2009）p.42.
(19) 小暮真久（2009）p.44.

NPO法人の認可者を作成するプロセスのなかで、TFTがやること、やらないことが決まっていったといえる。このプロセスのなかで構想段階にあった開発途上国に給食室を作って実際に食事を提供するという構想はなくなり、すでに給食を配る仕組を持っている団体と連携するという考え方が固まっていった。構想が事業計画のレベルに落とし込まれた。

　NPO法人の認可はすぐに実現するのではなく、審査期間（最長4か月になる）を経て、2007（平成19）年10月に認可決定通知が届き、2007（平成19）年11月に正式にNPO法人 TABLE FOR TWO International が設立された。NPO法人になったことで、TFT名義で銀行口座を開設した。

　この流れのなかで、新しい方針で営業活動が行われた。TFTでは、営業方法として、企業の担当者と会って1社1社開拓していく方法（ボトムアップ型）と、協力してくれた企業のトップから別の会社のトップを紹介してもらう方法（トップダウン型）の2つを併用していた[20]。後者のほうが成約率は高くなる。しかし、TFTのプログラムの実施において、トップダウン型の場合、実際にTFTのプログラムにかかわる人に命令され、仕方なくやらされている感じになってしまう。このTFTの実行レベルのモチベーションの低さが、TFTプログラムの長期間の実施の支障になってしまうという危機感を小暮たちスタッフは抱いていた。そこで、時間はかかっても、会社の総務・人事・CSR、そして、労働組合を1つずつ説得していくボトムアップ型を営業活動の中心にして、TFTのプログラムの普及に努めることにした。

　また、営業のターゲットを大企業にした。ターゲットの選定は、2つの観点からなされた。1つに、大企業は人や予算のリソースが豊富で社員食堂を持っている可能性が高い点である。もう1点は、新しい情報への感度が高い

---

(20) 小暮真久（2009）では、営業方式をトップダウン型と泥臭い営業型という言葉で分類している。しかし本章では、トップがTFTを導入して決めるトップダウン型に対峙させるために、会社のさまざまな人たちが話し合って会社の決定になるという意味でボトムアップ型という用語を用いている。

点である。トップ企業ほど「業界で最初に導入した」というフレーズに弱い。このような理由で営業のターゲットが大企業に絞られた。

　合わせて、この時期、TFTのプログラムに対してスポンサーを付けるかどうかという点についても１つの方向性を出した。大手企業のスポンサーを付けると、資金をはじめとした多くの資産を提供してもらうことになるので、TFTプログラムの運営は容易になる。その一方で、スポンサー企業の広報的な役回りを担うことやTFTの経営に対する意見を受け入れることは認めなければならない。また、スポンサーと競合関係にある企業はTFTを導入してくれなくなる。そのような点から、TFTのやるべきことは「世界の食糧の不均衡を根絶する」ことであり、スポンサーを付けることでその会社の要求に応えるために、自分たちのやるべきことから外れないという方針を明確にした。意思決定に迷ったときは、自分たちの目標に立ち返って判断することと、自分たちの活動を広げていくために無所属中立であることを明確にしたわけである。

## (3) TFTのビジネスの形[21]

　TFTがどのように利益をあげ、存続を可能にしているのかという点についてみていく。ビジネスモデルという視点で見たとき、価値提案（value proposition）を明確にしておく必要がある[22]。TFTの目的の部分である。この点については繰り返しになるが、小暮（2009）は次のように述べている[23]。

---

[21]　この節は、小暮真久（2009）の5Pという整理と、小暮真久（2012）の5Cという整理をベースに記述している。
[22]　ビジネスモデルの研究（Johnson（2010）；Osterwalder and Pigneur（2010））において、価値提案が重視されている。
[23]　小暮真久（2009）pp.104-105.

第 2 章　世界をつなぐソーシャル・イノベーション　55

「世界の食の不均衡を是正し、先進国の肥満と開発途上国の飢餓、この 2 つの問題を同時に解決する。」

　TFT の目的は、どれぐらいの事業所で TFT のプログラムを実施してもらい、どれぐらいの国で給食を提供するという数値目標を設定することだけではなく、開発途上国を飢餓から救い、先進国が抱える肥満という自国の問題の解決を進めていかなければならないという意識改革を行うことが、TFT が提供する独自の価値であること示している。そして、この価値を実現するために、TFT は存在していることになる。
　TFT は、どのような形で運営されているのだろうか。TFT に参加するヒトの面から見てみたい。TFT において有給で働いているのは、当初事務局長として参加し、現在は代表理事を務める小暮氏のほか 3 名となっている。いわゆる事務局スタッフであり、日本において NPO 法人の経済面での印象が悪いなか、NPO 法人でのキャリアを選択した人たちである。事務局スタッフに加えて、社会人ボランティアの人たちである。社会人ボランティアの人たちは、TFT 以外に本業を持つ人たちであり、給与を TFT 以外から得ている。TFT への参加は自分の持つ経験やスキルを TFT のために役立てたいと集まった人たちである。TFT では、データの入力からシステム構築、食事メニューへのアドバイス、出版企画、会計事務から力仕事まで依頼している。勤務は会社員については終業後や休日、主婦については家事が一段落する平日の日中に TFT の活動に参加する形をとっている。社会人ボランティアの働き方について小暮は次のように述べている[24]。

「…完成図を頭に描きながら部品づくりを請け負うエンジニアのような感じでしょうか。こうした視点を持ってくれているおかげで、彼らは無給ながら

---

(24)　小暮真久（2012）p.44.

も情熱的で、素晴らしい活躍をしてくれています。」

　つまり、TFTは会社で働く有能な人財を無給で雇用しているといえる。
　TFTに参加するもう1つの人財の大きなグループが大学生である。TFTの活動開始当初、肥満や生活習慣病に悩む社会人がターゲットと考えられていた。しかし、活動を開始すると、社会貢献に興味を持つ大学生から多くの問い合わせが寄せられた。TFTのプログラムがこうした学生の主導で大学に導入された。これらの大学生が集まってTFTの活動を支援する大学連合ができあがっている。大学生たちは、さまざまなチャリティイベントの企画、それぞれの大学祭でのTFTの活動の紹介をしており、TFTの活動を広報面から支援している。
　TFTに参加する3つ目のグループがプロフェッショナル・サービスを提供してくれるプロボノ（Pro bono）のグループである。プロボノは各分野の専門家が職業上の専門知識を活かして社会貢献するボランティア活動を指している。TFTには法律事務所や広告代理店、ネットスーパーなどの企業が無償でその専門的な知識やサービスを提供している。
　以上、TFTは、有給で働く事務局スタッフのほかに、無給で事業に協力する社会人、大学生、そして、プロボノのグループが働いている。事務局スタッフには、無給で働くTFTの活動に参加するモチベーションを維持するために、受け持ってもらう仕事がTFTの活動の全体像のなかでどの部分に当たり、なぜその活動が重要かを説明することが求められる。無給で働く人に対して、社会貢献へ参加しているという実感という価値を提供することが求められている。
　TFTの活動を可能にするために、さまざまなパートナーリングが行われている。パートナーリングを小暮はコントリビュータとコオペレータに分けている[25]。まずコントリビュータは主に寄付者を指している。寄付者の1つのグループが理事会のメンバーであり、TFTの立ち上げに際して出資し

たメンバーである。理事会のメンバーは日常的にはTFTの活動に携わっているわけではないが、活動の方向性のチェックという形で定期的な会合を持っている。もう1つが会社や個人の寄付者である。多くの人がTFTのプログラムに、社員食堂、学校の食堂、コンビニエンスストア等で20円を寄付するという形で活動に参加している。一般の人たちがTFTの活動に継続して参加してもらうために、寄付した資金がどこの誰に対して、どれぐらいどのように使われたかを明確に報告することが求められる。その一環としてアフリカで実際に給食が提供されている状況を視察し、アニュアルレポートやニューズレターを発行し、ウェッブ上での映像を公開し、そして、報告会を開催するなど、TFTからさまざまな形で寄付者に対する情報発信がなされている。

　それではコオペレータはどうであろうか。TFTのモデルとなる活動は、日本国内のコオペレータと協力してコントリビュータにサービスを提供する活動とコントリビュータが提供した資金を元手に発展途上国のコオペレータと協力してその国のカスタマーにサービスを提供するという活動である。したがって、日本国内のコオペレータと発展途上国のコオペレータが存在している。国内のコオペレータとしては、TFTのプログラムを提供する場となる社員食堂である。社員食堂（学生食堂・職員食堂など）の協力を得るためには、食堂を所有する企業の協力が不可欠である。TFTでは、次の3つの条件を満たす企業団体を中心に、TFTの目的に共感してくれるコオペレータを探している[26]。

①社員食堂があり、一定数以上の利用者がいる

---

(25) 小暮真久（2009）に記述されているパートナーリング（partering）の考え方が、小暮（2012）ではコオペレータ（cooprator）とコントリビュータ（contributor）とに分けて説明されている。
(26) 小暮真久（2009）pp.110-111.

②社員が参加できる社会貢献やCSRに力を入れている
　③社員の健康管理に積極的に取り組んでいる

　TFTでは、以上の条件を満たす企業を中心に、コオペレータとして対等の関係を築けるように努めている。コオペレータとの対等の関係を目指すのは、TFTのプログラムが「やってあげる」ものでもなく「やらされているもの」でもなく、主体的な行動を引き出すためである。社員食堂を持つコオペレータが主体的に行動することでTFTへの新しい取組の提案や活動の改善に向けて多くの意見が寄せられることになる。TFTではコオペレータのもう1つの思いにこたえることも重視している。もう1つの思いとは、コオペレータが持つ「自社の社会貢献活動を認知してもらう」という意図である。導入企業はTFTのウェブサイトに企業ロゴとともに紹介され、TFTが受けるメディア取材がコオペレータの紹介につながるようにしている。TFTのメディア露出や報道内容を、担当者にフィードバックすることでコオペレータの社内でのTFTに対する推進力を維持するように試みている。

　もう1つのコオペレータが実際に発展途上国で支援にあたる団体である。TFTはさまざまなプログラムを通じて寄付金を募り、それをもとにアフリカの子供たちに給食を届けている。しかし、実際に集めた寄付金を抱えてアフリカに行き、学校に行って給食を作っているわけではない。実際にTFT自体が給食を提供しようと思えば、現地でスタッフを採用したり、事務所を借りたりと新たなコストが発生する。このようなコストを発生させず、集めた寄付金を有効に活用するためにTFTは現地でのコオペレータと協力することになる。この点について、小暮は次のように述べている[27]。

「もともと活動費を多く持たないNPOである僕たちにとって、新たなメン

---

(27)　小暮真久（2012）pp.50-51.

第2章 世界をつなぐソーシャル・イノベーション　59

バーを現地で採用して1から訓練するためにコストを割くことは難しいと言わざるを得ません。ですから僕たちは、すでにアフリカで村づくりや子供たちの食の支援を行っている別のNPOやNGOと連携して、いただいた寄付金をコスト面でも最大限に活用できるように活動しています。」

　もちろん現地でのコオペレータを誰にするかは重要であるので、給食を届けるサービスを開始する前に十分に相手を調査し、幾度も話し合いや交渉の場を設ける。アフリカの支援の現場に足を運び、現地の様子を観察すると同時に、TFTがやりたいことを伝えて理解してもらう。志を同じくして、活動の範囲が補完関係になることが分かった時点で提携を結び、コオペレータとなってもらう。提携した後も、TFTの寄付金がきちんと使われているかをチェックすることも重要な仕事である。通常は四半期に1度、TFTのメンバーが現地を視察する。TFTと提携することで、提携団体の存在や活動の様子が、日本で知られることになり、提携団体が日本で支援者を増やすことにも役立っている。

　TFTの活動に参加する人、協力する人に加えて、TFTの活動から直接の利益を受取る顧客も存在している。TFTの活動では、20円でアフリカの子供たちに学校給食を提供することで、栄養不良の子供たちの健康状態の回復に努めている。直接TFTの活動を通じて便益を受けるという意味で、この子供たちが顧客といえる。支援を受ける子供たちの多くは、農作業や水くみや薪割りといった作業に追われ学校に通えないという問題もある。しかし、給食があることで親たちが子供たちを学校に通わせ、貧困解決に向けた重要な要素となる教育を子供たちが受ける機会を持つというもう1つの便益をもたらしている。加えて、TFTの場合、20円を寄付するコントリビュータもまた顧客である。寄付する側もTFTのプログラムに参加することで、健康的な食生活を実現するという支援を受けることで、健康を手に入れることができる。TFTは、寄付される側だけでなく、寄付する側にも便益を提供す

るモデルとなっている。

　TFT のビジネス活動はどうなっているのだろうか。TFT は、有機野菜等を販売・宅配するオイシックス、健康食品の宅配サイトであるスマイルダイナー、有名シェフの三國清三とコンビニエンスストアのスリーエフなどとのつながりを作り、そのつながりのなかで提供する価値をつくりあげている。そのために、TFT がブランドとして持つ価値を高める必要があると考えており、TFT のブランド価値の向上に努めている。TFT のロゴ（図表 2－2）を創り、資料や配布物などには必ず目立つところにロゴを配置するようにしている。

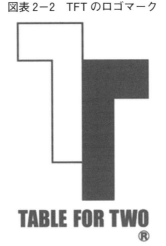

図表 2－2　TFT のロゴマーク

（出所）　http://jp.tablefor2.org/aboutus/profile.html（最終アクセス日 2015 年 12 月 25 日）

　ロゴは TFT の象徴として、TFT のブランド価値を表すものにしていこうとしている。ブランド・イメージ定着のために、さまざまな形で TFT の活動をマスコミに取り上げてもらうことも重要な活動である。TFT ではリリースなどを配布して番組や記事で取り上げてもらう PR 活動を重視している。PR 活動について小暮は次のように述べている[28]。

「メディアからの取材の申し込みや番組への出演依頼があれば、どんなに忙しくても基本的にはすべてお受けするようにしています。視聴率が10％の全国ネットのニュース番組に映像が流れれば1,300万人の人が見てくれるのですから、その影響力は計り知れません。」

　メディアが思わず取り上げたくなるような話題を作り、プレスリリースしたり、イベントを企画したりする。このような活動を通じて、TFTのブランドづくりをすすめている。
　TFTは「食」を現在の事業領域の中心においている。しかし、将来的に、TFTが、この事業領域にいるかは不明である。事業領域は、将来的にはもっと広がっているかもしれない。しかし、その場合でも「フォー・ツー」に込められた「分かち合う」という言葉をTFTブランドの中心的なコンセプトとしていきたいと小暮は考えている。小暮は次のように述べている[29]。

「これまで、「他人より多くを手に入れたい」という自己中心的な欲望は、社会を発達させる促進剤として奨励されてきました。しかし、資源や食料などは世界全体で配分を考えねばならない状況にきています。過剰な欲望の対局にある「足るを知る」ということ、そして「分かち合い」という考え方が主流になれば、この社会は誰にとっても、もっと暮らしやすくなるはずです。」

　分かち合いをキーコンセプトにして、TFTというブランドネームを聞くたびに、あるいはロゴを見るたびに、誰もが分かち合いという精神を思い出す。そういうブランドを目指してTFTの活動は進められている。

---

(28)　小暮真久（2009）pp.149-150.
(29)　小暮真久（2009）p.153.

## 第4節　なぜ、TFT は当初から国際的な活動ができたのか

　この節では、先に記述した国際的にビジネスを展開する BGC の理論的考察から得た以下の2つの視点から TFT について考察する。

　①ネットワーカーとしての視点
　②環境へのイノベーティブな対応

　第1に、TFT のビジネス活動をネットワーカーという視点から議論していく。TFT は、ソーシャル・イノベーションを実現するために、たくさんの資産を所有しているわけではない。TFT が提供するサービスは、社員食堂で食事をとる際に、TFT が提案する健康につながる食事をとる対価として、食事の実際の金額プラス 20 円をとり、この 20 円が TFT の活動のための収入になる。この 20 円を得るために、TFT は社員食堂を持つ会社や行政などの組織と連携しなければならない。実際の現金の流れを発生させる最初の点で、企業や組織とのネットワークづくりが必要となる。前節の用語を使うとコントリビュータを獲得するためにコオペレータとのネットワークづくりが欠かせない。TFT の運営スタッフは、TFT ブランドを創り、TFT の事業活動をイベントの企画等を通じて PR する役割を担っている。したがって、社員食堂で 20 円払ってコントリビュートする個人が TFT を知る機会をつくる業務は行っているが、コントリビュータが享受する健康な食事を提供する部分は、TFT が抱える専任スタッフが提供するものではない。調理はもちろんコオペレータである社員食堂等が提供するが、メニュー作りについても TFT の活動に協力したい個人やプロボノとのネットワークがものをいう。つまり、日本国内でのコントリビュータと TFT との接点を見ても、TFT 自体が所有する部分は少なく、TFT がネットワークの結節点となることで、必要な経営資源を利用できるようにしているといえる。近年の TFT の活動

第 2 章　世界をつなぐソーシャル・イノベーション　63

でみられる海外のコントリビュータとの結節点においてはなおのことである。TFT は資産を所有することなく、海外のコオペレータの支援を得て、コントリビュータからの資金提供を受けている。

　ネットワーカーとしての視点は、コントリビュータとの接点だけではなく、カスタマー、つまり、アフリカの食事がとれないない子供たちとの接点においても重要である。TFT はアフリカでサービスを提供するために必要な給食施設等、子供たちを集めるための学校等を所有していない。2013（平成 25）年の時点で、TFT が学校給食という形で支援しているのは、サハラ以南アフリカのケニア・ルワンダ・タンザニア・エチオピアの 4 ヵ国 46 校 28,400 人と、東南アジアのミャンマーの 2 校 230 人である[30]。このカスタマーに対して、TFT は自身の施設を設置して支援を行っているのではない。Millennium Villages（Ethiopia, Tanzania, Rwanda）、Kageno（Kenya, Rwanda）、Food and Agriculture Organization（Myanmar）、New Life Community Organization（Ethiopia）といった団体の協力を得て、アフリカやミャンマーでサービスを提供している。最終的な顧客に対してサービスを提供する部分においても、TFT がサービスを提供しているのではなく、TFT への協力団体がサービスを提供している。

　以上のように、コントリビュータにサービスを提供し、資金を獲得し、獲得した資金を元手にカスタマーに給食サービスを提供するという TFT の主要なビジネスプロセスは、TFT だけでは機能しないものであった。TFT はネットワーカーとして、資源を所有している人たちを結び付けることで、そのビジネスプロセスの実行を可能にしていた。この主要なビジネスプロセス以外、つまり、この主要なビジネスプロセスを支えるさまざまな活動についても、TFT は協力者の資源を利用している。例えば、法律知識を提供する弁護士についてはプロボノのという形で TFT の活動と結びついている。さ

---

[30]　TFT（2014）p.21 に、支援している学校の詳細が掲載されている。

まざまな形で社会貢献活動に興味を抱く若者たちもボランティアという形でTFTの活動に参加している。ネットワーカー、もしくは、ネットワークの結節点（ノード）としてTFTを描くと図表2-3のようにまとめることができる。

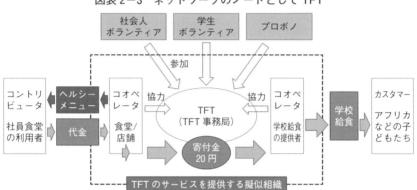

図表2-3　ネットワークのノードとしてTFT

（出所）　著者作成

図表2-3から分かるように、TFTはネットワークのノードとしての機能を果たすことで、アフリカを始めとする途上国の子どもたちに給食を提供する事業の実施を可能にしていた。TFT自体は豊富な資産を所有しているのではない。むしろ、資産は持たずに、コオペレータを国内外に持つことで、日本で得た資金を使って海外の社会的課題を解決し、海外で得た資金でさらに別の国の社会的課題を解決することを可能にしていた。要するに、TFTはネットワークのノードになることで、「開発途上国が抱える貧困という社会的課題」と「先進国が抱える過食という社会的課題」を結び付けることで解決するという目的の達成に向けて活動することが可能となっている。

BGCの議論から導かれる第2の視点、つまり、TFTがどのような形でビジネス環境にイノベーティブに適応しているのかという点を次に考察してみたい。この点については、これまで述べたことを別の観点から述べることに

第2章　世界をつなぐソーシャル・イノベーション　65

なる。その第1点目は内部資産の不足に対するネットワークへの参加による対応である。先に述べたように、従来であれば事業活動に必要な資産については、それぞれの組織が所有している。しかし、TFTの場合、社会的課題を解決するという理念はあっても、資金は持っていなかった。そのために社会的課題を解決するために行なう事業に必要な資産も資源も所有していなかった。そこは資源を持つ組織やヒトが求めていることを提供することで、TFT自身が所有していない資源を補うという革新的な対応をしてきたとみなすことができる。ヒトの問題はこの部分を明確に表している。小暮（2009）がいうようにTFTの事務局で働く人は、ソーシャル・イノベーションに従事するという自身の取り組みたい仕事を持ち、そのことから給与をもらうということを実現した幸福な人たちといえる。しかし、現在の日本の社会のなかにおいて、ソーシャル・イノベーションを目指して、NPOできちんと生活できる給与をもらえるところは限られているといえる。多くの場合、ソーシャル・イノベーションに携わりたいと思っても、生活のためにあきらめ、きちんと給与がもらえる別の職種についたり、一般の企業に就職したりすることのほうが多い。こういう社会情勢のなかにあって、本当はソーシャル・イノベーションに従事したいが、夢かなわずに別の職業についている人がいるといえる。ソーシャル・イノベーションに従事したい人や学生でソーシャル・イノベーションに興味ある人に対して、TFTはボランティア・スタッフとして参加する機会を創ることで、モチベーションが高く、社会経験を有して、費用がかからない人財の参加を得ることを可能にしている。これによって、TFTはコストをかけずに優秀な人財を雇用するイノベーティブな対応を実施しているといえる。TFTは、その理念が人を引き付けるマグネットとなることで、本来獲得できない人財が疑似組織に参加する体制を持つことで、置かれている環境にイノベーティブに適応しているといえる。TFTが国外にサービスを提供する場合でも、海外資源の不足を他の資源を有する組織と手を組むことで可能にした。実際にサービスを提供する部分でも、常識

にとらわれずにイノベーティブに対応することでサービスの実施を可能にしているといえる。

ここまで見てきたように、BGC の 2 つの視点について次のようにまとめることができる。TFT はネットワークのノードとなることで、自らが持ち合わせていない経営資源を持つ組織や企業と連携し、少ない経営資源でイノベーティブに操業環境に適応し、国際的な社会的課題に対する解決策を提示し、解決策を実行に移しているといえる。

## 第 5 節　まとめ

本章の課題は、創業間もないベンチャーや NPO が、なぜ国際的なソーシャル・イノベーションの担い手になれるのだろうかということであった。この課題にむけて、本章では、第 1 に、創業間もない企業が国際的な企業活動を展開するボーン・グローバルについての研究を紹介し、BGC がなぜ国際化できるのかという点についての議論を紹介した。その結果として、BGC は、①ネットワーカーとして機能している点と②環境へのイノベーティブな対応によって少ない経営資源であるにもかかわらず、海外展開を実現しているということを示した。第 2 に、実際のケースとして、国際的なソーシャル・イノベーションに挑む NPO である TFT の活動について紹介した。TFT は 2007(平成 19)年 10 月に設立され、数社での試験的導入後、2008(平成 20)年から本格的に社員食堂でのプログラムがスタートした。TFT のプログラムに参加している団体は日本国内で増加するだけではなく、世界的に広がり、2013(平成 25)年時点で、日本 618・香港 36・アメリカ 24・韓国 15・ノルウェー・イギリス・スイス・サウジアラビア・ベトナムがそれぞれ 1 となっている。そして、2013(平成 25)年には 5,991,916 食を、学校給食という形で、サハラ以南アフリカのケニア・ルワンダ・タンザニア・エチオピアの 4 ヵ国 46 校 28,400 人と、東南アジアのミャンマーの 2 校 230 人に提供している。

この活動によって、TFTは「開発途上国が抱える貧困という社会的課題」と「先進国が抱える過食という社会的課題」を結び付けることで解決するという目的にむけて歩みを進めている。第3に、TFTのケースをBGCの2つの視点、ネットワーカーとしての視点と操業環境へのイノベーティブな適応という2つの視点から分析した。これによると、第1に、TFTは、TFT自身が所有する物的資産や人的資産がほとんどなく、多くのものはTFTが解決しようと社会的課題に取組む姿にひきつけられて、TFTをネットワークのノードとするつながりに組み込まれていた。TFTはネットワークのノードとなることで、事業に必要な多くの資源を獲得していた。加えて、資源がない部分を解決するために、イノベーティブな手法で経営環境に適応していた。社会的課題を解決するというTFTの理念が多くの人を引き付け、コストのかからない方法で、さまざまな人たちからさまざまな協力を引きだした。TFTにも参加する人にもメリットがあり、TFTは多くの便益を得ることができた。

　この分析を通じて、創業間もないベンチャーやNPOが、なぜ国際的なソーシャル・イノベーションの担い手になれるのだろうかという問いに対して、TFTのケースから得られる結論として、ネットワークのノードとなることで、持ち合わせていない経営資源を持つ組織や企業と連携し、少ない経営資源でイノベーティブに操業環境に適応することで、国際的な社会的課題を解決する国際的なソーシャル・イノベーションをTFTは可能にしていた。したがって、BGCの研究から引き出された、ネットワーカーという視点と操業環境へのイノベーティブな対応という2点が、国際的なソーシャル・イノベーションを目指して設立される組織（または企業）においても重要なキーワードになると考えることができる。

　このように、2つの視点、ネットワーカーとしての能力とイノベーティブな対応力が、国際的なソーシャル・イノベーションの担い手に、ベンチャーやNPOがなる上で重要であるという見解に達したが、いくつかの課題も依

然として残っている。第1に、そもそもの国際的に解決策が求められている課題に対する認識を、TFTの創業メンバーに代表されるような創業者がどのようにして認識するに至るのかといった部分について今回は十分な検討ができなかった。課題の認識が、国際的であるからこそ、国際化が引き起こされる。この点がどう認識され、実施者の関心ごとになっていくのかという点についてはさらなる検討が必要である。第2に、国際的にソーシャル・イノベーションを実施する組織の持続的な存立可能性である。国際的に社会的課題を解決するうえでは、所得の格差や物価の格差といったものが、国際的なソーシャル・イノベーションを実施する組織が利用する要素となっている。TFTのケースにおいても、日本における20円がアフリカの1食分を支えることができるという所得格差が課題解決上重要な要素になっている。格差という要素は活動が成功するほど縮小することになる。そうすると、ソーシャル・イノベーションの担い手はどのような形で存続するのだろうか。TFTの場合は、現在支援している国の所得が上がってくると、20円では給食を提供することが困難になる。その場合、TFTの支援はどこに向くことになるのだろうか。別の国、別の地域だろうか。ある種の格差が前提になっている以上、その格差が埋まった際に、その組織はどのようになっていくのかという点は考えておく必要がある。最後に、第3の課題として、第2の課題とも関係するが、社会的課題の解決が成功すればするほど、対象地域の変更や組織の存続が問われる可能性がある組織は優秀な人財を今後も確保し続けることが可能なのであろうか。社会的課題の解決が実現することで、その組織は役割を終える、もしくは、新たな役割を見出す必要性が出てくることになる。つまり、社会的課題の解決が、組織の存廃を決めるので、このタイプの組織の経営者が継続的に組織のあり方を再定義することが求められることになり、それによって優秀な人財を引き付けることが可能になるといえる。したがって、営利企業以上に経営者に自組織の事業を規定する能力が求められることになる。このように考えると、NPOやNGOといった非営利組織の経

営者が持たなければならない能力は何かという点については一層の検討が必要であるといえる。

　以上，研究課題を示したが，これに限らずベンチャー企業やNPOが国際的なソーシャル・イノベーションの担い手になる現象にはさまざまな課題があるといえる。一層の研究を通じて，この現象を検討することが今後も必要である。

**【参考文献】**

相川美咲（2015）「Buy-one Give-one ビジネスモデル型のソーシャル・エンタープライズ」『商大ビジネスレビュー』第4巻第3号、pp.1-17.

Andersson, S. (2000) "Internationalization of the firm from an entrepreneurial perspective", *International Studies of Management & Organization*, Vol.30, No.1, pp.63-92.

Andersson, S. and Wictor, I. (2003) "Innovative internationalization in new firms: Born globals- the Swedish case", *Journal of International Entrepreneurship*, Vol.1, pp.297-311.

Cavusgil, S. T. and Knight, G. (2009) *Born Global Firms: A New International Enterprise*, Business Expert Press, LLC. （中村久人監訳（2013）『ボーングローバル企業論：新タイプの国際中小・ベンチャー企業の出現』八千代出版）

Coviello, N. and Munro, H. (1995) "Growing the entrepreneurial firm: networking for international market development", European Journal of Marketing, Vol.19. No.7, pp.49-61.

Johanson, J. and Vahle, J. (1977) "The internationalization process of the firm: a model of knowledge development and increasing foreign market commitments", *Journal of International Business Studies*, Vol.8. No.1. pp.23-32.

Johnson, M. W. (2010) *Seizing the White Space: Business Model Innovation for Growth and Renewal*, Harvard Business Press. （池村千秋訳（2011）『ホワイトスペース戦略』CCCメディアハウス）

Knight, G (1997) "Firm Orientation and Strategy Under Regional Market Integration", *The International Executive*, Vol.39, No.3, pp.351-374.

Knight, G. and Cavusgil. S. T. (1996) "The born global firm: A challenge to traditional internationalization theory", Cavusgil, S. T. and Madsen, T. (eds.) *Advances in Inter-*

national Marketing 8*, JAI Press.

小暮真久（2009）『「20 円」で世界をつなぐ仕事』日本能率協会マネジメントセンター．

小暮真久（2012）『社会をよくしてお金も稼げるしくみのつくりかた』ダイヤモンド社．

Madsen, T. and Servais, P. (1997) "The internationalization of born globals: An evolutionary process?", *International Business Review*, Vol.6, No.6, pp.561-583.

Marquis, C. and Park, A. (2014) "Inside buy-one give-one model", *Stanford Social Innovation Review*, 2014 Winter, pp.28-33.

McKinsey & Co. (1993) *Emerging exporters: Australia's high value-added manufacturing exporters*, Australian Manufacturing Council

中村久人（2013）「ボーングローバル企業（BGC）の早期国際化プロセスと持続的競争優位性」『経営論集』（東洋大学）、第 81 号、pp.1-14.

Nelson, R. and Winter, S. (1982) *An Evolutionary Theory of Economic Change*, Belknap Press.

Osterwalder, A. and Pigneur, Y. (2010) *Business Model Generation*, John Wiley & Sons.（小山龍介訳（2012）『Business Model Generation』翔泳社）

Oviatt, B. and McDougall, P. (1994) "Toward a theory of international new ventures", *Journal of International Business Studies*, Vol.25, No.1, pp.45-64.

Rennie, M. (1993) "Born Global", *McKinsey Quarterly*, Vol.4, pp.45-52.

ソー, M. and チヤウ, C.（2010）『世界を変えるオシゴト』biz 講談社．

Table For Two (2014)『Table For Two Annual Report 2013』

Teece, D., Pisano, G. and Shuen, A. (1997) "Dynamiccapabilities and strategic management", *Strategic Management Journal*, Vol.18, pp.509-533.

Weerawardena, J., Mort, G., Liesch, P. and Knight, G. (2007) "Conceptualizin accelerated internationalization in the born global firm: a dynamic capabilities perspective", *Journal of World Business*, Vol.42, No.3, pp.294-303.

［参考ウェブサイト］

TOMS の公式サイト（http://www.toms.com）（2015 年 12 月 25 日最終閲覧）

TFT の公式サイト（http://jp.tablefor2.org/）（2015 年 12 月 25 日最終閲覧）

世界経済フォーラムの公式サイト（http://www.weforum.jp/）（2015 年 12 月 25 日最終閲覧）

（山口　隆英）

# 第3章 事業の仕組から見たソーシャル・イノベーション

## 第1節　はじめに

　本章では、地域中小企業のソーシャル・イノベーションについて、その事業の仕組に着目して考察する。地域中小企業の多くは、さまざまな社会的課題を抱える地域経済を存立基盤とする傍で、その課題解決に資するソーシャル・イノベーションの担い手となり得る可能性を有している。ではより具体的には、どのような地域中小企業がソーシャル・イノベーションの担い手となり、またいかにしてソーシャル・イノベーションが創出されるのだろうか。本章ではかかる問題意識に従い、事業の仕組の観点から、ソーシャル・イノベーションを展開する先行企業の事例を取り上げ、考察していくこととする。

## 第2節　ソーシャル・イノベーションと事業の仕組

(1) 地域中小企業のソーシャル・イノベーション

　2000年代以降、世界的にも社会的企業やソーシャル・イノベーションといった概念が注目を集め、盛んに議論されるようになっている。これは日本に限らず現代社会の抱える多くの社会的課題（環境、少子高齢化、地域活性

化、失業・貧困、教育等）を解決するためには、従来のような行政主体による取組だけではなく、市民をはじめとして、非営利組織（NPO・NGO）、協同組合、企業等の民間組織の関与が不可欠であり、加えてビジネス（的手法）を活用した課題解決アプローチが有効であるという認識の高まりに基づくものであろう。

　近年のソーシャル・イノベーションに関する議論を見ると、前提とする問題関心や社会的背景の違いも踏まえて、概念規定を含め多岐にわたって展開されている。谷本寛治他（2013）では、こうした先行研究を3つのタイプに大別している。第1は企業レベルで、ソーシャル・イノベーションをビジネスを活用した社会的課題の解決ととらえる立場である[1]。第2は国家レベルで、マクロの制度改革を通して、医療・福祉・教育領域等における経済的・社会的パフォーマンスを改善することととらえる立場である[2]。第3は、人と人の相互作用の新しい社会的結びつきをベースとして社会的課題の解決を目指すもので、コミュニティレベルにおける市民活動による社会変革ととらえる立場である[3]。

　このうち第1の立場に立ちつつ、筆者は、地域中小企業のソーシャル・イノベーションを「企業活動を通した社会的課題の解決につながる新たな顧客価値の創造」ととらえている。ここでは大きく社会性と革新性の2つを重視する。社会性とはいうまでもなく企業活動が多様な社会的課題の解決に資するものであること。革新性については新たな顧客価値の創造ととらえる。新たな製品やサービスの開発等に限らないことに留意されたい。顧客価値とは企業に経済的対価をもたらす顧客の効用を意味する。顧客の効用は、製品やサービスの直接的消費行動からのみ生まれるものではなく、購入や使用、保有、アフターサービス、廃棄といった顧客行動のあらゆる場面で形成される

---

(1)　谷本寛治編（2006）等
(2)　Hämäläinen and Heiskala（2007）等
(3)　Westley Zimmerman and Patton（2007）等

ものであり、必ずしも新たな製品やサービスばかりで創造されるものではない。また効用は、利便性や経済性、生産性からだけではなく、楽しさ、環境配慮や社会貢献といった好ましいイメージからも生み出される。既存の製品やサービスであっても、生産方法や提供方法、アフターサービス等を変更することで、新たな顧客価値をもたらすものであれば革新性は認められる。反面、企業にとっては新たな取組であっても、顧客価値の創造をもたらさないものについては革新性を認めない。これは顧客の効用を充足させ経済的対価を得ることこそが、企業がソーシャル・イノベーションを持続的に展開するうえで不可欠であると考えるためである[4]。

## (2) 事業の仕組

では社会性と革新性を具備する地域中小企業のソーシャル・イノベーションはいかにして生み出されるのだろうか。社会的企業やソーシャル・イノベーションに関する先行研究を見ると、社会的課題を認識しイノベーティブな発想を行い、課題解決に向けた事業を果敢に実行する特定のアントレプレナーの資質や活動に焦点を当てたものが少なくないが、本章では、アントレプレナーの発想やミッションを具体的にビジネスとして駆動させるための事業の仕組という側面から分析したい。

事業の仕組とは、企業がさまざまな外部資源と内部資源を活用して、顧客価値を創出し、経済的対価を得るための構造的な仕組である。事業の仕組は、価値創造のためのオペレーションや管理方法、組織等とそれに必要な資源とによって形成され、提供する製品と業務の改善や変革等によって、変容しながら企業内部に組織横断的な構造として形成される[5]。外見的には同じよう

---

[4] 同様に第1の立場に立つ、谷本寛治他 (2013) では、ソーシャル・イノベーションを「社会的課題の解決に取り組むビジネスを通して、新しい社会的価値を創出し、経済的社会的成果をもたらす革新」と定義しており、社会的価値の創出と経済的社会的成果を要件としている。

な製品やサービスを提供していても、事業の仕組が異なれば、創出される顧客価値やそこから得られる対価も異なってくる。

　こうした事業の仕組について、経営学の領域では、ビジネスモデルや事業システム、ビジネスシステム等のさまざまな名称でモデル化を試みる先行研究が存在しているが、ここでは「顧客に対する価値提供手段と収益確保の仕組」と大きくとらえて分析を進める。われわれが考える事業の仕組の構成要素は、顧客・提供価値・価値提供手段・収益構造・競争優位性の5つである。顧客・提供価値・価値提供手段は「だれ」に「何」を「どのようにして」提供するのかという事業概念に相当するもので、事業の仕組の出発点ともいえる。収益構造はいわば儲けの仕組に相当し、価値提供手段と密接に関連して、企業内部の実際の業務システムを形成するものである。競争優位性は、どれだけ優れた事業の仕組であっても模倣されることを前提に、事業の仕組を支える資源や価値提供手段等の模倣困難性を形成するものである(図表3-1)。

図表3-1　事業仕組の構成要素

(出所)　筆者作成

---

(5)　小川正博(2015) p.5.

第 3 章　事業の仕組から見たソーシャル・イノベーション　75

　以下では、新たな農業ビジネスで中山間地域の小規模零細農家の再興、地域活性化を目指す地域中小企業のソーシャル・イノベーションの事例を、事業の仕組の枠組を用いながら考察していく。

## 第 3 節　事例の検討：新たな農業ビジネスで中山間地域の活性化を目指す企業事例

### (1) 事業概要

　有限会社篠ファーム（以下、「篠ファーム」とする。京都府亀岡市、従業員 10 人）は農産品、園芸品の企画・生産・加工販売を手がけている企業である。創業者である高田成氏が、府立高校の園芸学科を卒業後、園芸店や農業関連企業等での勤務を経て、脱サラして設立した（1996 年）。設立当初は、ポットに野菜の種苗と土をセットにした簡易栽培セットを企画販売し、大型雑貨店等に販路を構築することで、新たな需要を開拓し売上を伸ばした。しかし同業者の新規参入やブームにも陰りが見え始めたことから、2000 年代に入って他社が扱っていない世界各地の野菜の種苗の販売を開始する。その後種苗の販売は植付け期の春先に限定されることもあり、売上平準化のため、周辺の農家にも生産を委託して、種苗だけでなく野菜の生産販売も始める。

　そうしたなかで転機となったのが、激辛で知られるメキシコ原産の唐辛子であるハバネロとの出会いであった。当初は苗のみを販売していたが、委託生産を始め市場に出荷したところ、認知度不足に加えあまりの辛さもあって、買い手がつかないばかりか、「傷や目に入って痛い」「危険な商品を市販するな」等のクレームまで相次ぎ、多くの売れ残り品の廃棄処分を余儀なくされるありさまであった。しかしほどなくして、大手菓子メーカーのハバネロパウダーを用いたスノック菓子が大ヒット（2003 年）、これを契機としてハバネロブームが到来、市場が一気に拡大した。現在でもハバネロは加工品向けを含め年間 200 万個規模を生産する篠ファームの主要商品となっている。

ハバネロの成功も踏まえて、その後篠ファームでは、アジア・欧州・北米・中南米等世界各地の希少野菜を発掘、契約農家に生産委託したうえで、ユーザーのニーズにマッチしたサイズやパッケージで商品化している。ハバネロ以外では、メキシコ原産のハラペーニョや中国原産の朝天辣椒等の唐辛子類を中心に、アメリカ原産で完熟しても赤くならないグリーン系のトマト等、70種類余りの野菜を販売している。またハバネロにりんご酢等を加えた篠ソースをはじめとして20種類余りの関連加工品の製造販売も開始している。

その他の取組として、限界集落の高齢者たち[6]が自家用に生産している野菜の余りを段ボール箱に詰めて、手書きの便りを添えて定期的に都市部の消費者に届ける「ふるさと野菜のおすそわけ」事業も開始している（2008年）。契約農家・産地と消費者を直接つなぐ試みで、京丹波町や南丹市美山町など9集落の農家が参加、消費者会員も約100人を数えているが、現在農家の出荷能力に制約があることから、新規消費者会員の募集を制限するほど人気を集めている。

**図表3－2　ふるさと野菜のおすそわけ事業に参加する高齢者**

（出所）　篠ファーム提供

---

(6) 希少野菜の生産委託が難しい高齢者が中心である。

## (2) ソーシャル・イノベーションとしての事業展開

　篠ファームの事業を支えているのは、地元の京都府内をはじめとする兵庫・長野・富山・鳥取・高知県等15府県・230戸の契約農家である。大半が耕作農地3～5反程度の中山間地域にある小規模零細農家である。篠ファームを率いる高田氏は、これらの契約農家の現状、自社事業との関係性について次のように語っている。

「現状、農家の平均年収は、200万円とかなり収入が低く、年金のある高齢者しか成り手がいないのが現状です。こんな年収では子育て世代はなかなか就農できず、より高齢化が進む悪循環に陥ってしまいます。また、作物の値段は品質だけでなく、供給量の多い少ないで決まってしまい、農家が自分たちで値を付けることができない等、流通主導の不安定なものになっています。さらに、畑に植わっている段階では商品価値はゼロで、洗浄・計量・袋詰め・箱詰めされて初めて商品になることから、コストも非常にかかり、いざ出荷しても逆ザヤになる等はざらにある話です。利益割合は、1対9で流通部門が占めていますが、私はこれを3対7ぐらいにまですることで農業者も安心して生活できると考えております。そのためには、流通主導ではない、「自分たちで値をつける」商品を生産しなければなりませんが、農家には、企画力・販売力・販売促進力が欠けているので、これまでの経験を生かし、当社がそれを補っていきたいと思っております。私の使命は日本の農家を元気にすることだと思っています[7]」

　一般に中山間地域は、傾斜地が多く平坦な土地が少ないうえ、耕地も狭小でかつ分散していることから、耕地条件の不利性を抱え、経営規模の零細性、機械化の限界等から、農業生産性も他地域に比べて総じて低いのが実態であ

---

(7)　近畿財務局ホームページ http://kinki.mof.go.jp/content/000103348.pdf（2015年9月22日最終閲覧）。

る。加えておかれた農業条件、社会・経済条件の不利性を背景として、人口減少と高齢化が急速に進行しており、農業の担い手の減少、耕作放棄地の増加によって、集落消滅の危機すらもたらされている地域が少なくない（限界集落化）。ここに社会的課題が存在する。中山間地域の農業（農家）においては、伝統的な優れた農業技術があっても、現代日本の農産物流通を主導する農協や大手量販店の求めるような高い価格競争力、大量生産・規格均質化を求められる量産作物の生産が困難であり、マーケティング力にも乏しい。このため生計を維持できないことから、新規就農が進まず、高齢化に伴い離農者も相次ぐという悪循環に陥っており、その解決が限界集落化を防ぎ、地域を維持・存続するうえで、不可欠となっているのである。

　篠ファームの展開する事業は、従来日本で流通していなかったハバネロをはじめとする付加価値の高い希少野菜を提供することで新たな顧客価値を創造するという「革新性」を有する。他方で、野菜の生産委託や「ふるさと野菜のおすそわけ」事業を通して、中山間地域の零細農家の事業意欲や所得水準を向上させ、中山間地域の農業の再興、ひいては地域の活性化を目指すという「社会性」も兼ね備えており、ソーシャル・イノベーションの性格を強く有していると考えられる。

　もっともこうした事業の社会的側面は、設立当初から意図されてきたものではないように見受けられる。篠ファームが既存の生産・流通経路が確立していない希少野菜の企画販売に参入したのは、大手企業との競合を避けるためであり、後発企業ならではの差別化戦略であった。また中山間地域の零細農家への生産委託も、比較的耕作条件に恵まれた周辺部の農家への生産委託が困難であったことから、やむを得ず始まった側面が強い。

　しかし篠ファームは、その後の中山間地域の契約農家との取引を通して、地域の厳しい現状や課題に関する認識を深めていく。加えて信用力の補完を目指して積極的に参加してきた公的機関等の実施する各種表彰制度においても事業内容が高く評価され[8]、メディアなどでも大きく取り上げられる等、

社会的関心や評価が高まってきたことも、自社事業の社会的意義を強く意識させることとなった。こうしたプロセスを経て、前述の高田氏のインタビューで述べられているように、零細農家とともに"新たな農業ビジネス"を興し日本の農業を元気にするという理念が形成され、委託生産先の拡大に加え、「ふるさと野菜のおすそわけ」事業に象徴される中山間地域の農家との協働の取組に発展してきたものと考えられる。

### (3) ソーシャル・イノベーションを支える事業の仕組

次に篠ファームのソーシャル・イノベーションを支える事業の仕組を、①顧客と提供価値、②価値提供の手段・収益構造、③競争優位性の順に見ていこう。

**①顧客と提供価値**

篠ファームが顧客ターゲットとするのは、本物志向、トレンド志向の強い消費者、彼らを主要顧客とする高級スーパー、百貨店や、海外食材になじみの深いシェフのいるレストラン等である（市場経由の取引を含む）。彼らは常に他社との差別化のため新たな食材を求めている。とはいえ篠ファームの扱うのは知名度の低い（ない）海外原産の希少野菜が大半である。このため篠ファームでは、自ら主導して希少性を持つ野菜の発掘、供給とあわせて、ユーザーニーズを踏まえたサイズ展開、オリジナルのネーミングやパッケージでの訴求等、各種販促手法の企画提案を積極的に行っている。

例えば主力の唐辛子類を見れば、単品販売に加えて、多様な種類の唐辛子を組み合わせた「世界のトウガラシ」としてオリジナルパッケージでセット販売し、消費者がバラエティ豊かな色・形・サイズを楽しめるような展開を

---

(8) 主なものとして京都府「元気印中小企業」認定（2007年）、京都府「知恵の経営」実践モデル企業認証（2009年）、京都商工会議所「知恵ビジネスプラン認定」（2011年）、CB・CSOアワードおおさか2013優秀賞受賞（2013年）、2013年度優良ふるさと食品中央コンクール 農林水産省食料産業局長賞受賞（2014年）。

行っている。また篠ファームでは府立高校とイタリア原産のなすの商品化に取組み、オリジナルブランドとして売出しているほか、(「京しずく」)、一般には規格外とされる商品を別ブランドに名付けて秀品として出荷する等、ネーミングや視覚、味覚等の五感に訴えるマーケティングを積極展開している[9]。顧客の求める世界各地の希少野菜を発掘・供給するだけではなく、こうした最終消費者の需要を喚起するための独自の販売促進の取組を含めて、篠ファームの提供している価値といえる。

図表3-3 ハバネロ畑と商品

(出所) 篠ファーム提供

② 価値提供の手段と収益構造

篠ファームの希少野菜の供給、販売促進という提供価値を支えているのが、契約農家への生産委託である。篠ファームの販売する野菜は、前述の通り高齢化が進み耕作条件も厳しい全国各地の中山間地域に点在する230戸の契約農家に生産委託されている。篠ファームでは、こうした中山間地域の契約農家の参入を促すために、契約農家から事前に合意した価格で収穫物全量を無選別で買い取る契約を結んでいる。これにより農家は売れ残りリスクを負うことなく収入を安定させることができる。また手間のかかる選別、袋詰

---

[9] 他にもドイツ原産のピンク色のにんにくは「桃色吐息」と名付け販売している。

めや箱詰め等が不要であるため、作業負担も大幅に軽減できる。生産・収穫に専念できる農家にとっては、2〜3倍の生産性の向上につながるという。

契約農家が生産した野菜類については、篠ファームがコンテナ状態で集荷、選別から箱詰めまでを行なって、顧客や市場に出荷している。さらにハバネロ等の唐辛子類は一つ一つの果実が小さいため、高齢の農家にとっても収穫しやすく、かつ刺激が強いため動物からの被害も避けることができるというメリットもある。このように篠ファームの価値提供手段には、高齢者や零細農家が安定販売先を確保し、かつ作業負担を軽減することで、安心して希少野菜の生産に専念できる環境づくりを実現し、地域の抱える社会的課題の解決に導いていく要素が組み込まれている。

一方で篠ファームの収益構造から見ると、こうした契約農家との契約形態は在庫リスクに加えて、集荷や後工程の選別、箱詰め等のコストを負担することになる。これについては事業領域を高付加価値の希少野菜に特化していることに加えて、契約農家との契約価格を市場価格の8割程度（手取りベース）に設定することで吸収することが可能となっている[10]。さらに契約農家からは収穫物全量を買い取るものの、自社での選別により、品質により価

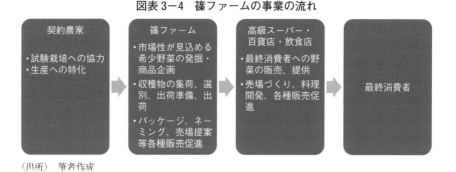

図表3-4　篠ファームの事業の流れ

(出所)　筆者作成

---

(10) 一般に野菜の流通構造のなかでは、市場価格の4割程度が生産農家の手取りとされており、契約農家にとっても増収となる。

格差をつけることで、農家のモチベーションを確保する工夫も行なっている。ちなみに高田氏は自社の事業について「見せ方と売り方を工夫すればオンリーワン商品になる。これからは、"耕す農業"と"考える脳業（企画・販促）"を融合する時代だ[11]」として、生産者である契約農家と企画・販促力を強みに持つ自社との協働を強く志向している。

③競争優位性

篠ファームの事業にとっては、いうまでもなく持続的に市場性のある希少野菜を世界各地から発掘し安定供給するとともに、顧客に訴求していくことができるかが、他社との競争要因となる。そこで生かされているのが、高田氏の生花会社・園芸卸会社・大手スーパーの商品企画担当者・切花輸入会社の営業部長を経て独立した、長年の業界経験である。園芸・農業関係で生産から流通・販売までを手掛けてきた経験と人脈を活用することで、世界各地の野菜の種苗を取り寄せることが可能となっている。

発掘した希少野菜は試験栽培を経て、契約農家に生産を委託することになるが、こうした野菜は耕作適地条件が品種ごとに異なることから、耕地条件の異なる全国各地の中山間地域に230軒の契約農家を確保している点も強みとなっている。さらにハバネロの取引を通して、最大消費地である首都圏において情報発信力の高い有力高級スーパーや百貨店等リードユーザーへの販路を開拓しており、直接顧客ニーズを拾い上げ、企画提案できるチャネルを有していることも大きな強みとなっている。

加えて近年では、事業の社会性の高さに共感する消費者の存在も増加している。発送時期や購入商品を選択できないにもかかわらず、「ふるさと野菜のおすそわけ」事業では、中山間地域の農家とのつながりを求める消費者が殺到、出荷能力を大きく上回る受注残を抱えている。ハバネロを利用した調味ソースの開発資金を調達するために利用した投資型クラウドファンドで

---

(11) 京都府農業会議（2014）p.5.

は、事業趣旨に賛同した121人（約500万円）の申込者を確保している（2015年9月現在）。これら事業趣旨に共感する消費者の増加は、篠ファームのソーシャル・イノベーションの正当性を高めるとともに、他社に対する競争優位をもたらそうと考えている。

　こうした篠ファームの事業の仕組は、多段階化、複雑化が進み、大手流通資本の主導する生産者と最終消費者とが断絶された既存の野菜の生産・流通構造の枠外にある。自社の企画を媒介として、顧客である本物志向・トレンド志向の強い消費者、高級スーパー、百貨店、飲食店と生産者である中山間地域の零細農家をつなげることで、新たな市場を創出しようとするものである。加えて日本で流通していない希少野菜に特化しているため、量産作物に比べると市場規模にも限界がある一方で、多くの埋没コストを抱える既存大手事業者が参入することが困難であるところにも特徴を有している[12]。

**図表3－5　既存ビジネスとの事業の仕組の違い**

| | 篠ファームの事業の仕組 | 既存の野菜ビジネスの事業の仕組 |
|---|---|---|
| 顧客 | 本物志向・トレンド志向の強い消費者、高級スーパー、百貨店、飲食店が顧客 | 平均的な一般消費者、大手量販店等が顧客 |
| 提供価値 | 世界の希少野菜の発掘、供給　各種販促提案 | 規格化された野菜類の安定供給（コスト重視） |
| 価値提供手段・収益構造 | 高付加価値の希少野菜への特化　中山間地域の零細農家との協働 | 大量生産・大量仕入・大量販売モデル　生産現場と販売現場の分断 |
| 競争優位性 | 創業者の長年の業界経験と人脈　全国に点在する契約農家　リードユーザーとの直接チャネル | 大規模な機械化・情報化　系統・大手流通業の圧倒的な集荷力・販売力 |

（出所）　筆者作成

---

(12)　とはいえ、大手流通資本等に比して圧倒的に小規模である新規参入者の篠ファームが人財や資金の確保等さまざまな経営上の課題を抱えることも事実である。高田氏は外部資源も積極的に活用することで、こうした課題を克服しようとしている。こうした取組がステークホルダーの理解・共感を得ていくことができるのかが、篠ファームの事業の持続・発展には不可欠な要素になっているといえよう。

## 第 4 節　小括

　ソーシャル・イノベーションが解決を目指す社会的課題は、基本的に市場原理で解決することが困難であるからこそ「社会的」な課題とされ、長らく行政が取組むべき領域として、一般企業の事業対象とされてこなかった。当然一般企業の事業の仕組に組み込まれることもなかった。しかしながら、本章で取上げた篠ファームの事例が示すとおり、顕在化していない需要を創造し、他社に対する競争優位性のある事業の仕組を構築・活用することで、地域中小企業が社会的課題の解決を目指すソーシャル・イノベーションを創出することは可能である。さらに事業活動の深化を通して、ソーシャル・イノベーションを創出していった篠ファームの事例は、他の地域中小企業、一般企業においても、企業の社会的責任としてのいわゆる CSR 活動の枠組をこえて、既存事業の仕組のなかに社会的課題の解決に資する要素を新たに組み込める可能性も示している。

　地域中小企業や一般企業の事業の仕組に社会的課題の解決を組み込むことの意義は少なくない。第1には、ステークホルダーを拡大できることである。社会的課題の解決の高い関心を有する特定層の市民や専門家だけではなく、製品やサービスの購入・消費行動を通して、社会的課題に関心のない人々の参加が期待できる。こうした人々は意図せずして社会的課題の解決に貢献することになるが、やがて社会的課題に関する関心を高め、解決に向けた新たな担い手に成長していくことが少なくない。第2には、社会的課題の解決に向けた多様なアプローチが期待できることである。従来の行政主体による非市場的アプローチに限界が見えるなかで、事業の仕組は企業の数だけあるといえ、さまざまな課題に対処していくことも期待できる。

　他方で、地域中小企業・一般企業から見れば、社会的課題の解決という新たな視点が、競争優位性を高め、あるいは新たな事業領域を創出する可能性もある。篠ファームにおいても、事業の社会性に共感する消費者が増加して

いるように、既存市場の競争の枠組を超えた新たな顧客は確実に存在する。こうした顧客へのアプローチとしても、ソーシャル・イノベーションは有効であろう。ソーシャル・イノベーションの担い手となるのは、特別な個人や組織、企業ばかりではない。すべての地域中小企業や一般企業が、事業の仕組に社会的課題の解決に資する要素を組込むことで、担い手となる可能性を有している。

【参考文献】
小川正博（2015）『中小企業のビジネスシステム─仕組みによる多様な事業へのイノベーション─』同友館.
京都府農業会議（2014）「世界の野菜を過疎地の特産に─ユーザーのニーズを熟知し"ヒット商品"を連発─農業生産法人京都ハバネロの里、有限会社篠ファーム」『アグリルネッサンス農業経営きょうと』No.90、2014 冬, pp.4-5.
谷本寛治（2006）編『ソーシャル・エンタープライズ─社会的企業の台頭』中央経済社.
谷本寛治・大室悦賀・大平修司・土肥将敦・古村公久（2013）『ソーシャル・イノベーションの創出と普及』NTT 出版.
西岡正（2013）『ものづくり中小企業の戦略デザイン─サプライヤー・システム、産業集積、顧客価値─』同友館.
Hämäläinen, T. J. and Heiskala, R. (2007) "Social Innovations, Institutional Change and Economic Performance: Making Sense of Structrual Adjustment Processes in Industrial Sectors", Regions and Societies, Edward Elgar Pub.
Westley, F., Zimmerman, B. and Patton, M. Q. (2007) "Getting to Maybe: How the World is Changed", Vintage Canada.（東出暁子訳（2008）『誰が世界を変えるのか ソーシャルイノベーションはここから始まる』英治出版）

［参考ウェブサイト］
近畿財務局ホームページ「まいど！ざいむ局です！関西元気企業」平成 26 年 12 月 25 日付け、http://kinki.mof.go.jp/content/000103348.pdf（2015 年 9 月 22 日最終閲覧）。
篠ファームホームページ http://shinofarm.jp/（2015 年 9 月 30 日最終閲覧）。

（西岡　正）

# 第4章

# 地域経済の振興と
# ソーシャル・イノベーション
―地域商社「ばうむ合同会社」による地域経済活性化の挑戦―

## 第1節　地方都市：高知県の現状

　多くの地方都市では、少子高齢化や人口減少、産業の空洞化等を背景に地域の活力や持続可能性が問われている。しかし、地方都市では地域の活力の源泉となる地域資源も乏しく、対応策に苦慮している現実がある。地方都市である高知県の現状もまたより厳しいといえる。リーマンショック以降の景気回復の遅れや少子高齢化への対応、また予想される東南海地震等への対応等やるべきことは山積みである。しかし、現高知県知事の尾崎正直（当時）は、こうした課題を正面に捉え、厳しい地方都市の現状を受けいれ、高知県を「課題の先進県、であればこそ課題解決の先進県としていきたい」と強い姿勢を示していた。特に、長年課題解決に向けて悩まされてきたことを「蓄積された知恵」と前向きに捉え、高知県が時代を生き抜く処方箋を全国に先駆けて示すことで、高知県を後続の県に頼られる、いわば時代に必要とされる県にしていきたいと標榜している。その政策的姿勢として、第1は、県が抱える政策課題に真正面から取組む。第2に、自らの知恵で解決策を切り拓く創造性を重視する。第3に、これまでのノウハウを積極的に対外発信し、県外から活力を呼び込むよう努めるとしている。

このように、高知県では、いわゆる地方都市にありがちな「公」主導の地域づくりが行われようとしている。しかし、これまでのような従来型ではなく、多様な主体による地域経営や地域課題解決のシステム構築を目指している。つまり、ソーシャル・イノベーションによる地域づくりを目指していることが大きく注目されている。

　厳しいといわれる高知県だが、過疎地活性化の成功事例と全国的にも知られるJA馬路村や、四万十川をブランド化し、地元の食材等を加工販売する㈱四万十ドラマなど公・民ともに元気な地域や企業は、都市部と比べると小規模ながら数多くある。つまり、県内にはまだまだ多くの地域資源や活性化の源泉が存在している。

　また、日本における創業率の低さが地域経済活性化の観点から、重要課題として指摘されて久しい[1]。しかし、尼崎地域産業活性化機構（2015）の調査において、創業事業所の目的として、ビジネス目的より社会的目的が上回る傾向も指摘されており、ソーシャル・イノベーションの高まりが創業率をアップさせる可能性を示しているといえよう[2]。

　本章では、山間部に位置する高知県本山町において、起業目的を「地域経済活性化」と謳う地域商社「ばうむ合同会社」（以下「ばうむ社」とする）を事例に、厳しいといわれる地方都市での活性化への取組や地域住民・企業等の多様な主体間の連携の現状を報告し、地域中小企業の「役割」と「志」を伝えるとともに、小さな経済づくりへの可能性を示したい[3]。

　なお、本章におけるソーシャル・イノベーションは社会的課題の解決に必要とされる社会的商品やサービスの提供、あるいはその提供の仕組の開発と

---

(1)　本章における「創業」とは、創業・起業・開業を指す。
(2)　詳しくは、尼崎地域産業活性化機構（2015）を参照されたい。
(3)　本章にて取り上げる「ばうむ合同会社」については、2014年3月～2015年8月までの間で、代表社員（当時）である藤川豊文氏に計4回のインタビュー調査を実施した。記して、感謝申し上げます。

定義する[4]。

**図表4-1 創業事業所の類型化によると特性分析**

| | | 事業で重視すること | |
|---|---|---|---|
| | | ビジネス志向 | 社会的志向 |
| 創業の思いやきっかけ | ビジネス目的 | 24.5% | 4.6% |
| | 社会的目的 | 43.0% | 27.8% |

(出所) 尼崎地域産業活性化機構 (2015)

## 第2節 総合計画的な高知県産業振興計画

　高知県では2009(平成21)年に高知県経済が抱える積年の課題に正面から向き合い、高知県に活力を取り戻すために、県の総合戦略として、「高知県産業振興計画」[5]を策定している。高知県では、いわゆる「総合計画」は策定しておらず、まさに産業振興計画が県課題の軸としてのトータルプランとして位置づけられている。

　特に、高知県経済が抱える「積年の課題」として、①人口が全国に15年先行して自然減、②高齢化率の上昇も全国に10年先行、③有効求人倍率や業況判断DI等の全国平均に大きく引き離される状況、等を示し、高知県経済を立て直すための戦略として、「活力ある県外市場にモノを売って外貨を稼ぐ『地産外商』を進める」方向性を示している。また、その具体策として、①官民協働で「外商」を強化、②ものづくりを強化し、付加価値を高める、③第一次産業を伸ばす、中山間対策を強化する、ことを打ち出し精力的に取り組んでいる[6]。

　高知県の産業振興計画が目指す将来像は、「地産外商が進み、地域地域で

---

(4) 大室悦賀 (2009)
(5) 高知県産業振興計画は、紙面の都合上、簡略化して記載している。詳しくは、高知県計画推進課ホームページをご覧いただきたい。

若者が誇りと志を持って働ける高知県」である。なお、産業振興計画は、計画策定の基本的な考え方や方向性などを示した「総論」と、各産業分野や連携して取組むテーマの戦略を示した「産業成長戦略」、さらに、県内7つの地域のアイデアや取組を行動計画として取りまとめた「地域アクションプラン」で構成されている。

産業成長戦略は、農業・林業・水産業・商工業・観光の5分野に分かれ、①地産地消・地産外商の推進、②産業間連携の強化、③人材育成・担い手確保、④移住促進といった連携テーマを掲げて取り組み、地域アクションプランでは、県内を7つの地域に分け、地域ごとの産業成長戦略を立て事業展開されている。

**図表4-2　高知県産業振興計画の特徴**

| |
|---|
| ①　産業ごとの縦割り計画でなく、産業間の連携を重視し、かつ生産面だけでなく、加工・流通・販売も合わせて支援するトータルプランである。 |
| ②　PDCA（計画・実行・検証・改善）サイクルを通じて、毎年度、改定している。 |
| ③　各産業分野における目標や指標を設定し、県内7地域ごとのアクションプランも策定している。 |

（出所）　筆者作成

(6)　高知県産業振興計画を促進させるための、ヒトづくり事業として、高知県が主に県内の市町村職員を対象に、「土佐まるごと立志塾」が展開されている。「土佐まるごと立志塾」は、「高知県産業振興計画」を推進し、目指す将来像を実現するために、これまで以上に市町村と県が現状や課題を共有し、ベクトルを合わせて取組を加速していくことが重要であるとの認識から、2013年度の新規事業として、市町村の職員と県の職員がともに産業振興について学ぶ場として設定されている。目的は、県と市町村の人的連携の強化による地域の課題解決である。これまでの研修修了生は2013年度67名、2014年度42名、2015年度32名である。なお、「土佐まるごと立志塾」の塾長は高知県知事であり、実際の塾運営は、担任講師である筆者が担当している。詳しくは、梅村仁（2013）を参照されたい。

## 第3節 地域商社「ばうむ合同会社」の取組

### (1) ばうむ社の所在地・本山町の概要

　本山町は、四国山脈の中央部に位置し、北は愛媛県境、南は南国市・香美市、西は土佐町、東は大豊町と接する、町の約9割を森林が占める山間のまちである。人口は1985（昭和60）年には5,500人を数えていたが、1995（平成7）年には5,000人を、2010（平成22）年には4,000人を割り込み、2015（平成27）年10月1日現在3,634人と減少を続けている。集落・耕地は標高250mから850mの間に点在しており、長い年月をかけて切り開かれた水田は峡谷に沿うように形成されており、特に棚田の風景と棚田米は県外からのファンも多い。

図表4-3　本山町の風景

（出所）　高知県本山町

　また、本山町の産業は林業に加え、ヒノヒカリ、にこまるなどの品種による稲作、希少種である土佐あかうしを主とした畜産、れいほく八菜等の夏秋野菜[7]、原木栽培にこだわった椎茸等を主軸に展開している。農地面積は、

全体の2.3％、特にそのほとんどが棚田であることから、耕作条件・作業効率は良いとはいえず、高齢化や長引く不況から農業経営の維持と後継者の育成は困難となり、耕作放棄地等の問題も抱えている。

　そうした課題に対応すべく、1994(平成6)年に本山町農業公社を設立し、田植えや稲刈り等の農作業を受託できる制度を整備した。また農地利用集積円滑化団体として農地の利用集積を進めるとともに、耕作放棄地防止にも取組んでいる。さらに、農業の担い手づくりとして緊急雇用創出基金事業や産業振興ふるさと雇用事業等を活用し、若者就労の場づくりにも取組んでいる。また、2005(平成17)年に、町内で生産された米や新鮮な野菜等の特産品を販売する直販施設「さくら市」を設立し、農業振興ととともに観光振興の拠点づくりにも邁進している。

### (2) 本山町の地域資源「棚田」の活用策

　2008(平成20)年、本山町の誇る棚田を活用した産業振興を進展するため、本山町特産品ブランド化推進協議会（参画者：農家・高知県・本山町・本山町商工会・本山町農業公社）が設立された。発端は、棚田の農地・農家を守りたいとの思いからである。本山町特産品ブランド化推進協議会が目指した米のブランド化は、農産物のなかでも最もブランド化が難しいといわれており、さまざまな検討を重ね、弥生時代から連綿と続く稲作の歴史、山が育む清らかな水、多様な生態系を育む自然環境、昼夜の寒暖差がもたらす大粒で張りのある米の品質等の特徴を活かした最適な栽培法を模索することとなった。その結果、2009(平成21)年に歴史・環境・品質を3本柱としたブラン

---

(7)　れいほく八菜とは、高知県嶺北地域で環境にやさしい農業で栽培された、JA土佐れいほく園芸部が取入れている基準をクリアした野菜に「れいほく八菜」のブランドマークを付けている。生産品種：彩りピーマン・シシトウ・米ナス・赤ピーマン・パプリカ・トマト・ミニトマト・ホウレンソウ・スナップエンドウ・レタス・プチヴェール等。

ド米「土佐天空の郷」が誕生したのである。

　本山町のブランド米「土佐天空の郷」は、生産1年目から米食味分析鑑定コンクールでの入賞を果たし、さらに2年目には静岡県で行われた「お米日本一コンテスト in しずおか2010」において「特別栽培米土佐天空の郷にこまる」は日本一となる最優秀賞を受賞した。この受賞は、西日本初であるとともに、コシヒカリ以外の品種では初となり、改めて本山町地域の素晴らしさを示すものとなった。

　このように、本山町特産品ブランド化推進協議会の取組は、TPP等厳しい環境に置かれる米農家の所得向上の可能性を示すとともに、美しい棚田の風景、自然環境を守っていこうとするまちづくりにインセンティブを与える結果になったといえよう。

　また、想定外の効果として、このコンテスト以降、困難と言われる山間部の活性化事例として、自治体・議会・大学等の視察が相次ぎ、本山町におけるソーシャル・イノベーションの取組として、高く評価されている(8)。

### (3) 地域商社・ばうむ合同会社の誕生

　ばうむ合同会社は、本山町商工会の木部会ばうむのメンバー（11名）が中心となり法人化した企業である。現在は本山町の資源である木材を原料とした学習机や木製看板、木製の小物等を製作する木工事業を展開している。特に、独自のデザインをレーザー加工により表現した「もくレース」シリー

---

(8)　本山町では、新たな地域イメージ向上のため、町の素晴らしい自然環境と歴史ある農業文化をセールスポイントとして地域の情報を発信していくために、2011年より「日本で最も美しい村」連合に加盟している。「日本で最も美しい村」連合は、素晴らしい自然環境を持ちながら過疎にある美しい町や村が、「日本で最も美しい村」を宣言することで自らの地域に誇りを持ち、将来にわたって美しい地域づくりを行うこと、住民によるまちづくり活動を展開することで地域の活性化を図り、地域の自立を推進すること、また、生活の営みにより創られてきた景観や環境を守り、これらを活用することで観光的付加価値を高め、地域の資源の保護と地域経済の発展に寄与することを目的としている。

ズは大変人気がある。

　商工会の木部会及び会社の名前である「ばうむ」にももちろん意味がある。本山町の「山」「木」とバウムクーヘンの断面である「年輪」をイメージして「ばうむ」と命名されている。

　ばうむ社の企業イメージは、商工会青年部が設立した会社であることから、地域経済の活性化のための企業になることと、ばうむ社代表社員の藤川豊文氏は言い切る（役職はインタビュー時のもの）。

　キーワードは、「持続可能」を念頭にした地域経済づくりである。これまで本山町の商工業者は、都市部からモノを仕入れて、地域住民や一次産業者を対象に商売をしていた。しかし、これからの縮小社会ではまず先に地方部が衰退し、商工業者も同じように衰退する。ゆえに、ばうむ社は、商工業者の立場で既存資源の掘り起こしや新たな商品開発へ挑戦し、地方部を元気にさせる"農"と"林"と"商"を繋げるプロデューサー的役割を持つ「地域商社」を目指しているのである。

　次に、理念であるが、基本的な考え方として、地域や人が存続しているのは、まちを創成してきた自然や歴史等があり、そのまちの土台の上でさまざまなことにもチャレンジしたい、としている。

　理念①　価値観　万物に感謝し、自然と人との調和によって恵みが生まれる
　理念②　使命　美しい山間の町からみんなの笑顔がこぼれるように
　理念③　挑戦　無限の可能性に挑戦する

　また、行動指針は、図表4-5に示されているように、地元にある地域資源を発見し、商品開発に繋げ、地域の財産に変えていくということが根本にある。

　本山町は、約4,000名規模のまちであるが、2014(平成26)年8月現在で20代の後継者が13名Uターン者として戻っており、過疎化の進む中山間地

域において、大変珍しい状況といえよう。その要因は、家業がしっかりと経営できているからである。経営がしっかりとしていれば、中山間地域であっても、後継者たちが「稼げている」とはっきりと見える会社には、戻ってきているそうである。かくいう藤川豊文氏も、そうしたＵターン者の一人である[9]。

図表4-4　地方都市の商工業者の役割イメージ
住民の生活用品供給と地域資源の活用

（出所）　藤川豊文代表提供資料を一部修正

図表4-5　ばうむ社の行動指針

| |
| --- |
| 1．起業家を養成する<br>　地域や社会への貢献につながるような事業を展開できる人材を育成し、地域の振興につながる事業を持続できる体制を作ります。<br>2．雇用の場を設ける<br>　ばうむ合同会社を通して雇用の場を提供するとともに、人材育成を通じて生まれた事業展開を支援し、地域内での雇用創出に貢献します。<br>3．嶺北地域の財産・資源を発見する<br>　嶺北地域のなかで埋もれている財産や資源を発見し、地域で共有、伝承できる体制を作ります。<br>4．嶺北地域の商品企画・販売により地域を活性化する<br>　地域資源を生かした商品の企画や販売によって、生産者の収入確保、加工工程での雇用確保などによって、地域の振興に貢献します。<br>5．安心・安全でぬくもりのある商品を提供する<br>　豊かな自然環境を生かし、安全で安心できる商品を提供するとともに、地域との交流事業を行うことで、都市部にすむ皆さんの生活にゆとりや安らぎを届けます。|

（出所）　ばうむ社ホームページ

図表 4-6　ばうむ社の事業年譜

| 2005 年 4 月 | 本山町商工会青年部木部会「ばうむ」発足 |
|---|---|
| 2008 年 2 月 | 学習机・椅子が JIS 規格検査に合格 |
| 2009 年 5 月 | 本山町活力ある地域づくり支援事業補助金交付決定 |
| 2010 年 2 月 | ばうむ合同会社設立 |
| 2010 年 3 月 | レーザー加工機導入、もくレースコースター完成 |
| 2011 年 2 月 | 第 25 回高知県地場産大賞　奨励賞受賞 |
| 2011 年 4 月 | もくレース　Web ショップ販売開始 |
| 2012 年 3 月 | ばうむ合同会社　東京事務所開設 |
| 2012 年 4 月 | 新型学習机「baum01」完成 |
| 2013 年 2 月 | 第 12 回高知県エコ産業大賞　優秀賞受賞 |
| 2013 年 12 月 | ばうむ合同会社　吉野蒸留所開設 |
| 2014 年 2 月 | 本格米焼酎「天空の郷」販売開始 |

(出所)　ばうむ社ホームページ

## (4) ばうむ社の事業展開

　ばうむ社の事業は、木材加工事業・焼酎事業・地域事業の 3 分野から成り立っている。本章では、主力事業である木材加工事業・焼酎事業について紹介する。

### ①学習机

　ばうむ社の木材加工事業の主力は、特有の色彩と木目を持つ地元の嶺北杉を使用し、斬新なデザインを施した木製品雑貨の独自ブランド「moku-lace」である。2009(平成 21)年に立ち上げて以来、現在では大手百貨店や、全国各地のセレクトショップで扱われている。そうしたなか、新たな事業として、2012(平成 24)年から嶺北杉を使用した学習机事業に取組み始めた。

　一般的に、杉材は柔らかく、耐久性を維持するのが難しいが、香りが立っ

---

(9)　藤川豊文代表の場合は、実家が工務店であり、従業員を抱える家業であったことが、U ターンする大きな理由となっている。

て、優しく温かいという利点もある。ばうむ社は、これまでの商品づくりのコンセプト同様、あえて自然のままの杉材の木目を強調した机と椅子に仕上げ、丁寧に扱わないと、汚れや傷が目立つ仕立てとなっている。

　現在では、地元の小学校や中学校に納品され、子どもたちは、地元の素材に触れながら、教科書には載っていない価値を学び始めたという。しかし、当初はこの「傷つく」や「壊れる」というコンセプトの理解がなかなか進まず、行政側（教育委員会）よりむしろ現場（学校）に行くほど納品しづらかったそうである。しかし、JIS規格も取得し、基本構造はしっかりしていることから、ばうむ社の考える商品ストーリーに共感してくれる学校が少しずつ増加している。

　また、新たな展開として、国内最大級の子どもとおでかけ情報サイト「いこーよ」と合同で開催している「机づくり体験 in 高知　間伐材から自分の学習机を作ろう！」ツアーは、今や関東や関西、九州からも親子が参加し、キャンセル待ちが出るほどの盛況である。特に、これらは実践型のワークショップであり、実際に木を切り落とすところから机作りまで、子供たちが自ら手を動かして行なっている。また、環境学習も兼ね備えた体験学習でもあることが人気の理由の一つになっている[10]。

②米焼酎

・米焼酎製造の概要

　ばうむ社は、本山町の特産である木材を使った工芸品を販売してきたが、次なる事業として着目したのが、本山町のブランド米「土佐天空の郷」である。

---

(10) 学習机作成ツアーの2014年度のプログラムスケジュールは、9月に子どもたちがのこぎりで一本の木を伐採、木工体験を行い、2ヶ月間の木材乾燥後、11月に再び工房を訪れて机の制作を行う内容となっている。木という自然と人の手が加わることによって、ものが作られていく過程を木の生産地である土地で体感することは、ものを大切にすることの尊さと本山町のファンづくりにも貢献している。

発端は、ブランド米の選別工程において、味はブランド米と一緒なのに、粒の大きさや色等でブランド米にならなかった米を有効活用できないものかと考えたことである。その後、ばうむ社、ブランド米を生産する農家、本山町商工会、本山町農業公社、本山町役場、高知県地域支援企画員[11]による事業計画づくりが始まった。それぞれの立場や思いがあるメンバーにより創られた事業計画は、農家の収益向上、原材料の確保、販売先の開拓等でばうむ社と町内関係機関が連携する体制が築かれ、本山町のブランド米の取組を推進する関係者が一体となり事業の発展を目指すこととなった。また、醸造場所は旧吉野中学校の体育館を改修することにより設置されることになり、地域資源の有効活用や事業計画のコスト削減にもつながるものとなっている。この計画に基づき、醸造免許の取得や試験機関による成分検査を経て、2013（平成25）年12月に醸造が始まった。一方、ばうむ社にとっては、当然初めての醸造事業でもあり、焼酎づくりのノウハウもなく、製造技術も一から取得する必要があったことから、町内のどぶろく製造農家や隣町の酒蔵の杜氏からの献身的な指導により、2014（平成26）年3月に初出荷を迎えることとなった。醸造された米焼酎は、玄米から醸造されているため"本格米焼酎　天空の郷"と名付けられ、醸造所の開所式にあわせて、出荷に先立ち関係者に振る舞われ、本山町の新たな特産品の1つとして高く期待されている。付加価値を付けた米焼酎を販売・普及させ、生産量を増加させることで、地元の生産者の収入の安定にもつなげようとしているのである。なお、ばうむ社は、品質は同様であるにもかかわらずサイズが小さいため規格から外れた「土佐天空の郷」の規格外米を、本山町農業公社経由で地元の生産者から購入している。

・新たな資金調達：クラウドファンディング
　次に、ばうむ社では、米焼酎の新たな商品開発・販路拡大のため資金を、

---

[11]　高知県の地域支援企画員制度については、梅村仁（2015）を参照されたい。

地元の銀行である四国銀行の紹介により、クラウド・ファンディング（ミュージックセキュリティーズ株式会社）による調達（2014年1月開始）に現在取組んでいる(12)。ばうむ社と四国銀行との相談時には、融資の選択もあったが、クラウドファンディングの実行により、資金確保と販路拡大への効果を狙えること、またネット上でPRできる利点を優先したとのことである(13)。

一方、課題もある。多くの中小企業が課題として掲げる販路拡大にばうむ社も苦戦している。ばうむ社における焼酎の販売戦略は、大都市圏の居酒屋に売込を行ない、一定数の店舗は確保しているが、高知県内での酒屋でしか購入できないこととし、プレミアム感を醸成させている。

しかし、居酒屋の発注については、ケース毎購入といったものではなく、

図表4-7　ばうむ社を軸とした地域経済循環

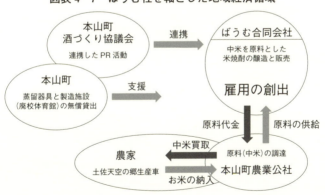

（出所）　ばうむ社提供資料を一部修正

---

(12) クラウドファンディングにより集められたファンド資金（約1,000万円）は、主に焼酎の原材料費（350万円）、工芸品の原材料費（550万円）、工芸品に直接プリントできる特殊なカラープリンターの購入費（100万円）に使用予定である。
(13) 読売新聞全国版、2015年6月22日。

瓶単位での発注であり、売行が計画どおりには至っていないのが現状である。次の戦略として、ブランド米を使った廉価版の焼酎づくりに挑戦し、新たな展開に繋げる予定である。

図表4-8　ばうむ社のクラウドファンディング

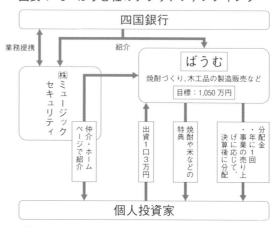

（出所）　読売新聞（2015）を参照し、一部修正

図表4-9　ばうむ社吉野蒸留所外観（元吉野中学校体育館）

（出所）　筆者撮影

図表4-10　ばうむ社吉野蒸留所内製造施設

（出所）　筆者撮影

## 第4節　地方都市における小さな経済づくりとソーシャル・イノベーション

　高知県は、全国に15年先行して人口が自然減に転じ、高齢化率の上昇も全国平均値を10年先行しているといわれている。県内市場は縮小しており、これに打ち勝つための施策として、公民一体となった全体戦略として「高知県産業振興計画」に基づいた取組が展開されている。この「産業振興計画」を県内全域に浸透拡大させるには、条件不利地といわれる中山間地域においても地域経済活性化への芽が育まれるような政策が重要である。

　本章におけるばうむ社の事例は、まさに高知県などの中山間地域における地域経済活性化の新たなモデルとなるだろう。地域のさまざまな主体が、1つの地域中小企業（地域商社）に相互関与し、知恵と財源、人を提供し合う、相互連携・補完スタイルこそ、まさにソーシャル・イノベーションによる起業である。

　一方、ばうむ社は地域からの厚い支援に応えるためにも、活性化に向けて課題を自ら解決し、地域と繋がりながら主体的かつ継続的に取り組む姿勢を

保ち続ける必要がある。

　また、持続可能な取組となるためには、地域で経済が確実に回る仕組が重要となってくる。ソーシャル・イノベーションの原動力になるものは、「ヒト」であり、「ヒト」と「ヒト」との繋がりでもある。逆に、「ヒト」が活動するには、「ヒト」を確保するだけの経済活動を回していかなければならない。そのためには、その地域にある一次産業の推進による経済活動の活性化だけでなく、6次産業化やその他の産業の起業や参入も踏まえて、地域産業振興の可能性を検証しなければならない。

　それが、たとえ大きな産業とならなくても、「小さな経済」をひとつひとつ創り上げ、積み重ねることで、その地域に見合う経済の基礎づくりが可能となる。また、「小さな経済」の積み重ねで、地域にさらに雇用を生み出すことができる。したがって、「小さな経済」が、地域を支えるための経済活動の柱になりうると考えれば、各地域で「小さな経済」の芽を育んでいくことが重要であることは明らかだろう。

　最後に、中山間地域には、人や資源など磨き上げればもっと光るモノがきっとまだまだある。地域資源に住民自らが気付き活用すること、それが「小さな経済」に繋がる。ばうむ社の事例はまさにその「気づき」を出発点としている。

　この「小さな経済」に注目し、きっかけづくりや小さな芽を育成支援していくことが、高知県経済の進展及び県内地域の存立に繋がり、さらには、多くの課題を抱える他地域の政策モデルとなる可能性もある。現在、高知県内には、こうした小さな取組が数多くあり、将来がとても楽しみな地域である。

**【参考文献】**
尼崎地域産業活性化機構（2015）『尼崎市における新規立地に関する実態調査報告書』.
大室悦賀（2009）『京都マネジメント・レビュー』第15号、京都産業大学.
梅村仁（2013）『地方都市の公共経営―課題解決先進県「高知」を目指して―』南の風社.

梅村仁（2015）「高知県における地域支援企画員制度と中山間地域への対応」『湘南フォーラム』第19号、文教大学湘南総合研究所，pp.59-68.

高知県計画推進課『飛躍への挑戦　第2期高知県産業振興計画オフィシャルサイト』
　　http://www.pref.kochi.lg.jp/~seisui/keikaku/（2015年11月1日最終閲覧）
子供とおでかけ情報サイト『いこーよ』http://iko-yo.net/topics/tanada（2015年11月1日最終閲覧）
ミュージックセキュリティーズ『高知県本山町天空の郷ファンド http://www.musicsecurities.com/communityfund/details.php?st=a&fid=803』（2015年11月1日最終閲覧）

（梅村　仁）

# 第5章

# イノベーションの価値の持続
―中小企業の競争力維持戦略―

## 第1節　はじめに

　2008(平成20)年のリーマンショック後、「歴史的円高」が日本の輸出産業を直撃した。2012(平成24)年末から、安倍晋三政権の掲げるアベノミクスで「歴史的円高」は是正されたが、円安による原材料高騰や、消費税アップで国内経済の回復は予定していたレベルに至っていない。しかし、「歴史的円高」時代に生き残りをかけてコスト削減を強力に推し進めた自動車産業は円安に振れると、すぐにかつての勢いを取り戻し、史上最高益を出すまでになっている。一方で家庭用電気機械器具業界（以下、「家電業界」とする）では、特に薄型テレビに代表されるデジタル家電が、ソニーの苦戦、パナソニックの大胆な事業縮小、なんといってもシャープの鴻海による買収に見られるように、円安に振れてもその勢いが戻らない。そればかりか、事業の存続すら危ぶまれている状況である。これの意味するところは、家庭用電気機械器具（以下、「家電」とする）の苦境は単なる為替の問題ではなく、事業構造そのものに問題があるということである。

　この家電と自動車の違いが何を意味するかは大変興味深い。また、グローバルなものづくりの立地戦略を議論するうえで重要な意味を持つ。このグ

ローバル立地戦略は、決して大企業だけのものではなく、大企業と密接な取引関係を有する中小企業や、昨今増加しつつある既にグローバル展開した中小企業にも大いに関係する。

そこで、本章では家電と自動車の違いに注目することで、グローバル競争において、いかに事業を持続させるか、すなわち、イノベーションによって生まれた新産業の価値をいかに持続させるかについて検討する。最初に家電と自動車の差を数値で検証する。次に、日本の液晶がなぜ韓国・台湾の液晶メーカーに負けたのかについて分析する。さらに、既存研究を材料に自動車がなぜ強いのかについて検証する。最後に、家電と自動車の違いから、イノベーションの価値を持続させるためのものづくりの立地戦略を検討する

## 第2節　数値で見る家電と自動車

かつて家電と自動車は日本のものづくりを牽引した産業である。自動車が今も競争力を有しているのに対し、家電にはかつての栄光はない。図表5-1は、2000(平成12)年から2013(平成25)年までの日本の主要家電3社と主要自動車3社の売上の推移を表している。いずれも2008(平成21)年のリーマンショック後大きく売上を落としているが、2012(平成24)年のいわゆるアベノミクス以降、自動車3社が売上を回復させているのに対し、家電3社は回復のスピードが遅い。

図表5-2は、売上がほぼ同規模である、パナソニック・ソニー・ホンダ・日産の売上の推移を表している。矢印は家電（パナソニック・ソニー）の売上平均、自動車（ホンダ・日産）の売上平均の2000(平成12)年と2013(平成25)年を結んだものである。自動車は大きく成長しているが、家電は横ばいで、13年間ほとんど成長していない。

産業の競争優位を論じるには、競争相手を分析することが有効である。現在、家電は主に韓国・台湾・中国のメーカーと競争している。デジタル家電

第5章 イノベーションの価値の持続 107

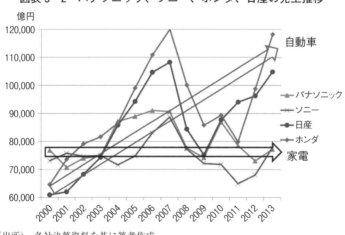

図表5-1 家電、自動車メーカーの売上推移

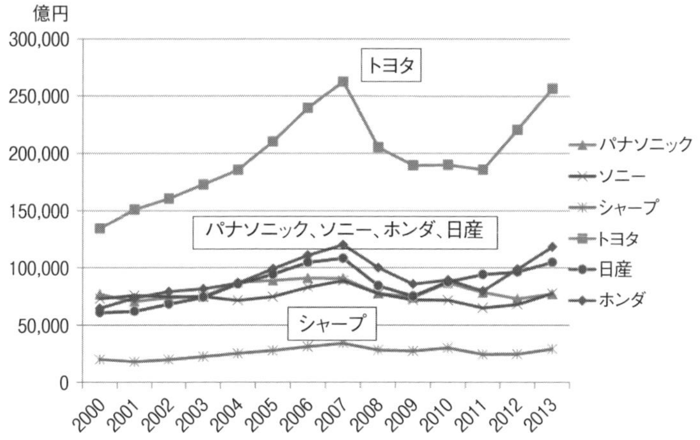

（出所）各社決算資料を基に筆者作成

図表5-2 パナソニック、ソニー、ホンダ、日産の売上推移

（出所）各社決算資料を基に筆者作成

の代表格である液晶テレビの競争相手は、韓国のサムスン・LG、中国のハイセンス・TCL・スカイワース・長虹等である。スマートフォンはアップ

ルのEMSである台湾の鴻海、中国の小米等である。液晶パネルは韓国のLG・サムスン、台湾の群創・友達光電、中国の京東方等である。そしてこれらはすべて後発者である。

　これに対し、自動車は独フォルクスワーゲン、米GM、フォード等と競争していて、これらの企業はすべて先発者である。韓国の現代は後発者でありながら年産600万台を超えていて、唯一先発者と競い合っている後発者である。自動車が主に先発者と競争しているのに対し、家電は後発者と競争していて、2つの業界の競争環境は全く異なっている。すなわち、Akamatsuの雁行形態論[1]で示されるように、家電の競争相手が先発者から後発者に移行しつつあると考えられる。しかし、家電と同様に長い歴史のある自動車は未だに先発者同士が競争しており、この違いを究明することにより、特に日本のような工業先進地域の企業がいかにしてものづくり事業を持続させられるかについて有益な示唆を得ることができると考えられる。本章では、家電と自動車の違いから、グローバルなものづくりにおいて、イノベーションの価値を持続させながら事業を持続させるのに有益なフレームワークを提案することを目的としている。

## 第3節　後発優位のメカニズム

　長野寛之他(2013)は、大型設備投資を伴う電子デバイス事業において後発優位のメカニズムが存在することを指摘している。この考えは、Abernathy/Utterbackモデルを視座に導出されている[2]。Abernathy/Utterbackモデルとは、図表5-3に示すように、イノベーションにはプロダクト・イノベーションとプロセス・イノベーションがあり、プロダクト・ライフサイクル毎に

---

(1)　Akamatsu, K. (1961)
(2)　Abernathy and Utterback (1978)

その重要度が変化することを初めて指摘したものである。すなわち、プロダクト・ライフサイクルの流動期には製品には多様性が存在していてプロダクト・イノベーションが重要であるが、ドミナント・デザインが出現した後の移行期においては、イノベーションの主体は製造の効率化を追求するプロセスイノベーションとなる。最後の固定期においてはプロセス・イノベーションも減少し、製品および製造工程とも硬直化し、変化に対する障壁が高くなるというものである。

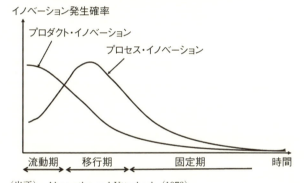

図表5－3　Abernathy/Utterback モデル

（出所）　Abernathy and Utterback（1978）

　この研究はものづくりのイノベーション・ダイナミクスをうまく説明しているが、電子デバイス事業における後発参入メーカーの成功要因を説明するには矛盾が生じる。すなわち、Abernathy/Utterback（1978）のいうプロダクト・イノベーションとプロセス・イノベーションは先発者が行なっているのではないかという考えである。その矛盾を解消するために、筆者等は後発優位のメカニズムを提唱している[3]。この理論は後発者の利点を論拠に導出されている。後発者は、Abernathy/Utterback モデルの流動期・移行期では

---

(3)　長野寛之（2013）

事業参入における利点が少ないが、固定期が近づくと利点が増大する。以下、後発者の利点について分析する。

(1) 流動期における後発者の利点

流動期には多くのメーカーが参入し、多くの製品デザインが存在する。製造プロセスは製品デザイン毎に異なるので、これもまた多くの製造プロセスが存在する。製品コストはプロセス・イノベーションが進んでいないため高く、製品の価格は高価格である。したがってそれらを購入するのは、先発者の属する先進地域において、Rogers（1995）の定義でいうイノベータ、初期採用者に限られる。市場はまだ安定しておらず、プロダクト、プロセスも安定していない。商品が成長しなければ、後発者は事業参入に伴う投資回収のリスクにさらされる。さらに流動期は製品の性能がプロダクト・イノベーションで継続的に向上しており、価格競争よりも性能競争の比重が高く、低価格戦略をとる後発者に利点はない。

(2) 移行期における後発者の利点

移行期になるとドミナント・デザインが出現する。一旦ドミナント・デザインが決まると、製造プロセスのイノベーションが加速され、製造コストが下がり始める。プロダクトのドミナント・デザインが決まることで材料の継続的使用が始まる。市場規模が大きければ、材料供給を専門に行なう材料メーカーが成長してくる。製造プロセスのイノベーションが活発化し、その後に製造プロセスも固定化するために、市場規模が大きいと、材料と同様に設備を専門に作る設備メーカーが育ってくる。こうなると、後発者は先発者からの技術移転だけではなく、材料メーカーおよび設備メーカーを通じて安価に技術を導入することができるようになる。ただし市場規模が小さいと、材料・設備メーカーにとって投資に見合う利益が見込めないので、材料・設備メーカーが育たず、分業化は進まない。

移行期になると、後進地域でも国内市場が立ち上がり始め、後発者も事業参入の利点が出てくる。また技術の獲得が流動期に比べて容易かつ安価になってくるので、為替により後発国の労働コスト・インフラコストが優位である場合、後発者が意思を持って育成を開始すれば、関連／支援産業の後進地域内での国産化も可能になる。移行期になると後発者にとって事業参入判断の情報が揃ってくる。その情報とは、その製品の世界全体の市場規模と地域別の市場規模、技術獲得の可能性、コスト優位の可能性、投資回収の見通し、先発者の反撃の可能性等である。先発者の反撃の可能性は、プロダクトとプロセスの固定化が進むほど小さくなる。これらの情報の信憑性は移行期の後半になるほど高まり、これをもとに後発者は事業参入を決断することになる。

### (3) 固定期における後発者の利点

固定期に入ると、プロダクトとプロセスの固定化がますます進むことになる。また、製品のモジュール化が進み、最終製品のメーカーにとって、モジュールを先発者から後発者に切り替える移動障壁も小さくなる。最終製品市場は、後進地域を中心に広がりを見せ、価格重視の製品が求められる。技術の獲得は材料・設備メーカーが成長しているので、後発者は技術を容易に手に入れることができる。また後発者は後発であるがゆえに、先発者に比べて最新の生産設備を導入することができる[4]。さらに、材料・設備の国産化が進み、後発国の労働コスト・インフラコストの低さで後発者のコスト優位がさらに確実なものになっていく。

プロダクトとプロセスが固定化されていることから先発者は後発者に対してイノベーションによる対抗が難しく、同質化競争に突入することになる。こうなると、先発者は事業撤退か、自らが後進地域に事業展開して為替によ

---

(4) Gerschenkron (1962)

るコスト優位性を獲得するか、新しいラジカル・イノベーションで対抗する道を選択するしかない。ただし、電子デバイスのような高額の設備投資を伴う産業では、設備の移動コストが高くなり、後進地域に移動しても後発者に打ち勝つのは容易ではない。したがってコスト力のない先発者は淘汰されて、コスト力のある後発者は後進市場の拡大に伴い、競争優位のある地域での増産を進めていくことになる。

### (4) 後発優位のメカニズムまとめ

このように後発優位のメカニズムとは、後発者の参入がAbernathy/Utterbackモデルの移行期以降で、後発者の生産は固定期に極大化するというものである。また、それには次の3つの条件がある。

条件1：最終製品の市場規模が大きく、投資回収額が大きいこと。
条件2：技術の獲得が先発者もしくは材料および設備メーカーから可能であること。
条件3：有利な為替環境により、後発者の生産地域の労働コスト・インフラコストが安価であること。

ただし、移行期以降であるということと条件1・2・3は必要条件であって十分条件ではない。後発優位を確立するには必要条件成立の機会を捉えて先発者に対する競争優位を構築するイノベーションが必要がある。Abernathy/Utterbackモデルのプロダクト・イノベーション、プロセス・イノベーションは、Schumpeter（1934）の第1の新結合の新しい財貨、第2の新結合の新しい生産方式であるが、後発者が起こしたイノベーションとは、Abernathy/Utterbackモデルのプロダクト・イノベーションでもプロセス・イノベーションでもなく、Schumpeter（1934）の第3・4・5の新結合、すなわち新しい販売先、新しい仕入先、新しい組織である。これらは申（2013）

がサムスンの戦略で指摘しているように、サプライチェーン全般に関わるものであって、換言すれば広義の生産活動そのものであり、図表5-4の概念図で示すプロダクション・イノベーションなるものが存在することになる。

図表5-4　プロダクション・イノベーションの概念図

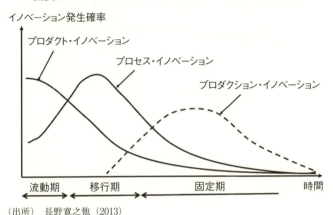

(出所)　長野寛之他（2013）

## 第4節　日本の液晶パネルの敗因

日本の液晶パネルは後発者に敗北した。それでは、液晶パネルにおける後発優位はどのようなものであったのか、そしてどのようにして日本の液晶パネルメーカーが逆転されていったのか、その実態についてさらに詳細に述べることにする。

### (1) 液晶パネルの先発者と後発者

液晶ディスプレイは1968（昭和43）年に米RCAにより発明された。しかし、本格的な液晶の応用は1972（昭和47）年にシャープが電卓に応用したのが初めてである。その後液晶の実用化でリードしたのは日本であった[5]。

韓国は1995（平成7）年から独自に液晶を生産し始めた。台湾は1999（平成

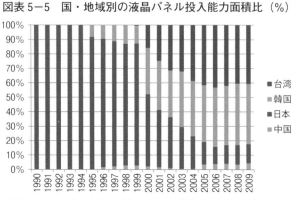

図表5−5　国・地域別の液晶パネル投入能力面積比（％）

（出所）　ディスプレイサーチ社のデータに筆者が一部追記し作成

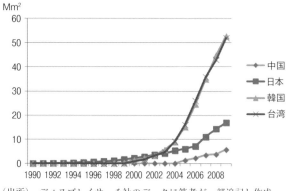

図表5−6　国・地域別の液晶パネル投入能力面積

（出所）　ディスプレイサーチ社のデータに筆者が一部追記し作成

11)年に日本から第3世代ライン（G3：以降G1 〜 G10と表現する）の液晶技術を導入した。G3までは日本が業界をリードしたが、1998(平成10)年の韓国サムスンのG3.5、2002(平成14)年のG5以降は、韓国・台湾にリードされた[6]。

---

(5)　沼上幹（1999）

図表5-5、図表5-6は、ディスプレイサーチ社の世界の液晶パネル製造ラインの投入能力データをもとに筆者が作成した国別・地域別の液晶パネル投入能力面積を表したものである。日本は世界で初めて液晶を実用化し、その後1999（平成11）年までは世界のほとんどの生産を担っていたが、2001（平成13）年に韓国に、2002（平成14）年に台湾に逆転された。したがって、液晶パネルの先発者は日本メーカー、後発者は韓国メーカー・台湾メーカー、最近では、中国メーカーが後発者として事業に参入している。

### (2) 液晶パネルの流動期、移行期、固定期

ところで、液晶パネルの流動期・移行期・固定期はいつであったのだろうか。Abernathy and Utterback（1978）によれば、ドミナント・デザインが現れて移行期になり、特定仕様の製造に適したプロセスが固定化することにより固定期に移るとされている。したがってドミナント・デザインとプロセスの固定化の時期により、流動期・移行期・固定期を特定することができる。

図表5-7は、野中（2006）がまとめた液晶ディスプレイの開発の歴史をもとに筆者が作成した液晶ディスプレイの開発年表である。野中（2006）によると液晶はまずエリア表示を用いた電卓・腕時計が最初に商品化され、その後、ドット・マトリクス表示方式が発明されてワープロ（ワード・プロセッサー）やPC（パーソナル・コンピュータ）あるいは携帯電話に用いられるようになった。その後、液晶パネルは大型化し、テレビにも用いられるようになった。このように、液晶パネルには、中小型とテレビ用である大型の2つの商品群が存在し、それぞれにイノベーション・ダイナミクスの流動期・移行期・固定期が存在する。ここでは、先行して開発された中小型について分析を加えていくことにする。

図表5-7に示すように、中小型液晶パネルの最初の重要な発明は1978年

---

(6) 新宅純二郎（2008）

図表 5-7　液晶の開発年表

| | 基礎技術開発 | 中小型液晶 | テレビ用大型液晶 |
|---|---|---|---|
| 1888 | 液晶発見（オーストリア、ライニッツァ） | | |
| 1962 | 液晶テレビ特許（米、RCA、ウイリアムス） | | |
| 1968 | 液晶表示装置（米、RCA） | | |
| 1969 | TN 液晶（米　ファーガソン） | | |
| 1971 | 交流駆動（日、シャープ、船田） | | |
| 1973 | TFT 液晶（米、ウエスティングハウス、ブロディ）<br>ドットマトリクス駆動（米、アルト）<br>ドットマトリクスバイアス駆動（日、日立、川上） | 液晶電卓発売（日、シャープ）<br>TN液晶腕時計発売（日、諏訪精工） | |
| 1978 | | ドットマトリクス液晶（日、日立） | |
| 1979 | aSi-TFT（英、スペアー） | | |
| 1984 | STN（スイス、ボベリ、シェーファー）<br>MIM（日、セイコーエプソン、両角）<br>VA 特許（仏、クレール） | | |
| 1986 | | STNワープロ発売（日、シャープ）<br>3" カラー TN-aSi-TFT 発売（日、松下） | |
| 1987 | | 白黒 DSTN 発売 | |
| 1988 | | 14" カラー TN－aSi－TFT 発売（日、シャープ） | |
| 1989 | | カラー DSTN 発売 | |
| 1990 | | カラー STN 発売 | |
| 1992 | | | IPS 特許（独、フランフォーファー）（日、日立） |
| 1993 | | | OCB 原理（日、西山） |
| 1995 | | | 低温 PoSiTFT（日、三洋、シャープ）<br>IPS（日、日立、近藤） |
| 1996 | | | IPS 発売（日、日立） |
| 1998 | | | MVA（日、富士通、岡本） |
| 2001 | | | ASV 発売（日、シャープ） |
| 2004 | | | OCB 発売（日、東芝） |

（出所）　野中（2006）に筆者修正追記

の日立によるドット・マトリクス方式液晶の開発である。これにより文字情報が任意に表示できるようになった。その後 1986(昭和 61)年にドット・マトリクス方式の STN(Super Twisted Nematic)液晶がシャープのワープロに搭載された。また同年、松下から 3 インチの TN-aSi-TFT(Twisted Nematic アモルファスシリコン薄膜トランジスター)液晶カラーテレビが発売され、1988(昭和 63)年にはシャープが 14 インチの TN-aSi-TFT 液晶カラーテレビを開発した。1990(平成 2)年に STN カラーモニターが発売され、これにより中小型液晶パネルは STN と TN-aSi-TFT がドミナントデザインとなりしばらくの間、併存することになった。したがって中小型液晶の流動期は 1978(昭和 53)年のドット・マトリクス液晶に始まり、1988(昭和 63)年〜1990(平成 2)年で移行期に移ったと言える。

　次に、中小型液晶パネルのプロセスの固定化を調べることで移行期を特定する。液晶パネルの本格的な量産を始めたのは 1990(平成 2)年から 1992(平成 4)年にかけて G1 を建設した日本メーカーで、基板サイズは概ね 320mm × 400mm であった。主な工場を挙げると NEC が鹿児島に、シャープが天理に、東芝が姫路に、松下が石川に建設した。この頃の製造ラインは各社各様で、液晶パネルメーカー各社が設備メーカーに専用の装置を発注し、液晶パネルメーカーが生産システムを構築していた。

　1992(平成 4)年から 1994(平成 6)年にかけて、再び日本の液晶パネルメーカーが G2 の建設を開始した。基板サイズは概ね 370mm × 470mm で基板面積は G1 の 1.36 倍と若干効率化が進んだ。G2 は G1 よりも標準化が進んだが、まだ標準的工場レイアウトは存在していなかった。日本の液晶パネルメーカーの投資が一段落した 1995(平成 7)年に、韓国のサムスンと LG が日本の設備メーカーから生産設備を輸入し、G2 を立ち上げた。韓国はこの頃半導体 DRAM で世界のトップクラスにキャッチアップしており、比較的製造プロセスが似ていた TN-aSi-TFT は日本の材料、設備メーカーの協力を得て自前で立ち上げることができた。

G3 も同様に日本から立ち上がり始め、1995(平成 7)年にシャープが三重県多紀で、1997(平成 9)年には日立が茂原で、NEC が秋田で立ち上げた。韓国は日本から遅れること僅か 1 年余りで 1996(平成 8)年にサムスンが、2 年余りの遅れで 1997(平成 9)年に LG が独自に G3 を立ち上げた。台湾は日本の先発者からの技術導入により、日本から遅れること 4 年、韓国から遅れること 3 年で、1999(平成 11)年末に G3 を立ち上げた。G3 のガラスサイズは概ね 550mm × 650mm で G2 に比べて約 2 倍の面積となり、大幅に生産性を上げることができた。

　G3 は標準化が進み、プロセスのモジュール化とラインのフレキシブル化が図られ、製造ラインがプラットフォーム化された。液晶パネルの製造工程は、液晶の駆動部を作るアレイ工程、液晶パネル表側のカラーフィルターを作る工程、アレイとカラーフィルターを組み合わせ、中に液晶を注入するセル工程、パネルにドライバーを実装する実装工程に分けられる。そのなかでも真空装置が多いアレイ工程が最も設備投資額が高く、SEAJ（2012）によると、2002(平成 14)年から 2011(平成 23)年までの 10 年間の日本の液晶パネルメーカーの全設備購入額の 73.5％はアレイ工程が占めていた。したがって、設備投資額の大小はアレイ工程の設備の影響が最も大きかった。

　図表 5-8 は G3 のアレイ工程のプロセスフローを示す[7]。アレイ工程は膜形成、ホトリソグラフィー、エッチングのプロセスモジュールに分解され、これらを複数回繰り返すことでアレイ基板が製造できるようになった。さらに工場レイアウトは図表 5-9 に示す日立茂原の V2 ラインのように[8]、自動化された工程間搬送と工程内搬送でモジュール化されたプロセス設備が連結され、プロセスモジュールを任意の順番で選択できるようになった。これにより液晶のアレイ基板はライン構造の影響を受けず、aSi-TFT であさえれ

---

(7)　鈴木八十二（2005）
(8)　舟木洋一他（1998）

図表5-8　アレイ工程のプロセスフロー

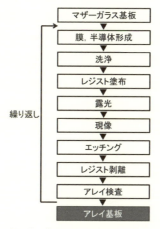

（出所）　鈴木八十二（2005）を筆者修正

図表5-9　日立茂原のV2ライン

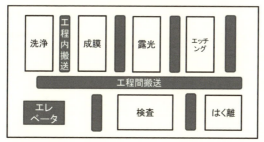

（出所）　舟木洋一他（1998）

ば自由な設計が可能となった。

　以下の点は液晶の製造ラインにとって2つの意味を持っている。1つは、液晶の製造ラインが固定化したことである。どんなデバイスでもaSi-TFTであれば作ることができるので、以後この製造ラインの基本構造を変える必要はなくなった。変えたのはガラス基板の大型化のみであった。2つ目は、プロセスがモジュール化したために、設備メーカーが独自に生産設備を開発

することができるようになったのである。生産設備はG3までは液晶パネルメーカーと設備メーカーの緊密な協業で開発されてきた。しかも、プロセスを主導的に決定するのは液晶パネルメーカー側だった。しかし、G4以降は設備メーカーが主導的に生産設備を開発し、液晶パネルメーカーがそれを評価する立場に変わってきた。これにより、設備メーカーの自立性が高まり、設備メーカーは自らが開発した生産設備を自由に販売し、生産設備の流通性が飛躍的に増すことになった。これは同じように工場がプラットフォーム化した半導体の前工程に似ている。

以上のように、G3以降、製造ラインがプラットフォーム化したことから製造ラインの固定化が始まった。中小型液晶の移行期は、日立茂原V2が立ち上がった1997(平成9)年で終わり、以降は固定期に入ったと言える。

### (3) 液晶の先発者と後発者の生産推移

図表5-10は、中小型液晶パネルの投入能力面積を先発者の日本と後発者にまとめてその推移を示したものである。G6以降のラインは主にテレビ用

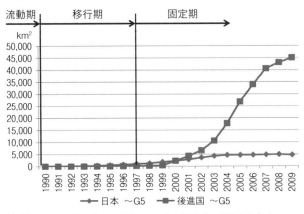

図表5-10　G5までの先発者、後発者投入能力面積の推移

(出所)　ディスプレイサーチ社のデータに筆者が一部追記し作成

の大型液晶に使用されているので、ここではG1からG5（G5は一部テレビ用大型液晶パネルも生産している）までの投入能力面積を集計した。

図表5-10のように、先発者は移行期初期から生産能力を拡大し続けている。一方、後発者は移行期後半の1995(平成7)年にサムスンが生産を開始しているが、本格的に増産を始めるのは固定期に入った2000(平成12)年以降である。

### (4) 液晶パネルにおける後発優位のメカニズム

以上、中小型液晶パネルにおける後発優位の実態を詳細に述べてきた。この後発優位の実態の因果関係を模式化すると図表5-11にまとめることができる。図表5-11で、網掛け部分は後発者の行動、網掛け部分以外は後発者の外部環境を示している。戦略は外部環境に適応して当該者が行動を立案し実行することであるから、図表5-11全体は後発者の戦略を示している。

それでは、図表5-11の整合性について、データを示しながら詳細に述べる。まず、外部環境において有利な為替環境についてである、これは、前節

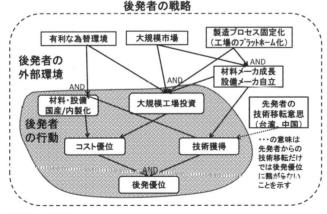

図表5-11　液晶における後発優位のメカニズム

（出所）　筆者作成

(4)で示した条件1に相当する。図表5-12は、1980(昭和55)年から2011(平成23)年までの韓国ウォンと日本円の為替レートの推移である。1980(昭和55)年の韓国ウォンの変動相場制移行以来、日本円は韓国ウォンに対して概ね一貫して上昇している。特に1997(平成9)年のアジア通貨危機以降その傾向は一層顕著である。図表5-13は2008(平成20)年のリーマンショック後の2009(平成21)年におけるインフラコストの比較である。2009(平成21)年は日本の液晶パネル事業が崩壊し始めた年で、図表5-13によれば、為替によるインフラコストの差が日本の液晶パネル事業に大いに影響を与えたこと

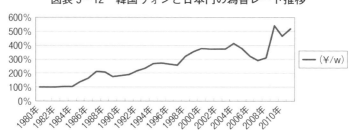

図表5-12 韓国ウォンと日本円の為替レート推移

図表5-13 インフラコスト比較

| | | 日本 | 韓国 | 台湾 | 中国 |
|---|---|---|---|---|---|
| 人件費 | 直接者 ($/月) | 3,226 | 951 | 931 | 249 |
| | 技術者 ($/月) | 4,605 | 1,609 | 1,164 | 610 |
| 原動費 | 電気代 ($/Kwh) | 0.12 | 0.04 | 0.08 | 0.09 |
| | ガス代 ($/m³) | 0.71 | 0.43 | 0.30 | 0.25 |
| 建設 | 土地 | 100 | 10 | 14 | 2 |
| | 建材（鉄鋼材） | 100 | 90 | n/a | n/a |
| 優遇制度 | 法人税 実行率 | 40.69% | 24.20% | 15% | 25% |
| | 償却制度 | 5年 | 4－6年 | 6年 | 5年 |

(出所) ジェトロ 2009年1月

が容易に伺える。

　前節(4)の条件2の技術の獲得については、台湾メーカーは先発者である日本メーカーから技術導入を行なったが、韓国メーカーは先発者から技術導入を行なっていない。技術導入契約では先発者のコントロール下で技術移転が行なわれるため、後発者の逆転には繋がらない。後発者の逆転は日本からの技術提携の外で行われる材料・設備メーカーを通じての技術移転で可能となる。図表5-14は日本の液晶設備メーカーの販売先の国内外比率を表したものである。2002(平成14)年以降日本の液晶設備メーカーは約7～8割を海外に輸出している。海外とは、当時大型液晶パネル工場を建設した、韓国・台湾の液晶パネルメーカであることはいうまでもない。このように、材料・設備メーカーを通じた技術移転は材料・設備の購入とそれに伴う技術情報開示によって行なわれるものであり、韓国メーカーはこれにより技術を獲得した。一方台湾メーカーは、G3の技術移転でまず技術のキャッチアップを図り、G5以降は韓国メーカーと同様に主に材料・設備メーカーより技術を獲得し自前で工場を立ち上げた。

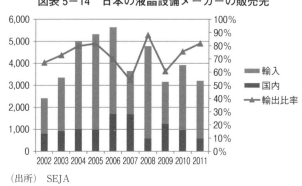

図表5-14　日本の液晶設備メーカーの販売先

(出所)　SEJA

　次に、液晶メーカーが大規模な市場であるかどうかは後発優位の必要条件であり、前節(4)で示した条件3に相当する。図表5-15は、液晶ディスプ

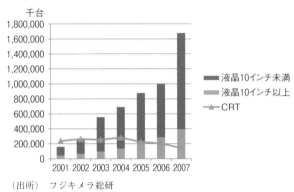

図表 5-15 液晶ディスプレイと CRT の市場規模比較

（出所）フジキメラ総研

レイと CRT（Cathode Ray Tube）の販売台数を比較したものである。全ての液晶ディスプレイは CRT に比べて一桁以上販売台数が多い。10 インチ以上に限ってみても、2006（平成 18）年には CRT のピーク時を上回っており、いかに液晶が巨大な市場を形成しているのかが分かる。

また、韓国・台湾の液晶メーカーは材料・設備の内製化・国産化にも積極的に取組んでいる。最も高価な部材であるガラス基板は韓国サムスン傘下のサムスンコーニングでの生産を早くから開始している。カラーフィルターも日本の液晶パネルメーカーが内製化を見送ったのに対し、韓国・台湾各社はG7 より内製化に踏み切っている。偏光板も LG 化学等の系列会社への発注比率を増やしている。設備についても、一部ではあるが、韓国・台湾メーカーは液晶設備の国産化に取り組んでいる。

次に後発者の行動について考察を加える。前述の後発者を取り巻く外部環境は後発優位の必要条件であって、後発者がこの機会を捉えて戦略的に行動しないと後発優位は形成されない。後発者は、獲得した技術と有利な為替環境、大規模な市場の条件を活用して、大規模工場を建て、材料・設備の国産化・内製化を行なった。

図表5-16は液晶パネル工場の1ラインあたりの投入能力を国別に平均し、

比較したものである。最も大規模な工場を作ったのは韓国で、次に台湾が続く。日本は1990年代に投資した小型ラインが多く、中国の平均値よりも低い。

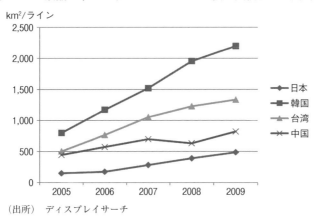

図表5-16　液晶パネル工場1ラインあたりの投入面積能力の国別比較

（出所）　ディスプレイサーチ

## (5) 日本の液晶パネルの敗因分析

このように、日本の液晶メーカーは規模の経済によるコスト削減の取組が韓国・台湾メーカーに対して不十分であった。これはGerschenkron（1962）が指摘したことと同じことが起こっている。逆説的な表現をすれば、韓国、台湾の液晶パネルメーカーは、イノベーション・ダイナミクスで生まれた機会を捉え、規模の経済で日本メーカーを凌駕する戦略的な行動をとっていたといえる。

これに対して先発者である日本の液晶パネルメーカーは、コスト高の日本で小規模な液晶工場を多数作ったことから、生産コストの低減が進まず、後発の韓国・台湾の液晶パネルメーカーに追い越される結果となった。日本の液晶パネルメーカーは、後発優位の必要条件である、有利な為替環境、大規模市場、プロセスの固定化の少なくとも1つ以上を外す、あるいは消し込む

必要があった。例えば、液晶パネルのような大規模市場でプロセスの固定化が予測される製品は、後発者の参入で熾烈なコスト競争が起こることが予測されるので、後発者がプロダクション・イノベーションを実行する前に為替コスト劣位を解消できる新興国での生産を開始する等、国際生産体制の構築を心がけるべきであった。

このように、日本メーカーは液晶ディスプレイという画期的な価値創造をしておきながら、イノベーション・ダイナミクスによる競争環境の変化に対応できず、韓国・台湾・中国の後発者による逆転を許す結果となった。逆転を許した原因は、液晶パネルの低コスト化を実現するために、日本の液晶メーカーが設備メーカーとともに工場のプラットフォーム化を推進し、これが設備メーカーを通じて製造技術が世界に拡散することとなったことが大きい。このような状況が進行していたにも関わらず、日本の液晶パネルメーカーは過去に投資した液晶パネル工場の投資回収に拘り、液晶パネル工場の生産性向上を十分に行なわなかった。さらに、日本の液晶パネルメーカーは既に液晶パネルの製造技術が世界に拡散しているにも関わらず、技術流出を恐れて、日本以外での工場建設を行なわなかった。これが日本の液晶パネルメーカーのコスト力向上を阻害した。

## 第5節　日本の自動車産業競争優位

一方自動車は、図表5-1、5-2に示すように、家電と違って2000(平成12)年以降も確実に成長し、リーマンショックで一時的に低迷するも2012(平成24)年以降は見事に復活している。藤本隆宏は自動車の競争優位について、多くの研究成果を発表している。ここでは、藤本の研究をもとに自動車の競争優位を説明する。

## (1) 日本の自動車産業のものづくり競争力の向上

藤本 (2003) によると、図表5-17に示すように、ものづくりの競争力には表層と深層があり、日本の自動車産業は深層の競争力が強く、また深層の競争力は真似しにくいと指摘している。このことの意味することは、日本の自動車産業は未だにプロセス・イノベーションを継続的に起こしており、その源泉が組織能力であるということになる。

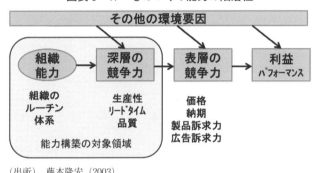

図表5-17 ものづくり能力の階層性

(出所) 藤本隆宏 (2003)

藤本 (2003) は、第2次世界大戦後 (以後、「戦後」とする) の日本の自動車産業のおかれた環境が、組織能力の向上に役立っていると指摘している。第1に、日本の自動車市場はアメリカに比べ、大変小さい市場であった。しかし、小さい日本市場でも、小型車ばかりではなく、大型車も必要であった。すなわち、小さい市場規模であるにもかかわらず、アメリカ並みの車種が必要であった。その解決策は、自ずと多品種少量生産となり、生産現場でのフレキシビリティが追求された。

第2に、戦後の日本の自動車メーカーは資金が十分でなかった。しかし、戦後の高度経済成長で、自動車の需要は大幅に拡大した。したがって、自動車メーカーに求められたのは、金を掛けずに生産性を上げるということであった。アメリカのGM・フォードの生産性向上は設備投資による生産能力

向上であったが、資金の乏しい日本の自動車メーカーがとった手法は、主にムダを省く、正味作業時間比率を上げることであった。トヨタ生産方式の礎を築いた大野耐一の基本の考え方はムダを省くことであり、これを基本としてカンバン方式を含むジャスト・イン・タイムを生み出した。

第3に、日本の自動車産業は人的リソースが充分でなかった。藤本が自動車工場の従業員をヒアリングしたときに、異口同音に耳にしたのは新モデル立ち上げ時の忙しさであった。これを解決するには、他人の仕事もカバーしながら、チーム力で問題解決するしかなかった。すなわち、人的リソース不足がオーバーラップ型問題解決の風土を醸成したのである。また社内の人的リソース不足は、社外リソースの活用をも促進した。日本の自動車のサプライチェーンの特徴として「ケイレツ」が挙げられる。これは日本独特の購買制度で、長期継続取引・少数競争購買を基本としている。なかでも特筆すべきは、承認図方式[9]による一括外注である。アメリカの自動車産業の部品調達が図面貸与であるのに対し、承認図方式とは社外のサプライヤーの人的リソースを活用して開発を行ない、それを自社に取り込むものである。これにより、日本の自動車産業では、サプライヤーも含めた広範囲な継続的イノベーション創出の仕組ができ上がったのである。

### (2) 自動車産業におけるイノベーションのロングテール

藤本の最近の研究[10]では、図表5-18に示すように、自動車産業には、イノベーションのロングテールが存在するとしている[10]。すなわち、Abernathy/Utterbackモデルは、1880年代（内燃機関を持った自動車の発明）と1920年代（フォードモデルT）、その後の製品／プロセス革新なしに製品差別化が続いた1960年代まで非常に良く当てはまるものの、業界の歴史の

---

(9) 佐竹隆幸（2008）pp.140-142を参照のこと
(10) Fujimoto（2014）

残りの部分をうまく説明できていないと指摘している。1960年代以降、自動車産業は、全体的なアーキテクチャは変えず、「急速なインクリメンタル革新」を行った。例えば、技術革新として、1970年代以降、日米欧の主要メーカーは、販売高比3〜5％の研究投資を実施し、車の基本的構造、外観／内装の形状、および基本機能は似ているが、構造部材の大幅な技術的変化や数千万行の組込みソフトと電子制御システム（ECU）の導入等で、機能・性能・快適性・安全性・燃費等を飛躍的に向上させた。この技術的変化は、2012（平成24）年の時点においても未だ進行中である。また、生産プロセス革新としても、自動組立を含むフレキシブル・オートメーション・トヨタ品質管理・リーン生産方式・摺り合わせの製品開発等を産み出している。

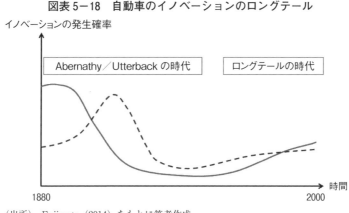

図表5-18　自動車のイノベーションのロングテール

（出所）Fujimoto（2014）をもとに筆者作成

　Fujimoto（2014）は、これらの技術革新や生産プロセス革新は、エネルギー・安全・環境面での社会的要請と顧客の機能志向が原動力となっていると指摘する。その結果イノベーション（価値創造）のロングテールを生み出し、価格競争を回避し、コモディティ化を回避できたと述べ、これをアーキテクチャの進化（モジュラー型からインテグラル型へ）の視点から論じてい

る。このように自動車の場合は、先発者優位が継続している理由が、イノベーションのロングテール、すなわち、イノベーションの継続時間が長いことが大きな要因となっている。

## 第6節　新しいフレームワークの提案

### (1) 後発優位のメカニズムが意味するもの

　長野他（2013）は、後発逆転が可能になる条件は、Abernathy/Utterbackモデルの固定期になり製品構造・製造プロセスが固定化すること、市場が大規模であること、技術の獲得が可能であること、有利な為替環境により後発者の生産コストが安価であることが必要条件であるとしている。逆に先発者の立場から見ると、これらの必要条件のいずれか、あるいはすべてを回避することで先発者優位が持続できることになる。

　先発者が日本のような工業先進地域で新しいものづくりを起業する場合、為替環境が不利なことから、ものづくりが高コストになることが多い。そもそも一企業が為替をコントロールすることはできない。また先発者は自ら技術を開発することが多いので後発者のように技術を獲得する必要も少ない。したがって、有利な為替と技術の獲得は先発者にとって選択可能ではない。

　しかし、Abernathy/Utterbackモデルの固定期の来る時期が遅い商品を選択することは可能である。もちろん、自らの努力で固定化を遅らせることも可能であるが、モジュラー型のエレクトロニクス商品と擦り合わせ型の自動車に違いがあるように、商品が生来持ち合わせている性格によって固定期の来る時期は大きく影響を受ける。したがって、新商品を起業するにあたって、先発者は固定期の到来の遅い商品を予測し、それを選択することは可能である。

　また、商品の世界市場規模は、その商品の持っている効用と商品に期待されるニーズにより決まるが、新商品の効用と期待されるニーズは、先発者が

新商品を企画するさいにその商品に与える特徴によった大きく左右される。つまり、新商品の市場規模は意図によって大きく左右され、換言すれば、先発者は新たに起業する事業の市場規模は予測可能であるということである。多くの先発者は大規模市場の新商品を狙いがちであるが、長期間の競争優位を維持するために、後発者にとって魅力の薄い中小市場の新商品を選択する戦略が、特に工業先進地域での起業では成立すると考えるべきである。

(2) 規模のロングテール

　Anderson（2014）によると、図表5-19に示すように、20％の商品群が80％の売上を占め、残りの80％の商品群はロングテールと呼ばれ、かつては利益を生まない商品群とされてきた。しかし、Anderson（2014）は昨今のIT技術の進展で、残りの80％の商品群でも利益を生み出すことが可能になってきたと指摘している。すなわち、図表5-20に示すように、仮に損益分岐点を水面とすると、黒字という地上に現れる商品群はかつて20％であったが、IT化とそれに付随する仕組の改善が相まって水面が下がり、黒字部分が増えるとしている。

図表5-19　規模のロングテール

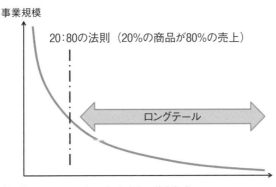

（出所）　Anderson（2014）をもとに筆者作成

図表5-20 ロングテールの黒字化のメカニズム

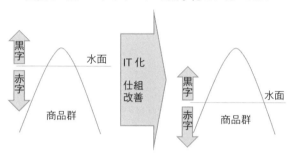

(出所) Anderson (2014) をもとに筆者作成

　このことは、日本のような工業先進地域において、先発優位を継続するうえで重要な示唆を与える。すなわち、ビジネスモデルあるいはビジネスプロセスの工夫次第では、かつて利益が生み出しにくかった小規模ビジネスでも利益を生み出す可能性がある。

　さらに、中川他（2011）の研究では、液晶パネルは後発者の韓国や台湾に逆転されたが、液晶パネルの材料は未だに日本の先発企業が高いシェアを維持していることが報告されている。液晶パネルの材料費に占める比率の高いカラーフィルターは既に韓国・台湾の液晶パネルメーカーによる内製化が進んでおり、次に比率の高い偏光板はLG化学が日本の日東電工・住友化学とシェア争いをしているものの、その他の材料については、未だに日本やドイツ等の先発者が高いシェアを有している。中川他（2011）によれば、これらの材料は変動費に比べて固定費が高く、しかも世界市場規模が小さいために、少数のメーカーが全ての液晶パネルメーカーの需要に対応しており、後発者にとって事業参入のインセンティブが小さいことが分かっている。また中川他（2011）は、これらの多くはカスタマイズ品で、新規性はさほど高くなく、必ずしも画期的イノベーションが含まれたものではないことも判明している。このことからも、日本のような工業先進地域において、市場規模が先発優位を継続するうえで大変重要な要素であることが示唆されている。

### (3) 新しいフレームワークの提案

　以上を総括すると、先発者にとって、これから起業する新商品の競争優位を長期間持続させるには、新商品が Abernathy/Utterback モデルの固定期に至るまでの時間の予測と新商品の予測される市場規模が鍵であるということになる。この2つは、いずれか1つ、あるいは両方揃っていても先発優位が継続しやすい。自動車が大規模市場であるにも関わらず、今も先発者が強いのは、イノベーションのロングテールが存在するからである。また、日米欧では、多くの部品・部材産業や特殊用途分野の製品の先発者が競争優位を維持しているが、これは、規模のロングテールの事業領域であれば、後発逆転条件が成立しにくいことを意味している。すなわち、工業先進地域であっても、イノベーションのロングテールが存在し、市場規模のロングテールを狙えば、工業先進地域の先発者が競争優位を維持した状態で事業を継続できる可能性を示すものと考えられる。

　以上、イノベーションが長く続くかどうか、すなわち、Abernathy/Utterback モデルの固定期までの時間の長短と、市場規模の大小を2次元的に配置した新たなフレームワークを提案する。2つの要素を2次元的に配置したのは、以上のように、その2要素が単独でも、両方でも、先発優位の長期化を実現しうるからである。図表5-21は、提案するフレームワークで、市場規模の大小を横軸に、イノベーションの長短を縦軸に配置している。

　右下の象限は長野他（2013）が指摘する後発優位の象限で、固定期に至るのが早く、市場規模が大きいため、商品はコモディティ化する。その他の象限は、後発優位が成立せず、先発者優位であるが、とりわけ左上の象限は、イノベーションの継続的創出で競争力が強く、かつ市場規模が小さいために後発参入者が少なく、競争相手も少ないオンリーワンを志向する企業が出現しやすい象限である。さらに右上の象限は、市場規模が大きいことから後発参入のインセンティブは高いものの、プロダクト／プロセス・イノベーションが長く続く商品であることから、継続的イノベーションを志向する先発企

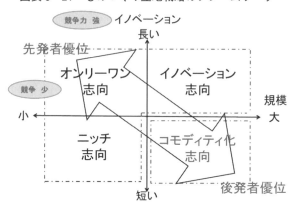

図表 5-21　ものづくり立地戦略のフレームワーク

(出所)　筆者作成

業が競争優位を維持できる象限である。左下は、イノベーションは枯れているものの、市場規模が小さいために後発参入者が少なく、先に事業展開したニッチ志向の先発者が競争優位を保てる象限である。

(4) 新しいフレームワークの使い方

　デジタル家電の多くは、日本企業が先発者で多くの重要技術を開発したものの、後発者に追い抜かれ利益を得られずに事業の縮小、撤退を招いた。今後、日本のような工業先進地域で新規の商品を開発し、新規事業を立ち上げるには、極力後発優位の成立しない図表 5-21 の 1・2・3 象限の事業を選択すべきであると考える。

　それでも敢えて、4 象限の後発優位の事業を立ち上げるのであれば、日本のような工業先進地域でものづくりをするのでなく、世界最適地生産を当初から選択すべきであると考える。このように、新たなものづくり起業を考える際には、図表 5-22 に示すフレームワークに照らし合わせ、立地戦略を練ることが大変有益であると考える。

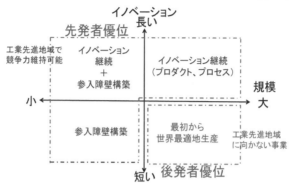

図表5-22 ものづくり立地戦略フレームワークの使い方

(出所) 筆者作成

## 第7節 中小企業にとってのフレームワークの意味

　中小企業にとっても、このフレームワークは有効である。部品・部材を大手企業に納入する中小企業にとっても、納入先の大手企業がこのフレームワークのどの象限に位置するかで、その企業が長く存立維持できるかどうか判断することができる。また、中小企業はそもそも小規模ビジネスが多い。すなわち、図表5-21の左側の象限のビジネスが多い。この意味するところは、中小企業のビジネスは、元来後発優位が成立しにくい事業であることが多い。ただし、問題はどの大手企業と組んで事業を行なっているかである。先発者の大手企業が後発優位で事業継続が難しくなっても、後発者がそれに変わって事業を継続する。これらの後発者にいかに食い込めるかは、中小企業にとって大変重要である。すなわち、グローバル化に対する能力構築が重要となる。図表5-21の左側の象限で事業を持続させる能力と、それをグローバルに展開できる能力構築がこれからの中小企業に求められるのである。

## 【参考文献】

Abernathy, W. J., Utterback, J. M. (1978) "Patterns of industrial innovation", *Technology Review*, vol.80, No.7, pp.40-47.

Akamatsu K., (1961) "A Theory of Unbalanced Growth in the World Economy," *Archiv*, Band 86 Heft 2, pp.196–217.

Anderson, C. (2006) *The Long Tail: Why the Future of Business Is Selling Less of More*, Hyperion, New York USA（篠森ゆり子訳（2014）『ロングテール―売れない商品を宝の山に変える新戦略』ハヤカワ・ノンフィクション文庫).

藤本隆宏（2003）『能力構築競争―日本の自動車産業はなぜ強いのか』中公新書.

Fujimoto, T. (2014) "The Long Tail of the Auto Industry Life Cycle", *Journal of Product Innovation Management*, Vol.31, pp.8-16.

舟木洋一・高橋健太郎・和泉志伸（1998）「特集・LSI.LCD 工場の環境対策― TFT 液晶最新事情［第１部］世界最大の日立茂原 TFT ラインが順調に稼動」『日経マイクロデバイス』日経 BP 社, pp.104-107.

Gerschenkron, A. (1962), "Economic Backwardness in Historical Perspective"; *A Book of Essay*, The Belknap Press of Harvard University.（絵所秀紀・雨宮昭彦・峯陽一・鈴木義一訳（2005）『後発工業国の経済史』ミネルヴァ書房）

長野寛之・石田修一・玄場公規（2013）「電子デバイス事業における後発優位のメカニズム―液晶事業を事例として―」『多国籍企業研究』No.6, pp.63-86.

中川功一・宋元旭・勝又壮太郎（2011）「液晶パネル産業におけるメーカーとサプライヤーの関係―信頼の不足するカスタマイズ品取引―」東京大学ものづくり経営研究センターディスカッションペーパー, No.339.

野中克彦（2006）「液晶ディスプレイ―その開発の歴史―」『パテント』Vol.59, No.11, pp.82-95.

沼上幹（1999）『液晶ディスプレイの技術革新史』白桃書房.

Rogers, E. M. (1995) "Diffusion of Innovations, Fifth Edition" *Free Press*, A Division of Simon and Shuster Inc.（三藤利雄訳（2007）『イノベーションの普及』翔泳社）

佐竹隆幸（2008）『中小企業存立論―経営の課題と政策の行方―』ミネルヴァ書房

Schumpeter, J. A. (1934) *The Theory of Economic Development-An Inquiry into Profits, Capital, Credit, Interest, and the Business Cycle-*, Cambridge Harvard University Press.（塩野谷祐一・中山伊知郎・東畑精一訳（1977）『経済発展の理論 2 冊』岩波書店）

SEAJ（2012）『半導体・FPD 製造装置販売統計— 2011 年度版』日本半導体製造装置協会.
申埈錫（2013）「2007 年サムスン電子が考えたこと」『技術と経営』No.559, pp.40-46.
新宅純二郎（2008）「韓国液晶産業における製造技戦略」『赤門マネジメント・レビュー』
　　7 巻 1 号，pp.55-74.
鈴木八十二（2005）『液晶ディスプレイのできるまで』日刊工業新聞社.

**（長野　寛之）**

# 第6章

# 社会的事業を営む中小企業に関する一考察

## 第1節　はじめに

　本章の目的は、中小企業が新たな社会的事業を展開することを通じて行なったソーシャル・イノベーションの発生過程を検討することである。本研究課題に至った背景は次の通りである。従来、ソーシャル・イノベーションの研究は、社会に対する問題関心を強く有するソーシャル・アントレプレナーが創業したベンチャーを中心に進められてきた。また、既存の企業を対象にしている場合でも、主に大企業の取組を紹介するものが多い。しかしながら、地域経済社会との結び付きが強い既存の中小企業も、多様なソーシャル・イノベーションを行なっている。本章では、そのような中小企業が行なうソーシャル・イノベーションがどのようなものであり、如何なる経緯から生じたのかを1社のケーススタディから検証する。それを踏まえ、本章では、中小企業が行なうソーシャル・イノベーションの特徴を試論的に導出することにする。

## 第2節　中小企業とソーシャル・イノベーション

(1) ソーシャル・イノベーションの先行研究

　まず、本章で用いるソーシャル・イノベーションの定義から確認する。今日、複数の学問領域の中からソーシャル・イノベーションに関する研究が行われている。たとえば、経営学の知識創造研究の観点から論じる野中らは、グローバリゼーションの進んだ現代社会が抱える、環境、エネルギー資源、食料、人口爆発、南北格差などの複雑で相互に関連する諸課題を解決するため、2000（平成12）年前後から①社会起業家や社会起業家精神に関する研究、②社会的企業やソーシャル・ビジネスに注目する研究、③CSRや社会貢献活動に対する研究の3つの分野において、ソーシャル・イノベーションの研究が進められてきたと指摘する。そして、野中らは、ソーシャル・イノベーションを「ある地域や組織において構築されている人々の相互関係を、新たな価値観により革新していく動き」と定義し、政府・行政・企業が「社会のさまざまな問題や課題に対して、より善い社会の実現を目指し、人々が知識や知恵を出し合い、新たな方法で社会の仕組を刷新していくこと」でもあると述べている[1]。

　あるいは、CSRとの関係性から紐解く谷本らは、ソーシャル・イノベーションを「社会的課題の解決に取り組むビジネスを通して、新しい社会的価値を創出し、経済的・社会的成果をもたらす革新」と定義している[2]。さらに、ソーシャル・イノベーションの分析対象は、①政府や行政を対象とした国家レベルにおける公共政策（マクロ政策的アプローチ）、②企業やNPOを中心とした市場レベルにおけるビジネス活動（ビジネス・アプローチ）、③市民社会組織（CSO）が行なうコミュニティレベルにおける社会活動（ボランティア的アプローチ）の3つの異なる視点があり、さらに創出と普及のプロ

---
(1)　野中・廣瀬・平田（2014）p.20.
(2)　谷本・大室・大平・土肥・古村（2013）p.8.

セスを分けて考えることの重要性を主張する。そして、各々の視点やプロセスでは、依拠する既存研究が異なることを述べている。

(2) **ソーシャル・イノベーションにまつわる諸議論**

さらに、ソーシャル・イノベーションの理解を深めるためには、それにまつわる幾つかの関連する用語も併せて整理することが有益である。その1つがソーシャル・エンタープライズである。ソーシャル・エンタープライズは、①社会性（社会的課題の解決に取組むこと）、②事業性（ビジネスの形として継続的に事業活動を進めること）、③革新性（これまでの社会経済システムを変革すること）の3つの要件を満たすものを指し、政府・行政の対応を超える領域や市場での対応を超える領域で活動を行なっている[3]。また、ソーシャル・エンタープライズは、営利活動法人と非営利活動法人のいずれの場合もあり、①事業型NPO、②中間形態の事業体、③社会指向型企業、④企業の社会的事業（CSR）の4つの組織形態として存立している[4]。そして、ソーシャル・エンタープライズの組織形態は、①市場的制約、②資金的制約、③法的制約、④社会的制約の諸条件によって左右され、活動する国や地域で最適なものが選択されるとしている[5]。

つまり、ソーシャル・イノベーションは、ソーシャル・エンタープライズが成立するための要件として考えることが可能である。そして、ソーシャル・エンタープライズは、社会的課題を解決するために新たに創設されたベンチャー企業だけでなく、新しい社会的事業に取組む既存の一般企業も対象に含まれていることがわかる。ただし、そこで扱われる社会的課題の程度は、論者によって異なることにも留意する必要がある。このように、ソーシャル・イノベーションの研究はまだ萌芽期の段階にある。したがって、ソーシャル・

---

[3] 谷本（2002）pp.198-205 等
[4] 谷本編（2006）p.7.
[5] 谷本編（2006）pp.31-32.

イノベーションを論じる場合は、分析する対象やレベルを特定して仔細な研究を蓄積することが必要であると考えている。以上を踏まえ、本章では、ソーシャル・イノベーションを「ソーシャル・エンタープライズが社会的な課題の解決に資する製品（サービス）の開発、新生産方法、新市場の開拓、新原材料の開発、新組織の構築などを行うこと」と定義する。また、本章では、ソーシャル・エンタープライズとして、既存企業が CSR 活動の一環として社会的課題の解決を志向する場合を主な対象とする。

### (3) 中小企業の CSR とソーシャル・イノベーション

　上記の通り、既存企業のソーシャル・イノベーションは、CSR の取組の1つとして解釈することも可能である。しかしながら、中小企業における CSR の実態を扱った文献はあまり多くない[6]。数少ない文献のなかでは、中小企業がより良い製品（サービス）を提供することや法令を遵守することなどを通じ、特定の分野で CSR を実施していると言う[7]。別の言葉で表現すれば、中小企業はコンプライアンスや CSR 調達に見られるような取引先企業からの要請に端を発する受け身な姿勢から CSR を実施しているものも少なくない。しかしながら、中小企業が積極的に CSR を行なう分野もあり、障害者雇用・子育て支援、女性登用、高齢者雇用等の雇用確保にまつわるものである[8]。また、中小企業は、催し物に対する寄付・清掃活動・防災活動等を行ない、地域経済社会で一定の役割を担っているという見解がある。あるいは、中小企業は事業を継続することそのものが地域経済社会への貢献であるとの見方もある。そして、このような中小企業の CSR に関する多様な見解は、①「ミニマム」派、②雇用・人材育成重視派、③社会的・環境的事業機会派、④自主的な社会貢献努力評価派、⑤ CSR の原則枠組と課題共通

---

(6)　足立（2013）pp.20-23.
(7)　藤野（2012）pp.33-35.
(8)　寺岡（2008）p.18.

化派の5つの多元的な位相として整理されることもある[9]。

　以上の先行する研究を受け、中小企業が行なうCSRの試み全てが、ソーシャル・イノベーションに該当するものではないといえよう。すなわち、ソーシャル・イノベーションは、社会的課題を新たに解決することに重きが置かれているため、新規性が強く求められる。さらに、そのような新規性は、中小企業の自発的なCSRから見出すことが適切であると考えている。したがって、以下では、既存の中小企業が障害者雇用に関する社会的事業を新たに始めたケースを通じ、中小企業におけるソーシャル・イノベーションを把握することにする。

## 第3節　新たな社会的事業を始めた中小企業の事例

### (1) フェローグループの概要

　株式会社フェローシステム（以下「フェロー社」とする）は、資本金が1,000万円、従業員数が15名の愛媛県松山市に立地する中小企業である[10]。フェロー社は、1997(平成9)年に大手鉄鋼メーカーのシステム部門の下請業務を行なう会社として5名でスタートした。現在のフェロー社は、①システム開発事業の他にも、地元の名産品を扱う②Web・ECサイトの運営、③地域情報ポータルサイト（まいぷれ松山）の運営、④障害者就労移行支援事業（フェローICT）を行なっている。より詳細に述べれば、②Web・ECサイトの事業では、地元企業や公共施設から受注しており、2005(平成17)年度の経済産業省電源地域活性化先導モデル事業や、松山市e－ビジネスモデル創出支

---

(9)　三井・堀（2008）pp.20-21.
(10)　フェローグループの事例は、2015年11月10日（13：00～16：00）に行なった聞き取り調査の結果、及び同社のホームページ（http://www.fellow.co.jp/：2016年1月25日閲覧）並びにまいぷれ松山のホームページ（http://matsuyama.mypl.net/：2016年1月25日閲覧）に依拠する。

援事業の認定を受けている。また、③地域情報ポータルサイトである「まいぷれ」とは、千葉県船橋市にある株式会社フューチャーリンクネットワークが主体となり、各地の地域に関する情報を掲載したウェブサイトのことである。そして、「まいぷれ」は、広告掲載料を徴収した地域店舗の情報を掲載したウェブページを作成し、地域住民に無償で公開している。さらに、考案者であるフューチャーリンクネットワークは、地域のことを熟知した各地の現地パートナーに「まいぷれ」を委ねるフランチャイズ事業として展開している。そして、フェロー社は、松山における運営パートナーを担っている。あるいは、④障害者就労移行支援事業とは、一般就労などを希望し、就労が可能と見込まれる障害者を対象に、就労に必要な知識や訓練及び就労の機会を提供する制度であり、2013(平成25)年に施工された障害者総合支援法に基づいている。とりわけ、フェロー社の障害者就労移行支援事業であるフェローICTは、本人の意向や障害の特性に合わせて、ホームページの制作、ネットショップの運営、パソコンを使ったイラストの作成、デジタルカメラの写真撮影と動画加工、動画映像編集、コピーライティング、プログラムの開発等の多岐に渡るITスキルを2年間掛けて教育している。

　フェローICT事業の定員は20名であり、プログラマーコース（システム構築・経営アプリの作成）、Webクリエイターコース（ホームページの制作・画像加工・ロゴやイラスト作成）、ネットショップコース（ネットショップの店長や店長補佐業務・コピーライティング）、映像編集コース（映像編集システム搭載の機器操作）等の選択できるコースが複数ある。フェローICT事業の卒業生の5名程度は、それらのITスキルを身に付け、フェロー社を含め、地方銀行、地元の有力企業等の一般企業に就職している。また、この就労移行支援事業は、フェロー社のシステム開発事業における需要の繁閑を和らげ、安定的な売上をフェロー社にもたらしている。そして、近年では、売上に占める就労移行支援事業の割合が大きくなり、2015(平成27)年の調査時点で4割を超えている。

また、フェロー社の創業者は、NPO法人フェロージョブステーション（以下、「フェローJS」とする）の理事長でもある。2010（平成22）年に設立されたフェローJSは、フェロー社の就労移行支援事業で得たITスキルを活かすための⑤就労継続支援A型事業所の活動を中心に、⑥指定放課後等デイサービス事業、⑦特定相談支援事業を行なっている。そして、そこではフェロー社から出向した健常者の6名と障害者の13名程度が事業に携わっている。主に手掛ける⑤就労継続支援A型事業所は、前述の障害者総合支援法に依拠した就労支援のための施設であり、利用者と事業所が雇用契約を結んで障害者に賃金を支払う。フェローJSの就労継続支援A型事業所では、一般企業に勤めることが困難な18歳以上65歳未満の障害者に対し、情報通信技術を利用した活動を通して就労及び一般就労の機会を提供している。具体的な活動内容は、イラスト制作、CADデータ作成、アンケート結果の入力作業などのICTを活用した作業の他にも、広告チラシのポスティングや家具の分別作業などの施設外での就労も請け負っている。また、⑥指定放課後等デイサービス事業では、障害者手帳や障害福祉サービス受給者証を持つ6歳から18歳までの児童の可能性を広げるICTエリートの育成や、将来の一

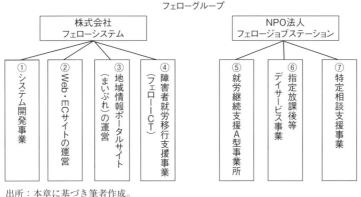

図表6-1　フェローグループの活動

出所：本章に基づき筆者作成。

般就労を可能にする力を得るための教育を行なっている。そこでは、パソコンやIPadなどのICTを活用し、個人に応じた学習やレクリエーションを実施している。さらに、⑦特定相談支援事業では、都道府県や市区町村が障害者に対して提供する各種サービスを利用するための計画を立案している。このサービスでは、福祉サービスの経験者である相談支援専門委員が専門的な見地から利用計画の策定をサポートしている。以上のフェローグループの活動を図示したものが図表6－1である。

(2) 株式会社フェローシステムの事業の変遷

　フェローグループの概要を踏まえ、各々の事業がどのように推移してきたのかを時系列で整理してみる。図表6－2は、上段に株式会社フェローシステム、下段にNPO法人フェロージョブステーションの事業の変遷を開始時期とともに提示したものである。元々、創業者は1992（平成4）年に横浜にあったベンチャーに入社し、取引先に赴いて作業するプログラマーやシステムエンジニアとして働いていた。ところが、バブル経済崩壊以降、当時の勤務先の業績が急激に悪化し、創業者の最後の配属先であった松山事業所の閉鎖が決定した。その際、創業者は取引先であった大手鉄鋼会社のシステム部門からの要請を受け、松山事業所で働いていた5名と共に1997（平成9）年に①システム開発事業を行なうフェロー社を設立した。このように、フェロー社は、創業当時から大企業との取引が確約されていた。そのため、開業してから5

図表6－2　株式会社フェローシステム並びにNPO法人フェロージョブステーションの事業の変遷

| 株式会社フェローシステム | 1997年2月 設立（①システム開発事業開始） | 2006年6月 ②Web・EC事業開始 | 2009年10月 ④障害者就労移行支援事業（フェローICT）開始 | 2013年4月 ③地域情報ポータルサイト（まいぷれ）の運営開始 |
|---|---|---|---|---|
| NPO法人フェロージョブステーション | | | 2010年12月 設立（⑤就労継続支援A型事業所開設） | 2014年8月 ⑥指定放課後等デイサービス事業・⑦特定相談支援事業所開始 |

出所：本章に基づき筆者作成。

年間は新規採用を積極的に行ない、従業員数とともに売上も増加した。ところが、新規で採用した人員は、創業メンバーと比べてITスキルが劣り、徐々にソフトウェアの品質低下や納期遅延が目立つようになる。そのようなおり、フェロー社は大きなプロジェクトで半年以上の納期遅れを引き起こし、倒産の危機に瀕した。その後、フェロー社は大手1社への依存体質を改め、創業者が中心となって新規の取引先や事業の開拓を行なうようになる。

　このような流れのなかから、創業者は地元の経営者と交流を育み、2006（平成18）年6月から特産品を取引する②Web・ECサイトの事業を開始する。また、創業者と地元の経営者の出会いが、2009（平成21）年10月から始めた④障害者就労移行支援事業フェローICTの展開へと結び付く。創業者と懇意になった経営者のなかには、障害を抱える子供を持つ親がいた。その経営者は、障害を持つ子供たちが両親の死後も、経済的・社会的に自立していくことが必要であると痛感し、障害者を支援するNPO法人を立ち上げた。そのようなNPO法人の取組に携わるなかで、創業者は、自宅で作業ができることや、初期投資が安価で済むこと等ITの持つ可能性が障害者の自立を促すことに役立つと確信するようになった。そして、創業者は、自身が持つITに関するスキルを活用したフェローICTの事業に関する構想を描くようになった。

　また、③地域情報ポータルサイトである「まいぷれ松山」の運営も、フェローICTの事業やNPO法人フェロージョブステーションを開始したことと深く関係している。フェロー社では、それらの事業を始める以前に、地元の物産品を扱うWeb・ECサイトを運営していたため、松山市における「まいぷれ」のパートナーになって欲しいとの打診があった。しかしながら、フェロー社では、「まいぷれ」のビジネスモデルが採算ベースに乗るまでに要する時間が掛かり過ぎるため、一度事業として断念した経緯がある。そのため、「まいぷれ松山」は、松山市に拠点を置く地元の土木・建築事業者が運営パートナーとなって2011（平成23）年9月に開設された。ところが、フェロー社は、

フェロー ICT やフェロー JS を開始することにより、障害者に対して継続的に仕事を提供することが必要になった。その後、創業者は、「まいぷれ松山」を開設したパートナーの撤退に伴い、運営者側が代理のパートナーを探していることを聞きつけた。それを受け、2013(平成 25)年 4 月からは、フェロー社が「まいぷれ松山」の運営を引き継ぎ、リニューアルオープンすることになった[11]。

### (3) 株式会社フェローシステムと NPO フェロージョブステーションとの関係

また、図表 6-2 からは、株式会社フェローシステムと NPO 法人フェロージョブステーションが繋がりを密に保ちながら、フェローグループとして活動していることもわかる。以下では、フェロー社とフェロー JS の繋がりを見るため、フェローグループの事業同士の関係について整理してみる。フェロー社では、3 名の④障害者就労移行支援事業フェロー ICT の卒業生が勤務している。通常、システム開発では、納品後の不具合や使用後の改修などが頻繁に生じる。そして、このような納品後の変更は費用の増加に繋がる。しかしながら、フェロー社の①システム開発事業は、そのような変更も従業員教育として捉え、丁寧にフォローアップしている。したがって、フェロー社では、愛媛県庁や松山市役所等の納期よりも納品後の柔軟な対応を重視する公的な取引先が多い。

また、フェロー ICT を卒業したものは、一般企業に就職することを目指す。ただし、卒業生のなかには、障害の特性、年齢制限、IT スキルの不足などで、一般企業に就職できる人とできない人が出てくる。そして、一般企業に就職できない障害者は、単純軽労働が主となる雇用契約を結ぶ A 型事業所や、雇用契約を結ばない B 型事業所に就職することになり、学んだ IT のスキルを活かすことが困難になる。創業者は、そのような卒業生の就労の場を確保

---

(11) 地域情報ポータルサイト「まいぷれ」の詳細は崔（2014）を参照されたい。

するため、2010（平成22）年12月に⑤就労継続支援A型事業所を行うためのフェローJSを立ち上げた。言い換えれば、創業者は、フェロー社のフェローICT事業のIT関連の教育を入口として位置付けるのであれば、就職先としてのフェローJSのA型事業所を出口として準備する必要があると考えたのである。なお、フェロー社とフェローJSの組織を分割した理由は、営利企業がA型事業所を運営することができなかったためである。すなわち、フェロー社は元来、システム会社として設立されたため、創業者は別法人であるNPO法人としてのフェローJSを設立しなければならなかったのである。

　フェローJSは、A型事業所であるため、定年まで勤務することが可能となる。さらに、フェローJSでは、再度、一般企業へとステップアップすることも推奨している。他方で創業者は、就労移行支援を行なう際の2年間という時間的な制約に限界を感じるようになっていた。そのため、創業者は障害を持った子供に早期からITの教育を行なうため、2014（平成26）年に小学生から高校生までを対象にした⑥指定放課後等デイサービス事業を開始している。そして、創業者は、そこで学んだ障害児が一線級のエンジニアへと育つための新しい試みを行なっている。現在では、そのような放課後等デイサービスが口コミで広がり、利用する障害児が60名程度存在する。そして、そこでは、ローマ字打ちの練習や、アプリを使った計算方法の学習等ITの初歩的な使い方を教え、機器に触れて慣れ親しんでもらうことに取組んでいる。ただし、放課後等デイサービスでは、そのようなITスキルの習得だけではなく、学校の宿題などを行なう時間も設けている。さらに、フェローJSを利用する人の年齢や障害はさまざまであり、放課後等デイサービスが社会性を身に付けるコミュニティとして機能している側面もある。

### (4) 事例に関する考察

　以上のフェローシステムのケーススタディから、中小企業が行なうソーシャル・イノベーションに関する3つの特徴を指摘することができる。第1

は、中小企業のソーシャル・イノベーションが危機的な経営状況に直面した際に生じることや、他の経営者との交流のなかから着想を得ていたことである[12]。フェロー社では、創業直後に急激な企業規模の拡大に伴うソフトウェアの品質の低下や納期の遅延に陥り、倒産の危機に瀕した。そして、創業者は、大手企業1社への依存を改めるため、精力的に新規顧客や新事業を開拓した。その過程を経て、創業者は地元の経営者と交流を図るなかから、就労移行支援事業を開始することや就労継続支援A型事業所を開設するに至った。

　第2は、ソーシャル・イノベーションが経営成果と強くリンクしており、企業経営における重要な役割を果たしていることである。フェロー社では、1997(平成9)年からシステム開発、2006(平成18)年からWeb・ECサイトの運営、2009(平成21)年から就労移行支援事業所の開設、2013(平成25)年から地域情報ポータルサイトの運営を開始し、事業領域を徐々に拡張してきた。そのような4つの事業の中でも、比較的遅くに始まった就労移行支援事業の売上に占める割合は、年々上昇している。さらに、就労移行支援事業は、創業時からの主力であるシステム開発事業の需要の不確実性を補っている。したがって、企業の存立維持と関わる中小企業のソーシャル・イノベーションは、大企業が行なうこともある慈善的な事業と異なり、実利に直結するものである。

　第3は、ソーシャル・イノベーションが連鎖的に発生しており、それが経営者の力強い意思によって下支えされていることである。創業者は、経営者仲間が行なう障害者の自立を支援するNPO法人の活動に参加する中でITに可能性を感じ、フェロー社で就労移行支援事業を開始した。また、営利目的のために設立したフェロー社では、就労継続支援A型事業所を開設することが不可能であった。そのため、創業者は自らがNPO法人の理事長に就

---

(12)　なお、ここでの発見は、関(2013)が社会的価値を創出する中小企業の特徴として述べた点とも符合する。

任し、フェロー JS を立ち上げた。このように、創業者は新たな事業を創出するだけでなく、新しい企業形態を模索することまで果敢に行なっている。そのような新たな挑戦の背景には、社会的課題に対する創業者の固い決意を垣間見ることができる。

ただし、中小企業のソーシャル・イノベーションが常に不安定な状態に晒されていることも付記しなければならない。すなわち、フェロー社は、障害者総合支援法に基づいて福祉サービスを行なっている。したがって、フェロー社では、補助金や助成金に依存した企業体質であることが否定できず、それが大幅に改定された場合に事業の継続が危ぶまれる状況に直面する恐れがあるともいえよう。

## 第4節　おわりに

本章では、中小企業が行なうソーシャル・イノベーションの発生プロセスを分析するため、愛媛県松山市に拠点があるフェローグループの事例を検討してきた。そして、そこでは、中小企業におけるソーシャル・イノベーションの発生条件や、経営成果に関するインプリケーションを提示した。高齢者の福祉・環境保護・子育て支援等の現代社会における諸問題は、行政で把握することが困難な多様性や複雑性を孕むものになっている。そのため、従来から地域経済社会のニーズを汲み取って存立してきた中小企業は、それらの問題を解決する主体として改めて注目する必要がある。したがって、中小企業が行なうソーシャル・イノベーションの特徴を丹念に捕捉することは、今日的な社会的課題を解決する糸口に寄与すると考えている。

【参考文献】

足立辰雄（2013）「中小企業における CSR 研究の視角」足立辰雄編著『サステナビリティと中小企業』同友館，pp.3-29．

藤野洋（2012）「中小企業の社会的責任（CSR）に関する調査（概要）」『商工金融』第62巻第8号，pp.22-64．
三井逸友・堀潔（2008）「中小企業の社会的責任と「社会的」企業の課題－時代的背景と欧州における展開状況」『商工金融』第58巻第8号，pp.5-23．
野中郁次郎・廣瀬文乃・平田透（2014）『実践ソーシャルイノベーション　知を価値に変えたコミュニティ・企業・NPO』千倉書房．
商工総合研究所編（2013）『これからのCSRと中小企業―社会的課題への挑戦―』商工総合研究所．
崔英靖（2014）「プラットフォームを利用した地域情報の流通と課題」『日本情報経営学会第69回大会予稿集』pp.135-138．
関智宏（2013）「中小企業の連携による社会的価値の創出―就労困難者の就労支援をケースとして―」足立辰雄編著『サステナビリティと中小企業』同友館，pp.221-234．
谷本寛治（2002）「社会的企業家精神と新しい社会経済システム」下河辺淳監修・根本博編著『ボランタリー経済と企業　日本経済の再生はなるか？』日本評論社，pp.194-240．
谷本寛治編（2006）『ソーシャル・エンタープライズ―社会的企業の台頭』中央経済社．
谷本寛治・大室悦賀・大平修司・土肥将敦・古村公久（2013）『ソーシャル・イノベーションの創出と普及』NTT出版．
寺岡寛（2008）「企業の社会的責任と中小企業経営」『商工金融』第58巻第6号，pp.5-25．

（藤川　健）

# 第7章

# 中小企業の社会的責任によるソーシャル・イノベーション

## 第1節　はじめに

　本章では、企業の社会的責任（以後、「CSR」とする）を軸に中小企業がソーシャル・イノベーションを展開するための論理的説明を与える。中小企業のCSRはその経営との有機的な関連のなかで扱うことが妥当である。中小企業の経営資源が限られているため、過大なCSRの履行要求はコスト増要因としか認識されず、結果としてCSRの実効が忌避されるおそれがあるからである。ここではCSRを経営の1つの機能として扱うのではなく、むしろ存立論（存在論）的に把握し、その規模や地域粘着的な性質から、顧客・業者・社員・地域にとって「なくてはならない企業」になることそれ自体を、中小企業の本質的なCSRと規定する[1]。

　このように中小企業のCSRを捉えることで、経営品質やイノベーションとのつながりを説明できる。昨今のCSRは「社会的課題の解決」をその主要な要素とする傾向にあるが、そのような傾向とあいまって、「なくてはならない企業」になることに向けた、中小企業の横溢する意思は、営利領域（市

---

(1)　久富健治（2015）第4章参照。

場的課題）と非営利領域（社会的課題）との境界（分節）を乗り越え、その革新的な実践は地域社会でソーシャル・イノベーションとして実現される可能性がある。

　社会的課題の発見や解決は、ソーシャル・イノベーションとしてなされる。新自由主義のもとで公的部門は後景に退き、社会的領域に空隙ができ、社会的課題が浮遊化することで、多様な組織、団体が社会的課題について語りうるようになり、社会的課題はヘゲモニー闘争の対象領域となった。企業と市民社会との弁証法的な関係の中で、CSRの言説のなかでソーシャル・イノベーションが主要な位置を占めるようになる。こうした傾向はCSV（共有価値の創造）のような新しい概念を生み出し、それは中小企業にもあてはまる。

　中小企業も資本である以上、ヘゲモニー的性質[2]を兼ね備えていると思われるが、ヘゲモニー性は、規模や地域粘着的な性質から、「なくてはならない企業」として、地域に足場を確保する資本として、地域社会にまなざしを向け、地域社会と向き合う意思や実践としてあらわれてくる。

　本章では、中小企業CSRの本質規定を起点に、中小企業の「経営品質」の向上を媒介として、ソーシャル・イノベーションへと展開される関係について考察する。最後に、中小企業によるソーシャル・イノベーションの行く先に実現するであろう「定常状態」と中小企業との関係に言及する。

---

(2)　ここでいうヘゲモニーとは一方的な「覇権」や「支配」という意味ではなく、社会から広範な同意や承認を獲得し、知的道徳的なリーダーとしての地位を占めていることをいう。地域社会において「なくてはならない企業」になることを目指すことは、中小企業によるヘゲモニー実践といえるし、中小企業CSRの本質規定としての意味もある。

## 第2節　経営品質の解釈論

　ここではまず、経営品質の基本的な意義を確認し、マーケティング起点の経営品質向上に対置して、共同性起点の経営品質向上についての解釈論を提示する。

### (1)「経営品質」とは何か

　「経営品質」(Management Quality) は、1980年代に極端な生産性の低下に見舞われ、国際競争力を急速に弱めた米国産業の再生を企図して生まれた概念である。レーガン政権の商務長官であった Malcolm Baldrige が 1987年に、「マルコム・ボルドリッジ全米品質賞」(The Malcolm Baldrige National Quality Award: MBNQA) を制定し、顧客価値を中心にして経営の品質を評価する取組をはじめた。それは日本のデミング賞のように品質管理を問題にするのではなく、すぐれた製品・サービス品質を生み出す経営の土壌そのものの質を問題にするもので、経営に関わるすべての要素を顧客満足へとつなげる考え方が背景にある。そして、1990年代に米国経済が活況を示す一方で、長期の低迷に見舞われていた日本経済を回復させるために、米国に範をとり経営品質概念が導入されたのである。それが 1995(平成7)年の「日本経営品質賞」(JQA: Japan Quality Award) の制定である[3]。

　寺本義也は、経営品質の特徴として、①独自の経営理念を基盤とする、②全体最適、未来最適を基盤とする、③究極的には経営者の質を問題にする、④社会品質との共進化（co-evolution）の4点をあげており、とりわけ最後の「経営品質は社会品質と共進化する」点を重視しており、企業が社会性を追及することで経営品質も向上するとしている。企業の社会性とは、企業そのものを社会的存在と位置づけたうえで、企業活動＝社会活動ととらえるこ

---

[3]　日本生産性本部（2007）pp.10-17；寺本義也（2006）

とであり、そうであれば企業の利益と社会の利益は究極的には一致していなければならないという[4]。

一方、佐竹隆幸は、経営品質向上のために「顧客価値の創造を経営の基盤にする」こと、すなわち、「顧客価値創造経営」を実現することが重要であると説く。これは顧客の期待水準を満たす「顧客満足」を達成するだけにとどまらず、顧客の期待水準を上昇させながらその期待に応える経営である。これは「顧客に期待水準以上の価値を提供して、満足だけでなく感動までも与えられる企業をめざす」ことでもある[5]。

このような経営を実践できる企業になるには、「どのような顧客の、どのような価値や要求に応えるのか、そのためにどのような製品・サービスを、どのような仕組で届けるのか」という「事業コンセプトの明確化」を行ない、「自社の存在意義を見つめ直し、事業コンセプトを社員と共有し、高い顧客価値を実現できる組織をつくる」ことが必要で、まずは経営体質強化につながるような「経営指針（ビジネスプラン）[6]」をつくることが必要である（それは「経営理念」、「経営方針（戦略）」、「経営計画」から成る）[7]。そして、「顧客」「業界」「社員」「地域」にとって「なくてはならない企業」すなわち「理念型経営企業」へと進化することが目指される。

---

(4) 寺本義也（2006）
(5) 佐竹隆幸（2012）pp.16-17
(6) 佐竹隆幸（2008）p.282
(7) 池本正純は、Kirzner, I. M.によりながら、「市場経済に潜在する不均衡」に対する「洞察力」（alertness）に基づく「ビジネスプラン発案機能」を主要な企業家機能としてあげている。どのインプットとアウトプットとの間に利益機会を見出すか（ビジネスモデルは何か）という課題そのものに、企業家が立ち向かう最も根源的な不確実性が備わっている。企業家には生産関数はおろかビジネスモデルさえ所与ではない。環境の変化に直面してそれを発案したり、修正したり模索し続ける役割を担うのが企業家の本質である（池本（2004）pp.232-233）。また、Barnard, C. I.は、「組織の存続は、それを支配している道徳性の高さに比例する。すなわち、予見、長期目的、高遠な理想ほど協働が持続する基盤なのである」（Bernard（1938）邦訳 p.295）と述べており、直接的にではないが「理念型経営企業」と「経営品質」の関係を伺わせる。

## (2) マーケティング言説と対置する

　経営品質がそもそも顧客価値とその実現に向けた経営の質を問題にするものであることから、顧客満足というものがその主要な要素となることはいうまでもないのだが、まずは顧客満足を起点とする経営品質向上の意味について考えてみたい。

　企業が市場に対して示す考え方や実践、つまり、マーケティング・コンセプトはプロダクト志向、販売志向、顧客志向、そして社会志向へと変遷してきた[8]。そのなかでも特に「顧客志向」について、Skålén, P. らがマーケティング言説（マーケティング的な世界認識や現実構築の様式のこと）にみられる統治性の観点から分析している[9]。

　ここでいう統治性とは、いわゆる抑圧的な権力の行使ではなく、社会や生活のさまざまな制度のうちで権力が行使されることで人々の自己の核心（主体）が形成される社会的な働き（権力の行使）をいう。そのうち、規律・訓練的権力は人々の身体に働きかけ、司祭的権力は人々の内面に働きかけることで、人々を一定の方向に誘導する。

　マーケティングを統治性の観点からみると、顧客満足度測定[10]は従業員の身体に対する規律・訓練的権力の行使となってあらわれる。顧客満足を高めるように従業員の身振りや仕草が規定され標準化される。これはテイラー主義をマーケティングに適用したものであって、顧客志向を起点として従業

---

(8)　和田充夫他（2004）pp.3-7
(9)　Skålén, Fougère and Fellesson（2008）邦訳第3章および pp.268-281
(10)　これは製品・サービスに対して顧客が期待していたことが実際の経験でどれだけ満足できたかを客観的に把握する方法である。顧客満足度は、顧客の要求と期待に応えるために行った活動の評価であり、何を改善しなければならないのかを理解するための重要な情報であって、その目的は、顧客の要求と期待に応えるためのさまざまな活動のどれが一番満足度に大きな影響を与えるのか、そしてそれらの活動にどの程度満足しているのかを把握することにある。また、顧客満足度を左右する日常の業務についてはその都度の評価をすることが重要である（日本生産性本部（2007）pp.115-117 および pp.122-123）。

員の行動を外面的に規制する作用がある。

　一方、司祭的権力については、特にサービス・マーケティングにあてはまるのだが、顧客というものに最高の規範＝神という位置づけが与えられ、サービス・マネージャーは司祭として「羊」である従業員を顧客志向へと誘導する。そこでは顧客に対する忠誠心や共感・懺悔等の感情が醸成される。規律・訓練的権力が従業員を外面的に規制するのに対して、司祭的権力の行使においては内面的な誘導が図られ、そこには従業員の自発的な顧客への従属という特徴を伴っている。

　Skålén, P. らは、マーケティングの持つ統治性については司祭的権力の方を重視している。そもそも古典的な自由主義というものは、国家からの自由、干渉からの自由という具合に、「何々からの自由」という形で定義されていた。そこでは、国家と市民、企業と労働者のように対抗の相で規定される社会関係の存在が前提とされていた。しかし、現代の新自由主義においては、そのような対抗関係は流行らないものとして脇に追いやられ、すべての関係は融和や共感、共生の相のもとで規定されることになる。その意味では、顧客志向という司祭的権力は、新自由主義という思潮と整合するのである。

　彼らの議論は Foucault, M. の統治性論を援用してのマーケティング言説批判としての性格を持つが、これを経営品質の観点からみると次のようになる。すなわち、顧客満足度測定を規律・訓練的権力の行使ととらえれば、それはあくまで外面的規制であるので従業員の自発的・内発的な貢献のインセンティヴに必ずしもなるわけではない。その意味から、特に中小企業にあっては従業員満足を起点とした経営品質向上を図るべきものとなる。

　また、司祭的権力の側面をみれば、さしあたり新自由主義への評価はさておき、従業員による顧客への内発的・自発的関わりが向上するようマネジメントが関わるのは極めて妥当なことのように思われる。

　しかし、顧客ニーズを把握し、顧客満足を高めろといっても従業員がその気にならなければ実現しない。そこで従業員満足の向上ということになる

が、確かに給与や福利厚生等の待遇を改善して従業員満足を高めることも考えられるが、それはインセンティヴを十分に刺激することにはならない。むしろ、「なくてはならない存在」である企業の一員であるとの自覚のほうが、従業員満足向上にプラスの影響を持続的に与えることができるだろうし、そのような自覚と誇りは自ずから顧客満足を高める方向にも作用する。中小企業にあっては、「なくてはならない企業」、つまり理念型経営企業になること自体がCSRと規定でき、CSRのレベルを向上させる取組が、従業員満足（その企業の一員であることの誇り）を向上させ、ひいては顧客満足を向上させることにつながる。

　思うに、経営とは一面からみれば、きわめて言語的な現象である。単に事物を指示するだけではなく、指示することによって現実を構築するという遂行的な性質も言語にはあり、経営の現場ではこのような「指示表出」の働きによる言語活動が日々行われている。

　吉本隆明によれば、言語というものは「指示表出」の働きだけではなく、「自己表出」と呼ぶ、心の内面の潜在空間からの力の表現（「そのまま心のなかからひょいと出てきてしまう表現」）との組合せからできており、「自己表出」という働きは無意識のような心の深層や身体性や情動の深みにつながっているという。そして、指示表出に自己表出が結び付くとき「意味の増殖」が起きるとする[11]。

　このことを言語現象としての経営にあてはめてみれば、例えば、社是・社訓や経営理念等は通常ありふれた日常語から成るが、危機的な局面や成長の機会のおりに、あるいは日常的な経営において、経営者や従業員が、自己の内部で、あるいは組織的に意味を付与（比喩などの言い換えや拡張解釈を含む）していくことで組織を活性化させることがある。言語現象としての経営を考える場合、指示表出のみならず、自己表出の働きにも目配りする必要が

---

(11)　中沢新一編（2014）pp.14-15 および p.34

ある。「なくてはならない企業」になること、という中小企業の本質的な CSR 規定が実際の経営品質向上に結びつくには、「なくてはならない企業」として理想像を対象化・スローガン化する指示表出のみならず、心の深層や情動の深みにつながる自己表出の働きを伴わなければならない。

　このような仕掛けをマネジメントが意図的に作り出すことは難しいかもしれないが、日本企業あるいは日本社会のイエ社会としての共同性の意義を再評価することが有効であろう。「日本の社会システムはイエ意識・イエ社会視点を柱にした協働体的性格を保有し、イエ内部における親和性と階統性とのバランスの中で相互依存関係と支配従属関係を内包しながら成立[12]」しており、このことが日本的経営として発展の原動力となった。組織の維持・発展と個人の帰属意識・自己実現等が一体化した共同性が土台にあってこそ、「なくてはならない企業」にむけた個々人の意欲や貢献が引き出せる。

　現代の司祭的権力としてのマーケティング言説は、内面的な誘導を行使し、従業員による自発的な顧客への従属を引き出すのであるが、果たして「顧客に期待水準以上の価値を提供して、満足だけでなく感動までも与えられる」ことにつながるのだろうか。たしかに司祭的権力としてのマーケティング言説は融和や共感・共生という望ましい価値を伴うのだが、それはあくまで顧客と従業員との従属関係のなかで成り立つものである。そこに「日本型個人主義」が成立するかは疑問である。「日本型個人主義」とは、「各個人相互の義務や相互依存関係を重視し、個人の権利と社会的義務との均衡を計りながら、社会集団内における一定の制約のもとでのみ民主的個人としての主体としての存在を許容していこうとする概念[13]」であり、親和性と階統性をあわせ持つイエ的な共同社会と適合する。このような意味での共同性という土台があってこそ、「なくてはならない企業」になろうとする能動的な意思を伴う「理念型経営」が可能になる。

---

(12)　佐竹隆幸（2008）p.179
(13)　佐竹隆幸（2008）p.179

マーケティング言説の浸透力は大変強く、対外的には社会的課題を企業のマネジメントに接合することに成功したし[14]、対内的にはマネジメントのあらゆる局面にマーケティング的思考・言説が入り込むという結果をもたらした。そのことのもたらす効用については否定するものではないが、「顧客価値創造経営」を実現するには、共同性を基盤にした「なくてはならない企業」になるという、CSRの本質規定に基づく経営品質向上をマーケティング言説に対置しつつ、「イエを背景とした『日本型個人主義』を享受しうる中小企業経営の成長・発展・深化のための存立条件を解明していくこと[15]」が必要と思われる。

## 第3節　CSR、経営品質、ソーシャル・イノベーション

ここでは、「分業」の基本的性質を確認することで経営品質の向上とイノベーションとの密接な関係を指摘し、共同性を基盤にしたCSR実践によって、マーケティング言説とは異なる回路で社会的課題が捕捉され、ソーシャル・イノベーションとして展開されることにつながることを指摘する。

### (1) 経営品質の向上とイノベーション

佐竹隆幸は、経営品質を向上させる方途として、ある種の分業としての「企業間連携・産業集積・産業クラスターの形成」によって、「総合的な経営資源の融合による経営戦略策定」を実行することの重要性を指摘している[16]。「総合的な経営資源の融合」の背景では、社会的分業のなかで異業種・亜業種に属する経営者や従業員が互いに「接触」を保っていることが肝要であるが、この佐竹の所説をより理解するためには、Durkheim, E. の次の指摘か

---

(14) 久富（2015）第6章参照。
(15) 佐竹（2008）p.180
(16) 佐竹（2008）p.217

参考になる。

「各専門的機能の活動では、正常的には、個人がここに狭く閉じ籠ることではなく、個人が隣接的諸機能と絶えず接触を保ち、それらの諸欲求やそれらに起る諸変化等々に、気づくことが必要である[17]」

これは社会的連帯のもととなる分業が正常に機能している状態を記述したものであるが、そこでは「接触」が保たれ、隣接的諸機能ひいては連関する人や組織の「諸欲求やそれらに起る諸変化等々に、気づくこと」が分業を正常に機能させるという。そして、これは分業状態が静態的に正常に機能していることの記述にとどまらない。隣接し関連しているものへの関心や感受性は新しい業務プロセスや製品開発の心的な次元での源になる。「企業間連携・産業集積・産業クラスター」が形成される過程では、人や組織、あるいは物的な生産手段の間につながりを見出し、つながりを維持し、つながりの仕方を組み替える等の知的営為がなされており、経営品質の向上とイノベーションがパラレルに進行する可能性をはらんでいる。

また、Durkheim は次のような指摘もしている。

「ある一科学について少しばかり正確な観念をもつためには、この科学を実践していることが、いわばこれを生活していることが、確かに必要である…中略…この現実の、そして実現されている科学の傍には、なお一部まだ未知のそして研究中の具体的な生きている別の科学がある。すなわち、獲得された諸結果の傍には、言葉では表現されえないほど曖昧な、しかしながら往々学者の全生涯を支配しているほど強力な、憧憬や習慣や本能や欲望や予感が存在している。これらの凡てもなお科学に属している。これは科学の最上のそして重要な部分でもある[18]。」

これは科学における分業、専門化について述べたものである。「獲得された諸結果」とは専門化された領域内における成果のことであるが、その傍ら

---

(17) Durkheim (1893) 邦訳（下），p.224
(18) Durkheim (1893) 邦訳，p.209

には、「言葉では表現されえないほど曖昧な、しかしながら往々学者の全生涯を支配しているほど強力な、憧憬や習慣や本能や欲望や予感が存在」しており、これこそが「科学の最上のそして重要な部分」であるという。この重要な部分とは情動的な知的衝動のようなもので、革新的な学説の心的源泉ともいえるものである。人為的に、あるいは自然発生的に成立した分業状態は当初のままの姿を保つとは限らない。情動的な知的衝動が科学上の発見や学説として発現し、新しい領域が認識・定義され、専門領域が深化するとともに、当初の専門分割の状態が書き換えられることもありうる。そして、産業社会における分業も同様な性質を持つのであって、異業種・亜業種・地域社会に対する関心を失うことなく分業に従事することはそれ自体が知的存在としての活動であり、その傍らには多様なイノベーションとして顕現する可能性を秘めた知的な情動性ともいうべきものが存在するのである。これは先に述べた「自己表出」と同様の範疇にあると考えてよい。

　また、これらはいわゆる「暗黙知」(tacit knowledge) の領域に属するものでもある。暗黙知とはPolanyi, M. によって提唱された知識に関する概念である。佐藤光は、人間活動における「分節されたもの」と「分節されないもの」とのダイナミックな関係という、これまでのPolanyi研究においてあまり注目されてこなかった論点に注意を促しているが[19]、ここでの記述にあてはめてみれば、分業による形式的な専業化という「分節されたもの」（形式知や指示表出の範疇）と、その専業化の傍らに潜む「分節されえないもの」（暗黙知や自己表出の範疇）とのダイナミクスな関係がイノベーションとして顕現することを示唆するものである。

　佐竹のいう、「企業間連携・産業集積・産業クラスターの形成」によって、「総合的な経営資源の融合による経営戦略策定」を実効することは、経営品質の向上とともにイノベーション発現の可能性を孕むのであり、このことを

---

[19]　佐藤光（2010）pp.149-155

理解するには、「分業」というものを動態的に把握する視点が有効である。

## (2) CSV とソーシャル・イノベーション

現代の CSR は、資本の拡張的な接合実践（本質的には何の関係もない要素を言説的に結びつけること）のなかで展開され、公的部門が後景に退いた新自由主義的な雰囲気のなかで、社会的課題（の解決）を接合するところに特徴がある。そして、営利企業のイノベーション機能が社会的課題の解決にむかうとき、ソーシャル・イノベーションとして展開されることはごく自然な成り行きではあって、こうした新しい動向には新しい命名がなされる。それがCSVであって、日本では2014(平成26)年版および2015(平成27)年版『中小企業白書』にかなりの紙面を割いて紹介されている。

「CSV」とは、「Creating Shared Value」の略で、「共有価値の創造」・「共通価値の創造」等と訳される。CSV は、企業の事業を通じて社会的な課題を解決することから生まれる「社会価値」と「企業価値」を両立させようとする経営フレームワークである[20]。やや長くなるが『中小企業白書』から引用する。

「中小企業・小規模事業者の CSV 実践は、中小企業・小規模事業者が地域課題のなかに新しいビジネスの可能性を見付けるところから始まる。地域課題は、日頃から地域に根ざした事業活動を行なう中小企業・小規模事業者が身近に感じることができる課題であり、大企業には捉えることができないニッチなものも多いため、日常の事業活動で構築した『顔の見える信頼関係』をより積極的に活用していくことで、新しいビジネスの可能性はより見えてくると考えられる。地域課題が見付かったならば、次に中小企業・小規模事

---

[20] Porter and Kramer (2006) 邦訳参照。さらにポーターらは、CSV の 3 つのアプローチとして、「製品と市場を見直す」「バリューチェーンの生産性を再定義する」「企業が拠点を置く地域を支援する産業クラスターをつくる」をあげている（Porter and Kramer (2011) 邦訳参照）。

業者が自らの強み・弱みを踏まえたうえで、自らの事業の延長線上で、すなわち事業として取り組めるかどうかを考える。…（中略）…ここで重要なことは、地域課題の解決を1つの目的とするこのビジネスモデルには、大企業はまず参入してこない、参入が困難であるということである。繰り返しになるが、これは、中小企業・小規模事業者が長年地域で培ってきた人間関係、『顔の見える信頼関係』に基づくビジネスモデルであるからである。このビジネスモデルは、その地域に人々が住み続けていれば、小さくとも必ず成り立つビジネスモデルであり、それがゆえに中小企業・小規模事業者の『生きる道』につながる[21]。」

　社会的課題（『中小企業白書』では「地域課題」と表記）のなかに新しいビジネスの可能性を見つけることが必要なのはいうまでもない。大企業にはとらえることも参入することも難しいニッチが存在しているのも間違いないだろうが、日常性のなかに埋没することで、そこはかとなく何かを感じつつも、ビジネスチャンスとして課題を括り出す（分節する）ことはかえって難しいかもしれない。

　Polanyi, M. は（あるいは Durkheim, E. は）、暗黙知（あるいは分業の傍らに潜む知的な情動性）がすべての知の源泉であることを主張した。そのようなイノベーションを生み出すような暗黙知を得るには、われわれの身体が状況に全人格的に関わること、責任を負いながらコミットすること（「掛かり合い」、あるいは「いわばこれを生活していること」）が必要である[22]。その際、日常に埋没することなく、周囲の世界を対象化し、そこから課題を分節できるような、ある種の感受性やエートスのようなものが経営者や従業員に備わっていないと難しいであろう。

　中小企業のCSRの本質としての、「なくてはならない企業」になろうとす

---

(21)　中小企業庁（2015）p.447
(22)　野中郁次郎ら（2014）p.269；Polanyi（1966）邦訳, p.143 および Durkheim（1893）邦訳, p.209

る能動的な意思は、地域社会の多様な課題への感受性を高めるし、解決に向けた意欲としてあらわれ、ソーシャル・イノベーションが発現する契機にもなるだろう。たしかにビジネスチャンスを増やし利益を最大化しようとする欲望が社会的課題の探索に向けられれば、ソーシャル・イノベーションにつながる可能性はあるだろう。しかし、そのような利益獲得に向けた意思が組織全体に共有される保証はない。むしろ、共同性を基盤とした「なくてはならない企業」になろうとする意思のほうが、経営組織や個人の多様な次元で共有されやすいかもしれない。そのような存在意義に関わる理念を意識的に設定することで、自己が棲む日常性の世界を対象化することができる。そのなかから「課題」を発見することも可能になるだろう。

また、このこと自体、マーケティング言説のそれとは異なる回路を持った資本のヘゲモニー実践ともいえる。中小企業も資本である以上、ある種のヘゲモニー獲得に向けた意思の存在を想定できるのだが、その社会的位置づけは「理念型経営企業」としてあらわれてくる。つまり、ヘゲモニー実践として「なくてはならない企業」になることが、中小企業にとってはCSR実践であり、経営品質を向上させる契機になる。営利性と社会性との分節が意味をなさなくなった状況では、中小企業の横溢する意思がソーシャル・イノベーションを志向するのはごく自然な流れである。

### (3) 社会的課題への感受性―経営者資質としての「詩人性」―

ソーシャル・イノベーションを展開するには、社会的課題を発見し、その解決に向けた適切なビジネスプランを構築する能力が求められる。経営品質の向上やソーシャル・イノベーションを可能にする経営者資質の一側面について指摘しておきたい。

西岡正は、持続的に新たな顧客価値を生み出す広義のイノベーションを実効するための能力の1つとして、「外部環境の変化を適切に認知すること」をあげている[23]。「認知」にも多様な意義があるが、ここでは外部環境の変

化やあり様に対する感受性と解しておく。

　また、吉本隆明は Heidegger, M. を引用しつつ、人間の現存在は詩人的であることを指摘している。中沢新一はこの吉本の所説を解釈するなかで、人間の脳＝心にはたえまない意味の増殖が起きることを、「意味の生起」と「喩」（ゆ）の過程の結合から論じている。潜在空間（意識）から立ちあがってくる「意味の胚」を「喩」（互いに似ている事物を同じものとしてまとめる能力）が組織すると、違うもの同士の間に喩としての連結が形成され、連結によって新しい意味が発生するようになるという[24]。

　中沢新一は意味の増殖機能を持つ人間の脳＝心の「詩人性」から経済的な交換現象の解明を行っているが、このような「詩人性」は経営現象にも見いだせるものである。佐竹（2012）にはそのことを示唆する事例が紹介されており、そこではタクシー会社の経営者が、「ありもの」をタクシーという機能で「つなぐ」、「観光」と「福祉」を結びつける、街にあるありふれたものから「土産ものの名物」を考案するといった具合に、新規事業の立ち上げや地域活性化に尽力する様子が示されている[25]。個別企業のイノベーションであれ、ソーシャル・イノベーションであれ、現象と現象とを結びつけたり、ありふれた現象のなかから別の現象を分節したりする知的作業が行なわれるが、それを可能にする資質が、外部環境に対する感受性であり、経営者の詩人的ともいえる言語感覚であって、ソーシャル・イノベーションを発現するための多様な能力を支えることになる。こうした詩人性を発揮するには、メタファーの働き、すなわち、ある領域のある観念を別の領域の観念によって表現する能力が不可欠である[26]。

---

(23)　西岡正（2013）pp.177-178
(24)　中沢新一編（2014）pp.346-350
(25)　佐竹隆幸（2012）pp.61-81
(26)　近年は、メタファーの機能から経済現象を読み解くもの（Klamer（2007）邦訳, pp.248-262）や、組織論への応用研究が見られる（Grant, Hardy, Oswick and Putnum（2004）邦訳, 第4章参照）。

阿部公彦は、何かの存在を認め、その対象が気になり、それを名付けようとする、状況への構えのようなものが詩的思考の特徴の1つであって、その意味では詩的思考はなんら特殊な才能ではなく誰にでも備わるものであるとしている[27]。「なくてはならない企業」として存立し、地域社会の維持・発展に対して、使命感や責任を伴いつつコミットすることで（Polanyi, P. によれば、それは暗黙知を得る条件である）、そうした誰にでも備わる詩的思考が中小企業の経営者資質として発現されるのであろう。

## 第4節　むすびにかえて―ソーシャル・イノベーションの向こう側―

　中小企業が、存立する地域社会でソーシャル・イノベーションを展開していく先には、どのような社会の状態が想定できるだろうか。本章の最後にこの点について示唆しておきたい。それが「定常状態」（stationary state）であって、持続可能な社会の1つの理想像である。「定常状態」とは、もともと Mill, J. S. が『経済学原理』で示した発展した経済の最終形態であり[28]、宇沢弘文は次のような説明を与えている。

　「Mill, J. S. のいう stationary state とは、マクロ経済的にみたとき、すべての変数は一定で、時間を通じて不変に保たれるが、ひとたび社会のなかに入ってみたとき、そこには、華やかな人間的活動が展開され、Smith, A. の『道徳感情論』に描かれているような人間的な営みが繰り広げられている。新しい製品がつぎからつぎに創り出され、文化的活動が活発に行われながら、すべての市民の人間的尊厳が保たれ、その魂の自立が保たれ、市民的権利が最大限に保証されているような社会が持続的（sustainable）に維持されている[29]。」

---

(27)　阿部公彦（2014）参照
(28)　Mill（1871）邦訳, pp.101-111
(29)　宇沢弘文（2015）p.8

これはマクロ経済についての記述だが、地域社会にも当てはまる。定常状態においては、成長一辺倒の資本の拡大行動は抑制されながらも、イノベーションは継続する。イノベーション自体がきわめて人間的な営為だからである[30]。その方向性が個別企業の枠を超えて、文化的活動の活性化や市民的権利の尊重に向けられれば、ソーシャル・イノベーションということになる。

また、黒瀬直宏は、「独占資本主義への移行により、商品交換が生み出す商品・貨幣物神の支配力はさらに高まり、人々の相互無関心化・相互手段化は一層進行した」との認識のもと、「中小企業は、限界はあるものの、これに対抗する機能を持って」おり、それが「中小企業による市場経済の民主化」であると指摘している。市場経済の民主化とは「多数者が主人公になる経済（経済力が分散している経済）」をいう[31]。この記述も定常状態と通底するものがある。定常状態においては、中小企業による市場経済の民主化がなされ、それは成長一辺倒の規模拡大的な資本運動や、物神性が作り出す人々の相互無関心化・相互手段化に対するカウンターパートになりうるし、結果として市民的権利も最大限尊重されることになる。

中小企業が、地域社会に「なくてはならない企業」として、自己の事業基盤の維持・強化を図りつつ、地域社会の課題解決に向けたソーシャル・イノベーションを自覚的に展開することは、定常状態の実現にもつながるのである。

**【参考文献】**

阿部公彦（2014）『詩的思考のめざめ　心と言葉にほんとうは起きていること』東京大学出版会.

---

(30) 村本孜は、中小企業を大企業との比較ではなく、人間そのものを基準としてそれに最も近い事業のあり方と把握し、イノベーションを生み出す個人の感性や創造力は、小規模企業の人間サイズ的な性質に由来するものとしている（村本, 2013, p.37）。

(31) 黒瀬直宏他（2014）p.40

Barnard, C. I. (1938) *The Functions of the Executive,* Harvard University Press.（山本安次郎・田杉競・飯野春樹訳（1958）『経営者の役割』ダイヤモンド社）

中小企業庁（2014）『中小企業白書 2014 年版』日経印刷．

Durkheim, E. (1893) *De la division du travail social,* Alcan.（井伊玄太郎訳（1989）『社会分業論』講談社学術文庫）

Grant, D., C. Hardy, C, Oswick and L. Putnam (2004) *The SAGE Handbook of Organizational Discourse",* SAGE Publications of London.（高橋正泰・清宮徹監訳（2012）『ハンドブック　組織ディスコース研究』同文舘）

久富健治（2015）『現代資本と中小企業の存立―CSR、経営品質、ソーシャル・イノベーション―』同友館．

池本正純（2004）『企業家とは何か　市場経済と企業家機能』八千代出版．

Klamer, Arjo (2007) *Speaking of Economics: How to get in the conversation,* Routledge, London and New York.（後藤和子・中谷武雄監訳（2010）『経済学は会話である　科学哲学・レトリック・ポストモダン』日本経済評論社）

黒瀬直宏・上原聡編著（2014）『中小企業が市場社会を変える～中小企業研究の社会論的転回～』同友館．

Mill, J. S. (1871) *Principles of Political Economy with some of their Applications to Social Philosophy,* London: John W. Parker, West Strand.（末永茂喜訳（1960）『経済学原理』（四）岩波文庫）

村本孜（2013）「中小企業憲章の制定とその意義　中小企業政策のイノベーション」成城大学経済研究所研究報告、No.65．

中沢新一編著（2014）『吉本隆明の経済学』筑摩書房．

西岡正（2013）『ものつくり中小企業の組織デザイン　サプライヤー・システム、産業集積、顧客価値』同友館．

日本生産性本部（2007）『決定版　日本経営品質賞とは何か』生産性出版。

野中郁次郎・廣瀬文乃・平田透（2014）『実践ソーシャル・イノベーション　知を価値に変えたコミュニティ・企業・NPO』千倉書房．

Polanyi, M. (1966) The Tacit Dimensions, The University of Chicago Press Books.（高橋勇夫訳（2003）『暗黙知の次元』ちくま学芸文庫）

Porter, M. E. and M. R. Kramer (2006) "Strategy and Society: the Link between Competitive Advantage and Corporate Social Responsibility." *Harvard Business Review,* December: pp.78-92.（ダイヤモンド社編集部訳（2008）「競争優位の CSR 戦略」

『DIAMOND ハーバード・ビジネス・レビュー』2008 年 11 月号、ダイヤモンド社）

Porter, M. E. and M. R. Kramer (2011) "Creating Shared Value: How to Reinvent Capitalism-and Unleash a Wave of Innovation and Growth," *Harvard Business Review,* Jan-Feb, Reprint R1101C: pp.2-17.（ダイヤモンド社編集部訳（2011）「共通価値の戦略」『DIAMOND ハーバード・ビジネス・レビュー』2011 年 6 月号、ダイヤモンド社）

佐竹隆幸（2008）『中小企業存立論経営の課題と政策の行方』ミネルヴァ書房.

佐竹隆幸（2012）『「地」的経営のすすめ』神戸新聞総合出版センター.

佐藤光（2010）『マイケル・ポランニー「暗黙知」と自由の哲学』講談社選書メチエ.

Skålén, P., Fougère, M. and Fellesson, M. (2008) *Marketing Discourse-A critical respective,* Routledge.（折笠和文訳（2010）『マーケティング・ディスコース　批判的視点から』学文社）

寺本義也（2006）「わが国における経営品質研究の課題と展望」日本経営品質学会誌オンライン Vol.1 No.1、pp.11-18.

宇沢弘文（2015）『宇沢弘文の経済学　社会的共通資本の論理』日本経済新聞社.

和田充夫・恩蔵直人・三浦俊彦（2004）『マーケティング戦略　新版』有斐閣.

（久富　健治）

# 第8章 東日本大震災被災中小企業の復興とソーシャル・イノベーション
―宮城県南三陸町の事例から―

## 第1節　はじめに

(1) 過去の自然災害における被災中小企業への支援のあり方

　日本は世界有数の災害大国である。特に、1995(平成7)年の阪神・淡路大震災以降、ほぼ毎年のように地震災害や風水害が発生しており、2011(平成23)年の東日本大震災では、死者15,893名（災害関連死を除く）、行方不明者2,556名もの犠牲者が出た[1]。その経済被害額は16兆円9千億円に達すると言われている[2]。

　これら災害の度に被災者への支援のあり方が問題となる。特に住宅やビジネスなど、私有財産の形成に資するとされるものに対する公的支援には限度があるとされてきた。これまで、国は基本的には、「自然災害により個人が被害を受けた場合には、自助努力による回復が原則である。[3]」「私有財産制のもとでは、個人の財産が自由かつ排他的に処分し得るかわりに、個人の財

---

(1) 警察庁調査（2016年12月10日付）による。
(2) 内閣府（2012）「東日本大震災における被害額の推計」による。
(3) 衆議院（1995a）「第132回国会衆議院会議録第10号」p.7、衆議院（1995b）「第132回国会衆議院会議録第27号」p.12.

産は個人の責任のもとに維持することが原則になっている[4]」というスタンスを堅持し、「税金は義援金とは異なって、国民から強制的に巻き上げたものであるから、被災者に配分するには、(社会の公益に資するなど)それなりに合理的な理由がつかなければならない[5]」「ただし、その被害が社会的に大きな影響をもたらす場合などに限って低利な資金の融資や税の減免措置といった間接的支援が行われる[6]」とされてきた。

　本章では、被災者の私有財産形成につながりうる現金給付や補助を「直接的支援」、それ以外の支援を「間接的支援」と呼ぶが[7]、自力再建を基本にしたままで、現実に被災地の生活や経済の再建がどれだけ進むかは疑問である。住宅再建に関しては、阪神・淡路大震災後の1998(平成10)年に被災者生活再建支援法が成立し、その後2度の改定を経て、全壊家屋に対し最大で300万円が支給されるようになった[7]。東日本大震災では、これに地方自治体が設置した復興基金や市民からの義援金などを加えた支援が展開されている。

　一方、被災した中小企業への再建についても、低利の利子、税の減免、保証金の担保を中心とした間接的支援が主に復興基金を使い実施されてきた。特に、能登半島地震被災中小企業復興支援基金や新潟県中越沖地震被災中小企業復興支援基金では、企業に対する直接的支援が実施されたが[8]、被災規模からして支援対象は限定的なものであった。

### (2) 東日本大震災後の新たな展開

　これに対し、東日本大震災では、公的支援を活用した直接的支援にかかる制度が誕生した。その1つに中小企業庁の「中小企業等グループ施設等復旧

---

(4) 参議院 (1995)「第134回国会参議院会議録第3号」pp.12-13.
(5) 阿部泰隆 (1995)、pp.78-89.
(6) 生田長人「被災者・被災地に対する再建支援の法制度」東北大学法学部ホームページ、http://www.law.tohoku.ac.jp/~ikuta/data/1.pdf (2015年12月5日閲覧)
(7) 青田良介 (2011a)、pp.141-151.
(8) 青田良介 (2001b)、pp.87-117.

整備補助事業（略称：グループ補助金）」がある。これにより、復興のリード役となり得る「地域経済の中核」を形成する中小企業等グループが復興事業計画を作成し、地域経済・雇用に重要な役割を果たすものとして県から認定を受けた場合に、施設・設備の復旧・整備に対して国が1/2、県が1/4を補助してくれる。北海道・青森県・岩手県・宮城県・福島県・茨城県・栃木県・千葉県が対象で、中小企業等グループが次のいずれかの機能を有する場合が補助対象となる。

① 基幹産業型：経済取引の広がりから、地域の基幹産業・クラスターとなっているもの。
② 経済・雇用効果大型：経済規模の大きさから重要な企業群となっているもの。
③ サプライチェーン型：日本経済のサプライチェーン上、重要な企業群となっているもの。
④ 商店街型：地域コミュニティに不可欠な商店街となっているもの。

2011（平成23）年6月23日に第1回目の支給が始まって以来、2016（平成28）年8月31日の段階で、支給対象は674グループ（11,122事業者）、補助額は4,889億円であり、1グループあたりの平均補助額は725億円、1社あたりでは4,400万円となる。被災したビジネスの回復に関し、公的支援のあり方が変わりつつある[9]。

一方、東日本大震災では、新たに民間による事業者支援が登場した。その取組の1つにクラウドファンディングがある。これは、インターネットを介して、不特定多数の人が支援を求める被災事業者の情報を入手し、応援のための資金をネットで送金できる仕組である。その中で、本章では、ミュージッ

---

(9) 復興庁（2016）「（参考）復興の取組と関連諸制度」、p.19.

クセキュリティーズ株式会社が創設した東日本大震災被災地の事業者を応援するファンドに着目した。マイクロ投資という手法を用い、出資を通して被災事業者と支援者を契約という形態で繋ぐことで、寄付金のような一過性に終わらない長期的な支援の仕組を形成している。その実例として、このファンドの支援を受けた宮城県南三陸町の「(有)橋本水産食品」の被災から現在に至るまでの軌跡を中心に分析した。地域における被災中小企業の役割を認識するとともに、こうした再建支援が社会全体のイノベーションにどう関わるのか、その意義について考察する。

## 第2節　ミュージックセキュリティーズ株式会社の東日本大震災被災事業者応援ファンドについて

### (1) ミュージックセキュリティーズ社が取り扱う「マイクロ投資」

　本章では、市民によるクラウドファンディングを介した支援として、ミュージックセキュリティーズ株式会社（以下、「MS社」）による「セキュリテ被災地応援ファンド」を取り上げる。MS社はミュージシャンの音楽制作のための費用をファンからの小口投資を集めることを目的に、2,000(平成12)年に創業した。以後、音楽関係に留まることなく、日本酒、林業、飲食店、タオル等全国の地場産業、中小企業事業者への支援のほか、海外の貧困削減のためのマイクロファイナンス等も手掛ける。地方自治体と連携し地域再生にも一役買っている。兵庫県の「ひょうごふるさと応援・成長支援事業（キラリひょうごプロジェクト）」では、県内の事業者が地域資源をブランド化した事業を拡大するにあたって、クラウドファンディングを活用するが、MS社がその投資にかかる運用を担っている。これらも含めた2015(平成27)年12月1日現在のMS社のファンド実績は、募集総額が6,431,778,738円、事業者数371社、ファンド数582本、償還済みファンド数153本である[10]。

---

(10)　ミュージックセキュリティーズ株式会社ホームページ、http://www.securite.jp/
　　　(2016年12月23日閲覧)

図表8-1　マイクロ投資にかかる費用

| | 内　容 | 経　費 |
|---|---|---|
| ①ファンド組成費用 | 審査、契約費用 | 40万円〜、ファンド募集額の5% |
| ②ファンド運営費用 | 運営期間中の出資者への営業報告等の情報発信 | ファンド調達金額の2%／年 |
| ③ウェブ制作・PR費用 | 募集用ページやリリースの作成、メルマガ配信 | 40万円〜、ファンド募集額の5% |
| ④ファンド監査費用 | ファンド対象事業の監査、投資家への明細書交付 | 10万円／年 |

（出所）　筆者作成

　マイクロ投資は個人が小口で企業や事業に投資できる手法で、金融商品取引法に準拠し、投資家は「匿名組合員」として事業者の営業のために出資し、営業より生じる利益の分配を受ける契約形態となっている。事業者は匿名組合員から集めた財産を運用して利益をあげ、これを投資家に分配する。MS社の場合、投資期間は3か月から10年までで、事業者は事業単位で資金調達ができ、事業資金として原価、販管費、設備等に活用できる。

　そして、投資対象事業の売上が投資家への分配原資となり、投資時に決める割合とタイミングで、投資家へ分配される。MS社では、通常、マイクロ投資にかかる費用として、事業者から①ファンド組成費用、②ファンド運営費用、③ウェブ制作・PR費用、④ファンド監査費用、⑤成功報酬を徴収する（具体の徴収額を図表8-1にまとめた（成功報酬は非公表））。

## (2) 東日本大震災の被災事業者の再建を応援するファンドの設立

　MS社ではこの仕組を発展させて、2011(平成23)年4月に東日本大震災被災地の中小零細企業の支援のために「セキュリテ被災地応援ファンド（以下、「応援ファンド」という）」を立ち上げた。当初は義援金により被災地支援を実施していたが、宮城県を拠点とする「ファイブブリッジ」という被災地の

NPO から MS 社のファンドのような仕組があればとの声が出たのを汲み取り、本業を通じて被災した事業者を市民からの出資で応援する仕組を作った。出資金と寄付金を組み入れたユニークなもので、一口1万円（出資金5,000円＋寄付金5,000円）で手数料として500円だけ徴収する。被災地支援の色合いが濃いことから、通常の手数料を徴収しないが、マイクロ投資の取組を広く社会に認知してもらううえで効果があったと考えられる。出資期間は最長10年間とした。出資先として、「ファイブブリッジ」のメンバーのネットワークを活用し、宮城県気仙沼市を拠点とする6事業者への支援からスタートした。最終的に対象事業者は38社で39ファンドが作られた（2ファンドを設けた事業者が1社ある）。2015（平成27）年11月に全ての募集を終了した。

　MS 社では事業者を選定するにあたって、事業面の可能性や出資者との共感性等の観点から審査した。信頼できる方からの紹介があること、事業者側に再建ニーズがあること、被害が甚大であること、地元の人が応援したい、なくしたくない事業者であること等が考慮された。採択後は、送金前に請求書・見積書を取り、計画に則って執行されるかをチェックする。公的事業のように完成を確認したうえで送金するものではないので、事業者は金融機関からのつなぎ融資を憂うる必要がなかった。

### (3) 応援ファンドの実績と支援の対象となった事業者の様相

　応援ファンドのこれまでの実績を図表 8-2 にまとめた（2013年4月20日現在）。対象となる企業は38社39ファンドで募集総額 1,139,040,000 円に対し、1,096,490,000 円が集まった。1社あたり平均 28,855,000 円調達できたことになる。投資に参加した人数は 29,282 人なので、一人あたり平均で 37,446 円（4口近く）投資した計算になる。

　本章では、応援ファンドのホームページで紹介された各事業者の状況をもとに、対象となった事業者38社について、「①ファンド名（事業者名、住所

図表8-2　セキュリテ被災地応援ファンドの実績

| a）募集総額 | 1,139,040,000 円 | i）企業の主な業種 | 水産加工、食品製造、飲食店、冷凍・冷蔵、農園、野菜栽培、酒造、日本茶、花壇苗、塗料　等 |
|---|---|---|---|
| b）調達金額 | 1,096,490,000 円 | | |
| c）参加人数 | 29,282 人 | | |
| d）1人あたり出資額(b/c) | 37,446 円 | j）ファンド使途 | 工場施設・設備・備品、製品原材料、店舗、整地、通販　等 |
| e）対象企業 | 38 社 | | |
| f）1社あたりへの平均出資額（b/e） | 28,855,000 円 | | |

（出所）筆者作成

地）」「②被災前月平均売上高」「③被害状況」「④募集総額、出資者数、平均出資額」「⑤会計期間」「⑥再建計画」「⑦資金用途」「⑧出資者特典」を図表8-3にまとめた上で、その特色を以下のように分析した。

①業種・住所

MS社によれば、漁業・水産加工が18社、農林・畜産・林業が2社、酒造が4社、食品製造・酒造が8社、飲食店が3社、ファッション・工芸が1社、造船が2社で、大半を漁業・水産加工が占める。住所地も多くが沿岸部で、津波による被害の特徴が現れたものといえる。

②被災前の売上高と資本金

月額の売上高は458千円～77,357千円（震災後に設立した事業者は含まれない）で、平均すると8,150千円、年額では97,800千円で、中小規模となっている。家族経営によるものが多い。

③被害状況

ほとんどの事業所が、店舗、工場、事務所棟の全てまたは一部を津波で流失、または地震で全壊となっている。加えて、船、自動車、設備、機械、原材料等までを失うなど、文字通りゼロからのスタートとなったことがわかる。

図表 8-3

| 主な業種 | ①ファンド名<br>(事業者名、住所地) | ②被災前月<br>平均売上高 | ③被害状況 | ④募集総額、出資者数、平均出資額 |
|---|---|---|---|---|
| 漁業、水産加工等<br>(18社) | 歌津小太郎こぶ巻ファンド(㈲橋本水産食品、宮城県南三陸町) | 8,868 千円 | 工場、自宅、事務所、倉庫、車両全壊、流出等 | 42,400 千円、<br>825 人、57 千円 |
| | 津田鮮魚店ファンド(㈱石巻津田水産、宮城県石巻市) | 1,993 千円 | 店舗全壊(機材、設備破壊) | 15,000 千円、<br>551 人、27 千円 |
| | 石渡商品ふかひれファンド(㈱石渡商品、宮城県気仙沼市) | 41,197 千円 | 工場、事務所全壊 | 100,000 千円、<br>2,532 人、39 千円 |
| | 斉吉商店ファンド(㈱斉吉商店、宮城県気仙沼市) | 13,000 千円 | 工場、直売店全壊 | 100,000 千円、<br>400 人、250 千円 |
| | 山内鮮魚店ファンド(㈱ヤマウチ、宮城県南三陸町) | 35,637 千円 | 本店、支店、IT事業部、自社工場、従業員住宅全壊 | 50,000 千円、<br>1,398 人、36 千円 |
| | タツミ食品わかめファンド(㈲タツミ食品、宮城県石巻市) | 3,644 千円 | 加工場、養殖棚、船、リフト、車全壊、直売所閉鎖 | 10,000 千円、<br>422 人、238 千円 |
| | 星のり店ファンド(星のり店、宮城県七ヶ浜町) | 2,664 千円 | のり棚全滅、作業所、船流出、海苔全自動乾燥機半壊 | 15,600 千円、<br>577 人、27 千円 |
| | 南三陸マルセン食品ファンド(㈱マルセン食品、宮城県南三陸町) | 15,811 千円 | 工場、店舗、倉庫、冷凍庫、自宅、車両全壊・流出 | 20,000 千円、<br>608 人、33 千円 |
| | のり工房矢本ファンド(のり工房矢本、宮城県東松島市) | 617 千円 | 自宅、工場、機械、船流失 | 8,000 千円、<br>227 人、35 千円 |
| | 盛屋水産つなぎ牡蠣ファンド(㈲盛屋水産、宮城県気仙沼市) | 1,693 千円 | 加工場、養殖筏、養殖用機械、用具等全壊、流出 | 10,000 千円、<br>344 人、29 千円 |
| | 鵜の助4人の漁師ファンド(㈱鵜の助、宮城県石巻市) | 0円(震災後会社設立) | 家屋、作業小屋、養殖施設、漁具、船等流失 | 40,000 円、837 人、48 千円 |
| | 木村水産めかぶファンド(㈱木村水産、宮城県石巻市) | 8,954 千円 | ポンプ、排水管全壊、あわび、めかぶ全滅 | 20,000 千円、<br>612 人、33 千円 |
| | 南三陸伊藤サケファンド(伊藤㈱、宮城県南三陸町) | 52,583 千円 | 加工場、冷凍・製氷・排水処理施設、店舗、自宅等流失 | 30,000 千円、<br>762 人、39 千円 |

## 応援ファンド事業者の状況

| ⑤会計期間 | ⑥再建計画 | ⑦資金用途 | ⑧出資者特典 |
|---|---|---|---|
| 2013/6/1〜2022/5/31（9年＝108か月） | 海藻類入荷⇒生産施設建設⇒生鮮加工品販売⇒直売所開設⇒ギフト販売開始 | 工場建設、設備（冷凍・冷蔵庫、給排水等）、原材料、車両 | さんま昆布巻等 |
| 営業開始日から7年3か月（87か月） | 仮店舗営業⇒本店舗開設⇒海鮮居酒屋、イタリア料理店開業 | 内装、店舗・加工設備、車両購入・修繕等、仕入・運転資金 | お買物券、特別ツアー等 |
| 営業開始日から7年4か月（88か月） | 旧倉庫で一部製造開始⇒新工場で一部操業開始⇒新工場フル稼働 | 設備（冷凍庫、圧力容器、ボイラー等）、工場建物建設一部 | ふかひれスープ、新工場見学会 |
| 営業開始日から5年8か月（68カ月） | 廻船業撤退、新工場建設⇒自社ブランド商品⇒飲食店開店 | 設備（スチームコンベンション、調理台等） | 金のさんま、飲食店開店パーティー |
| 営業開始日から8年（96か月） | 製氷工場、冷凍工場建設⇒仮設店舗⇒新工場建設、鮮魚加工販売⇒飲食店開店 | 設備（焼魚加工ライン、ガスバーナー、スチームコンベクション等） | いくら醤油漬け、いかの塩辛等 |
| 営業開始日から10年（120か月） | 対面販売再開、海浜整備⇒養殖事業再開⇒新加工場整備⇒生産工場、直販開始 | わかめ・昆布加工場建設、設備（ボイル釜、ステンレス製塩からみ機械）等 | 生わかめ |
| 営業開始日から7年4か月（88か月） | のり養殖開始⇒のり販売開始⇒のり生産規模拡大 | 錨、ロープ、綱、浮き玉、海水ポンプ、中古中型船、種付用小型船等 | 日本一うまいおにぎりセット等 |
| 営業開始日から10年（120か月） | 仮設住宅巡回⇒かまぼこ仮出荷⇒加工場鮮魚出荷施設、仮設店舗営業等 | 店舗、什器、加工工場兼鮮魚出荷施設設備、原材料・商品仕入れの一部 | 自家製揚げ蒲鉾、南三陸産煮たこ等 |
| 営業開始日から9年（108か月） | のり販売⇒加工販売⇒委託加工品販売⇒仮設工場⇒本格的な加工販売 | 塩のり加工機械、包装シーラー、電気工事、加工機械設備等 | おすすめセット、塩のり、焼きのり |
| 2012/2/1〜2012/3/31（9年＝108か月） | 同業者で養殖再開⇒体験ツアー、レストラン開設、通信販売⇒牡蠣出荷、加工品販売 | レストラン修繕、給排水設備、厨房設備、食器・調理器具購入、潜望鏡製造 | 牡蠣、水揚げ体験等 |
| 2013/3/1〜2021/2/28（8年＝96か月） | 会社設立、最低限設備、施設整備⇒株式会社化、ブランド販売⇒施設設備拡充 | 加工場建物建設、養殖棚、整地（作業場、加工場）、冷蔵庫等 | わかめ、昆布、海藻セット |
| 2012/3/1〜2022/2/28（10年＝120か月） | 機材修繕等最低限復旧⇒めかぶ加工販売⇒うに加工販売⇒あわび買付 | めかぶ等購入 | めかぶセット等 |
| 営業開始日から8年10か月（106か月） | 最低限の設備（水産加工品、鮮魚出荷）⇒卸販売 | 水産加工製造・鮮魚出荷、工場の設備 | 視察ツアー、秋鮭と生筋子セット |

| 主な業種 | ①ファンド名（事業者名、住所地） | ②被災前月平均売上高 | ③被害状況 | ④募集総額、出資者数、平均出資額 |
|---|---|---|---|---|
| 漁業、水産加工等（続き） | とらやのたらこ・明太子ファンド(㈱東北とらやフーズ、宮城県石巻市) | 0円（震災後設立） | 妻が経営する工場、店舗、事務所流失 | 24,000千円、421人、57千円 |
| | マルトヨ食品さんまファンド(マルトヨ食品㈱、宮城県気仙沼市) | 10,267千円 | 事務所、加工施設全壊 | 20,000千円、531人、38千円 |
| | 北海道網元浜中丸ファンド(㈱ヤマジュウ、北海道浜中町・釧路市) | 6,054千円 | 工場浸水、加工・電気設備全壊、在庫商品・原料等全滅 | 61,050千円、837人、73千円 |
| | 三陸オーシャンほやファンド(㈱三陸オーシャン、宮城県仙台市) | 2,016千円 | 原材料、製品、製造機器等流出 | 10,000千円、337人、30千円 |
| | 三陸とれたて市場ファンド(㈲三陸とれたて市場、岩手県大船渡市) | 3,405千円 | 店舗、社屋、事務所、資材流失 | 25,000千円、619人、40千円 |
| 農林・畜産・林業（2社） | ドラゴンフラワーズ花の苗ファンド(ドラゴンフラワーズ、宮城県岩沼市) | 458千円 | 営農施設流出 | 5,000千円、219人、23千円 |
| | さんいちファーム野菜ファンド(㈱さんいちファーム、宮城県仙台市) | 0円（震災後設立） | 農地被害、自宅・農業設備・農機具等流失 | 40,000千円、1,241人、22千円 |
| 酒造（4社） | 喜久盛酒造仕込み蔵移転ファンド(㈱喜久盛酒造、岩手県北上市) | （データなし） | 酒蔵半壊、醸造機器損壊 | 13,000千円、395人、33千円 |
| | 大木代吉本店自然郷再生ファンド((合)大木代吉本店、福島県矢吹町) | 22,508千円 | 酒蔵全壊、貯蔵タンク、機械設備損傷 | 60,000千円、542人、111千円 |
| | 寒梅酒造宮寒梅ファンド((合)寒梅酒造、宮城県大崎市) | 5,693千円 | 醸造蔵（仕込み蔵・酒母室・分析室等）倒壊、清酒破損 | 20,000千円、535人、37千円 |
| | 菱屋酒造ファンド(㈱菱谷酒造、岩手県宮古市) | 6,260千円 | 会社1階全滅、母屋、米処理工場、詰場流出 | 40,000千円、844人、47千円 |
| 食品製造・酒（8社） | 八木澤商店ファンド(㈱八木澤商店、岩手県陸前高田市・一関市) | 12,250千円 | 工場、直売店の全壊 | 50,000千円、1,626人、31千円 |
| | 八木澤商店醤油醸造ファンド(上記のとおり) | 15,005千円 | | 100,000千円、2,620人、38千円 |
| | 及善かまぼこファンド(及善商店、宮城県南三陸町) | 11,383千円 | 工場、店舗、事務所、自宅流失 | 10,000千円、416人、24千円 |

# 第8章　東日本大震災被災中小企業の復興とソーシャル・イノベーション

| ⑤会計期間 | ⑥再建計画 | ⑦資金用途 | ⑧出資者特典 |
|---|---|---|---|
| 2013/5/1〜<br>2023/4/30<br>（10年＝120か月） | 協同会社の新工場、自社直売店建設⇒自社製品製造、販売⇒農産物生産販売 | 店舗・飲食ユニットハウス、基礎・内装・外溝工事、備品、土地購入等 | 黒糖辛子明太子、塩にんにくたらこ |
| 2012/7/1〜<br>2022/6/30<br>（10年＝120か月） | 一部加工品販売⇒工場本格修復⇒乾燥施設・装置回復⇒インターネット、新商品販売 | みりん干し等乾燥機械、さんま燻製機械等加工設備 | さんまみりん干し等 |
| 2012/1/1〜<br>2021/12/31<br>（10年＝120か月） | 自社通信販売開始⇒スーパー向け商品販売再開⇒コンビニ取引拡大等 | 原材料購入、工場建設・設備、冷凍・冷蔵設備・機器、水産等加工機器 | 鮭の切身、現地ツアー参加等 |
| 2013/2/1〜<br>2023/1/31<br>（10年＝120か月） | 新商品開発⇒販路開拓⇒飲食店開業 | 設備（乾燥機・ローラー機）、運転資金 | ほやセット、ほやクルーズ等 |
| 営業開始日から10年(120か月) | 新社屋仮整備⇒加工商品開発⇒鮮魚加工品施設修繕⇒冷凍商品製造開始 | 鮮魚・加工品施設修繕・設備（ライン整備、CAS冷凍機等）、真空包装機等 | カニばっとう |
| 2013/1/1〜<br>2020/12/31<br>（8年＝96か月） | 営農施設復旧、拡大⇒宅急便による販売先拡大⇒個人販売開始 | パイプハウス、ハウス内設備（暖房機、花の台等）、資材（種・苗・肥料等） | 季節の寄せ植え |
| 2012/6/1〜<br>2018/5/31<br>（6年＝72か月） | 農地再生、工事着工、園芸用ハウス建設⇒水耕栽培開始⇒新商品栽培 | ハウス設備 | 健康野菜セット等 |
| 2014/10/1〜<br>2024/9/30<br>（10年＝120か月） | 醸造設備購入⇒醸造所借受、製造開始 | 酒造機器、車両等、酒米購入、人件費 | 純米酒、焼酎古酒 |
| 2012/8/1〜<br>2022/7/31<br>（10年＝120か月） | 酒蔵全壊、貯蔵タンク、機械設備損傷 | 蔵修繕、醸造用機械・設備等、酒造資金（米代） | 仕込・酒米田植体験、日本酒 |
| 営業開始日から10年(120か月) | 旧蔵解体、新蔵製造⇒四季醸造 | 醸造設備（冷蔵庫、ボイラー等）一部 | 仕込・酒米田植体験 |
| 営業開始日から10年(120か月) | 蔵再建⇒仕込開始⇒冷蔵庫導入 | 醸造設備（ボイラー、詰め機ライン等）、仕込関連原材料、蔵入関連 | 純米酒等 |
| 営業開始日から8年10か月(106か月) | 醤油・ミソ卸販売（製造委託）⇒つゆ・たれ工場建設、製造・販売⇒醤油醸造再開 | 新工場設備（ボイラー、ライン整備、釜設置等）、製品原材料 | 醤油ドレッシング、醤油づくり体験 |
| 2012/4/1〜<br>2022/3/31<br>（10年＝120か月） | 上記に加え、みそ工場建設、製造再開 | 工場建設一部、製造設備（麹室、ボイラー等）、原材料 | 醤油、体験イベント |
| 営業開始日から7年2か月(86か月) | 新工場製造⇒ウェブ、ダイレクトメール、催事、卸販売⇒直売向上⇒小売強化 | 工場建設、事務所建設、機械設備一部 | 笹かまぼこ |

| 主な業種 | ①ファンド名<br>(事業者名、住所地) | ②被災前月平均売上高 | ③被害状況 | ④募集総額、出資者数、平均出資額 |
|---|---|---|---|---|
| 食品製造・酒<br>(続き) | 御菓子司木村屋ファンド<br>(御菓子司木村屋、岩手県陸前高田市) | 4,159千円 | 本店、支店、自宅流失 | 25,000千円、<br>731人、34千円 |
| | 酔仙酒造ファンド(酔仙酒造㈱、岩手県陸前高田市、大船渡市) | 77,357千円 | 本社屋、醸造蔵、製品仕上げ棟、原酒、製品等流出 | 30,000千円、<br>796人、38千円 |
| | 矢部園伊藤茶ファンド<br>(㈱矢部園茶舗、宮城県塩釜市) | 19,250千円 | 本店・支店全壊、茶倉庫浸水、作業スペース浸水 | 20,500千円、<br>374人、55千円 |
| | 世嬉の一酒造蔵とビールファンド(世嬉の一酒造㈱、岩手県一関市) | 22,954千円 | ビール工場被災、蔵7棟大規模補修 | 21,200千円、<br>537人、39千円 |
| | 藤田商店わかめウニファンド(藤田商品、宮城県気仙沼市) | 2,432千円 | 店舗、自宅、加工場、養殖用資材全壊又は流出 | 15,000千円、<br>377人、40千円 |
| | 丸光食品ファンド(㈱丸光製麺、宮城県気仙沼市・岩手県一関市) | 7,917千円 | 工場全壊 | 80,000千円、<br>897人、89千円 |
| 飲食店<br>(3社) | アンカーコーヒーファンド(㈱オノデラコーポレーション、宮城県気仙沼市) | 2,650千円 | 店舗、焙煎工房、製菓工房全壊 | 24,500千円、<br>883人、28千円 |
| | 三陸味処三五十ファンド<br>(三陸味処三五十、岩手県山田町) | 5,040千円 | 飲食店舗流失 | 7,000千円、<br>314人、22千円 |
| | 山元いちご農園ファンド<br>(山元いちご農園㈱、宮城県山元町) | 4,349千円 | 自宅、育苗ハウス、農機具流出 | 21,140千円、<br>730人、29千円 |
| ファッション・工芸<br>(1社) | いわ井器・和雑貨・地酒ファンド(いわ井、岩手県陸前高田市) | 3,943千円 | 店舗、倉庫、車両流出 | 12,000千円、302人、<br>40千円 |
| 造船<br>(2社) | 船大工佐藤造船所ファンド(㈱佐藤造船所、宮城県石巻市) | 2,908千円 | 造船所全壊、設備機械・資材流出、上下架設備破損 | 13,650千円、<br>431人、32千円 |
| | KFアテイン雪滑り塗料ファンド、KFアテイン㈱、宮城県仙台市 | 1,810千円 | 製造設備、原材料、商品在庫、事務用品、車両等全滅 | 20,000千円、<br>450人、44千円 |
| 【平均】 | | 8,150千円 | ― | 31,514千円、<br>721人、51千円 |

| ⑤会計期間 | ⑥再建計画 | ⑦資金用途 | ⑧出資者特典 |
|---|---|---|---|
| 営業開始日から8年（96か月） | 仮設店舗・工場建設・開店⇒本店舗・工場建設・開店 | 店舗・工場設備、内装工事 | 御菓子詰め合わせ |
| 営業開始日から7年（84か月） | 他市で製造再開⇒商品種目集中化⇒新工場建設 | 酒造設備（充填機、ボイラー、ジェットプリンター等）、酒米購入 | 活性原酒・雪っこ |
| 2013/9/1～2022/8/31（9年＝108か月） | 建物復旧、倉庫・作業スペース復帰⇒販路拡大⇒店づくり展開 | HP・通販サイト制作、商品製造（PETボトル、限定新茶） | お茶、PETボトル等 |
| 2013/4/1～2021/3/31（8年＝96か月） | 蔵補修、増産体制、直接販売⇒インターネット販売・通販拡大⇒長期熟成ビール販売 | 蔵内長期保存冷凍設備、長期保存用木樽、タンク設備、蔵改修 | ビールと酒粕漬セット等 |
| 2013/1/1～2021/12/31（9年＝108か月） | 仮設施設、わかめ養殖再開⇒養殖資材等追加⇒インターネット販売強化、新商品開発 | 保冷庫、養殖資材、原材料仕入、船修繕、加工用機械 | 生わかめ、生めかぶ等 |
| 営業開始日から9年4か月（112か月） | 麺類等卸売業開始⇒新工場建設、麺類等製造販売開始⇒ネット直接販売 | 土地取得、工場建設、工場設備（製麺機、冷蔵庫等）、原材料 | 麺セット、新工場見学等 |
| 営業開始日から8年1か月（97か月） | 仮店舗確保⇒コーヒーショップ開設⇒通販てこ入れ | 焙煎・製菓工房、内装・搬入装置、店舗物件取得、通販等 | コーヒー豆・焼ドーナツセット等 |
| 営業開始日から6年2か月（74か月） | 自宅1階を厨房に改装（仕出・海草）⇒仮店舗営業⇒本店舗営業 | 飲食店舗建設一部、海草・仕出・飲食店事業、材料仕入れ | アカモクの佃煮 |
| 2012/2/1～2018/6/30（77か月） | 株式会社設立⇒土地整備、育苗ハウス建設⇒いちご栽培⇒いちご狩、直販、量販店開拓 | 夜冷庫、育苗ハウス、動力・光熱費、人件費、賃借料、いちご狩資材、栽培備品等 | いちごパック、いちご狩り |
| 2012/1/1～2021/12/31（10年＝120か月） | 仮設共同店舗⇒本設店舗開設 | 店舗改装（什器、照明等）、仕入、販売促進 | セレクト商品、商品券 |
| 2012/1/1～2021.12.31（10年＝120か月） | 仮営業開始（出張による保守、修繕）⇒上下架設備を伴う本営業開始 | 船舶修繕・建造用設備・機械、消耗工具、材料等 | 見学会、クルーズ |
| 2012/4/1～2022/3/31（10年＝120か月） | 他所で営業再開⇒新たな場所で再開⇒本格的に製造、販売開始 | 塗料分散機・塗料攪拌機、製造備品（温度計等）、原材料（樹脂、溶剤等） | スキー・スノーボード用ワックス |
| 8年9か月（105か月） | — | — | — |

④募集期間・会計期間

　会計期間は最短でも5年8か月、最長では10年、平均すると8年9か月となり、復旧・復興に至るまである程度の期間を要することがわかる。

⑤募集総額・出資者数・平均出資額

　募集総額は、5,000千円から最大で100,000千円で、1ファンドあたり平均すると31,514千円。なかには2つファンドを募集し、150,000千円調達した事業所もある。その内訳は、1千万円未満が3社、1千万円以上～2千万円未満が10社、2千万円以上～5千万円未満が18社、5千万円以上～1億円未満が4社、1億円以上が3社である。1事業所当たりの出資者数は219人～2,620人で、1人あたりの平均出資額にすると少ないところで22千円、多いところで250千円である。1人当たりの出資額は必ずしも多くないが、出資者の数が多いことから、それ相応の出資額に達したことがわかる。

⑥再建に向けたプラン

　「残存した設備や原材料のある場合はそれらを用いて再開」⇒「仮設の店舗・工場を設立、あるいは借用して再開」⇒「設備や製品の数を拡張」⇒「本設の工場・店舗を設立」⇒「販路を開拓」するといった流れで再建するプランが多かった。

⑦主な資金用途

　再建プランをベースに、多くの事業所が全てを失いゼロの状態から再出発するなかで、当座の経営を再開させるため、原材料の確保、仮の店舗や工場の建設、最低限の設備確保のために経費に使った。6次産業化を睨んでネット販売に取り組んだ例もある。その大半が、本設工場を整備し本格的に再建する前の段階を乗り切るために使ったと考えられる。

⑧出資者特典

　出資の口数に応じて自社の名物製品を提供する場合が多かった。自社のイベントや視察をアレンジするケースもあった（交通費・宿泊費は参加者

負担)。

### (4) 事業者の課題と展望

　MS社では、応援ファンドの始まった2013(平成25)年度から、被災地の36社の事業者に現状と課題、必要としていること等についてアンケート調査を実施してきた。震災4年目を迎えたことを機に、図表8-4は「現在直面している課題について」について、図表8-5は「事業全体の進捗状態について」について同社が照会した結果を、著者が整理したものである[11]。

　図表8-4からは以下のことが伺える。「①販路開拓」では、休業の間、市場を他の地域の業者にとって代わられ、マーケットを失ったままという事業者が多いことを物語っている。「②人材確保」では、国は失業した被災者に対し、失業給付にかかる特別措置をとった[12]ため、たとえば、20年以上勤務し、30歳以上35歳未満と60歳以上65歳以上の場合では失業給付が240日間、35歳以上45歳未満では270日間、45歳以上60歳未満では330日間、

図表8-4　現在直面している課題について

|  | 2013年度 | 2014年度 | 2015年度 |
|---|---|---|---|
| ①販路開拓 | 23 | 22 | 23 |
| ②人材確保 | 18 | 19 | 21 |
| ③資金調達 | 22 | 15 | 19 |
| ④商品開発 | 9 | 13 | 18 |
| ⑤原材料調達 | 9 | 6 | 14 |
| ⑥原発・風評被害 | 9 | 9 | 4 |
| ⑦土地確保 | 6 | 7 | 4 |
| ⑧その他 | 5 | 7 | 5 |

(出所)　筆者作成

---

(11)　MS社では「震災から2年。現在の課題と求められるもの」「震災から3年。現在の課題と求められるもの」「震災から4年。現在の課題と求められるもの」をまとめ、ホームページで公表した。

給付されることとなった。そのため、工場等が壊滅的被害を受けた場合、従業員の生活を考えて解雇に踏み切るケースが多くなった。その後、公共工事が各地で実施されると人手不足から人件費が高騰し、そちらに失業者が流れ、これら事業所が業務を再開しても復帰しないケースが生じている。この他、仕事ともに住宅をも失い、他に移転し戻って来ない者もいる。「③資金調達」では、これを課題とする事業所数が2014(平成26)年度に一旦減った。応援ファンドを利用することで、仮の工場等を再開したり設備を更新したりして、事業を再開できたことによる。しかし、震災前の事業規模に戻ったのではなく、2014(平成26)年頃から本設の工場等の建設に向けて再度資金調達が必要になったことを示している。「④商品開発」は「①販路開拓」とも関連するもので、新たな市場開拓を目指し商品開発を行なおうとするものである。特に、農業・水産業では、従来の「生産（収穫）」→「加工」→「流通」→「小売」の流れに固執することなく、生産者や加工者が直接消費者と結びつく６次産業化に取組む動きが生まれた。応援ファンドを契機に、ネット通販を始めた事業者もある。「⑤原材料調達」も生産から小売に至るサプライチェーンが途切れ、思い通りに事業が再開できない状況を示している。「⑥原発・風評被害」は福島県内にとどまらず、農業・水産業を中心に東日本大震災から５年近くが経過しても、風評被害が依然根強く残っていることを示している。特に水産業は近年、中国や韓国への輸出を増やす傾向にあったが、これらの国が禁輸措置を継続したことも影響したと考えられる。「⑦土地確保」は事業所の元あったところでの再開を望むものの、その場所が災害危険区域に指定されるなどしたため、嵩上げ等の公共工事に時間を要する、市町

---

(12) 失業手当の特別措置は次のとおり。
・被災者で休業、失業した場合には、雇用保険の被保険者期間が６か月以上でも受給できる。
・離職後３か月の給付制限を設けない。
・受給期間を210日間延長した（120日間としたのを、さらに90日間延ばした）。

第8章　東日本大震災被災中小企業の復興とソーシャル・イノベーション　　189

図表8-5　事業全体の進捗状況について

|  | 2013年度 | 2014年度 | 2015年度 |
|---|---|---|---|
| 当初の計画より進んだ | 3 | 12 | 8 |
| ほぼ計画通り | 13 | 11 | 16 |
| 当初の計画より進んでいない | 20 | 13 | 13 |

(出所)　ミュージックセキュリティーズ株式会社「セキュリテ被災地応援ファンド 震災から4年。現在の課題と求められるもの」http://oen.securite.jp/after/4/ (2015年12月5日閲覧)

の復興計画の遅れが拍車をかけるなどが影響したことを示している。

こうしたこともあって、図表8-5では、「当初の計画より進んでいない」とする事業者が約1/3あるが、他方、「予定通りである」「予定通り進んでいる」が2/3に達している。応援ファンドが一定の効果をあげていると解することができる。

## 第3節　宮城県南三陸町(有)橋本水産食品の再建

　本章では、応援ファンドを活用し再建を図る事業所のなかから、南三陸町で水産加工業を営む(有)橋本水産食品（以下、「橋本水産食品」）の、被災後からこれまでの再建状況を記した。橋本水産食品は、南三陸町の旧歌津町内の馬場・中山地区の海に面したところに工場を有していた。創業者（現社長）の千葉小太郎氏は元漁師で、漁業の傍ら1975(昭和50)年からわかめ等の半加工品やめかぶ等の加工品を作り、盛岡市内のスーパーに納品していた。1993(平成5)年に、仙台市内の藤崎百貨店内に店舗を構えるようになり、その後加工業に専念した。長男の孝浩氏が専務を務め、創業者夫人のあさ子氏が調理現場で陣頭指揮を執る、家族経営の事業所である。当時の従業員数は社長を含め14人で大半が漁師の奥さん方であった。

　東日本大震災前の3年間の平均売上高は約1.1億円。主な取扱商品は昆布巻きやめかぶ漬等8商品。販売チャネルは、藤崎百貨店での対面販売が8割、

首都圏の百貨店が2割、残り1割が催事販売等であった。「千葉」性がこの地区によくあるためか、屋号の「橋本」を会社名に使っている。ブランドは地域名と創業者名にちなんで「歌津小太郎」としている。創業者家族を核に地元民からなる従業員が、地元の水産物を使って生産・販売する地元の生業といえる。

　以下では、橋本水産食品の再建状況を分析し、被災地の中小企業を支援する意義について考察する。孝浩氏からの数度にわたる聴き取りや応援ファンドのホームページ「歌津小太郎こぶ巻ファンド」をもとにまとめた。

(1) 東日本大震災後1年の動き

　津波で工場が全壊し、引き波により土地まで海面下に沈んでしまった。近くの少し高台にあった自宅も1階が損傷し全壊判定を受けた。さらに、原材料と製品を委託していた冷凍庫会社も全壊・流出するなど、文字通り全てを失ってしまった。今後の見通しが全く立たないなかで、東日本大震災では、特例により失職者に対して最長30か月まで失業手当が延長されたことから、従業員に少しでも足しのある生活を送ってもらうようにと、他社と同様、全従業員13名を解雇する措置をとった。

　千葉家では、社長の小太郎氏、専務で長男の孝浩氏と次男の馨氏が相談し、当初1年間は商売を忘れ、被災した馬場・中山地区の復旧に尽力しようと決めた。他の被災地と同様、同地区でも漁港を含め集落が壊滅的な被害を受けており、住居を失った被災者約80世帯・200名が高台にある集会所「馬場中山生活センター」に集結し、避難生活を送った。この地区は、内陸の幹線道である国道45号からのアクセスが寸断し、情報手段も遮断されたため、集落が孤立化し、被災後約2週間外部からの支援が届かなかった。被災者は壊れた家屋や工場から食料品を取り出し食べ物を確保した。自分達で道路を車が走れる程度に復旧した結果、4月初旬からボランティアが来れるようになった。プロパンガスの供給が4月下旬、電力が5月6日に回復した。

第8章　東日本大震災被災中小企業の復興とソーシャル・イノベーション　　191

　馬場・中山生活センターでは、避難者が物資調達班、物資管理班、料理班、支援者受入班等に分かれ、小太郎氏と孝浩氏は物資調達班、あさ子氏は料理班に加わった。孝浩氏は車で仙台方面にも出かけ物資の調達にあたった。藤崎百貨店に出店していたことが縁となり、藤崎百貨店から多くの支援物資が届いた。通信が回復し、馨氏が「馬場・中山地区ホームページ」を立ち上げてから、埼玉県蓮田市や白岡市の土建業者を中心とした「埼玉はすだ支援隊」など、色んな支援者が地域に入り込むようになった。

　幸いにも自宅は2階が損傷しなかったことから、一部修復し戻ることができたが、引き続き地区の復旧にあたった。避難者が多くセンターだけでは手狭なため、4月26日より住民が手作りで第二の避難所の建設を始め、5月10日に完成した。女性専用の宿泊施設にした。ここでも「はすだ支援隊」が助けてくれた。

　また、これも住民手造りによる「未来道プロジェクト」が始まった。津波で海沿いの道が分断され外部との連絡が閉ざされたことから、今後の避難道としてあるいは高台の集落移転予定地への幹線道路として、地権者や行政の了解をとりつけ、車が通れるよう整備した。全長1.3kmで、4月に構想を立て、7月16日に着工し、砂利道ながら8月下旬に完成した。千葉親子も参加した。「埼玉はすだ支援隊」「福井県建設業協会」「神奈川県座間市かおる建設工業」など外部からボランティアが駆けつけ、重機で森林を切り拓き、津波によるコンクリートの瓦礫を砕いて砂利にし敷き詰めた。

　6月には仮設住宅への移転が始まり、7月11日には馬場中山生活センターが避難所としての役割を終え、約50名が第二避難所に残った。地域での互助の風習に加え、集団避難生活で苦労を分かちあったことにより、これまで以上に強い結束力が築かれた。そうしたなかで、「なじょにかなるさー（＝何とかなるさ）プロジェクト」が始まった。わかめ養殖用の中古船を調達し、機材を整備して養殖を復活させるもので、外部からの支援を受けて、8月に北海道から中古船を調達、9月には自分達で馬場・中山港の船着き場を仮整

備、翌年2月にはわかめの養殖を復活させることができた。これを「福福わかめ」と命名し、東日本大震災後初めて埼玉県蓮田市で販売した。首都圏の手芸作家による提案で地元のお母さん達による編みぐるみ「ワカメンジャー」の製作も始まり、馨氏がネットで販売した。

6月からは、お母さん達の要望を契機に、畑仕事をして野菜を自給自足させる「苗プロジェクト」が始まった。この地区の8割が半農半漁で、全国から一口1千円でネットを通して資金を募り、運営していった。

これらは、必ずしも橋本水産食品の経営に直結するものではない。しかし、社訓（後述）が物語るように、地域とともに生きる水産加工業事業者として、従業員の無事と生活の回復を祈るだけでなく、集落の仲間と避難生活をともにし、食料の調達やインフラの整備に参加するのは、互助の地域で事業にあたるものにとって、当然のことであったと考えられる。

## (2) 事業再開に向けて

### ①グループ補助金の申請

東日本大震災後半年が経った頃から事業再開に向けた検討を始めた。グループ補助金への申請の話が出た。これは、復興のリード役となる「地域経済の中核」を形成する中小企業等グループが復興事業計画を作成し、県の認定を受けた場合に、施設・設備の復旧・整備にかかる費用が支援される制度で、補助率は3/4（国が1/2、県が1/4を負担する）とこれまでにない仕組であった。橋本水産食品は南三陸町地域観光復興グループの一員として（図表8-6参照）、町内の他の企業とともに、2011(平成23)年10月の第3次募集に応募し、年末に採択が決まった。

これにより、約4千万円の助成金を受ける目途がつき、第一工場の建設に弾みがついた。しかし、東日本大震災後各地で公共工事が始まるなかで、工事費や人件費が高騰し、建設資材の調達が困難になるなど、2012(平成24)年4月には計画の見直しをせざる得ない状況に陥った。設計書を3回書き直

第8章　東日本大震災被災中小企業の復興とソーシャル・イノベーション　193

図表8-6　グループ補助金の申請

| グループ名<br>(グループ類型) | 補助事業対象者 | 事業内容 |
|---|---|---|
| 南三陸町地域観光復興グループ<br>(地域に重要な企業集積型) | (株)阿部長商店 (南三陸ホテル観洋) | 旅館業 |
| | (有)下道 | 旅館業 |
| | 志津川湾観光船(株) | 遊覧船業 |
| | 佐藤長明 (ダイビングサービスGruntSculpin) | サービス業<br>(ダイビングサービス) |
| | (株)さかなのみうら | 小売業 |
| | (株)阿部長商店 (高野会館) | 製造業、小売業、卸売業 |
| | (株)千葉商店 | 製造業、小売業 |
| | (有)橋本水産食品 | 水産加工業、製造業、販売業 |
| | 佐藤毅 (佐良スタジオ) | 営業写真業 |
| | (有)志津川マツダ | 自動車販売、修理業 |
| | (有)サトー園芸店 | 生花等販売業 |
| | (有)スガワラ電化 | 家電小売業 |
| | (株)佐長商店 | 酒類小売販売業 |
| | 千葉力 (千葉春畳店) | 内装業 |
| | (株)宮城商店 | 小売業 |

(出所)　宮城県「中小企業等グループ施設等復旧整備補助事業について、第3次認定グループ及び補助対象事業者一覧」http://www.pref.miyagi.jp/uploaded/attachment/20781.pdf （2015年12月5日閲覧）

し、8月9日にようやく建築確認の申請書を、11月には採択に伴うさまざまな関係書類を県に提出することができた。当初の計画では、4月に建築確認申請、6月から工事に着工するつもりが、半年遅れで年末12月12日に建設が始まり、年度ぎりぎりの2013(平成25)年3月末に完成、4月2日に引き渡しを受けた。55坪の木造平屋建てで、厨房機器、パック詰め機械、冷蔵庫など必要最低限の機器を取り付け、4月27日から稼働した。

② 被災地応援ファンドの活用

　2011(平成23)年9月に南三陸町役場と南三陸商工会から、MS社の応援

ファンドの話を聞いた。既にファンドの活用を始めた事業者が町内にあることもあって、同社のＳ氏に面会し相談を始めた。毎月の売上や監査報告を行なうほか、出資者に対し逐次情報発信することが求められるなど、初めてのことばかりだったが、MS社には税理士や会計士等の資格を持ったスタッフがおり、アドバイスをもらいながら、再建計画の作成等（図表８−７参照）に取り掛かることができた。

　2012（平成24）年６月から「歌津小太郎こぶ巻ファンド」による募集を開始した。総額は4,240万円で、建物にかかる費用の1/2と設備の整備に使うことにした。当時、グループ補助金では、震災前と同じレベルの設備の復旧、いわゆる原形復旧しか認められなかった。たとえば、工場の無菌状態を強化するためスペースを３つに区切ったが、その空調設備は、東日本大震災前にあった１スペース分しか認められなかった。そこで、応援ファンドで空調を備えたり、東日本大震災前よりも一層低温に冷凍できる機器を設置したりした。また、１年間使用する分のめかぶを新鮮なうちに短時間で細断するめかぶスライサーが必要になったことから、その経費の3/4をグループ補助金で、残りを応援ファンドで支援してもらった。グループ補助金申請後、資材等の高騰に伴い建設費が膨らんだが、それも応援ファンドで対応した。

　やむを得ず従業員を解雇したものの、事業再開の際には復職したいとの要望を聞いていたので、６月にこれら従業員を集め、今後の見通しについて協議した。その後も定期的に話し合いする場を設け、９月に事業再開に向けてのミーティングを行なった。2012（平成24）年４月の第一工場の稼働とともに６名が戻り、新たに雇用した社員３名と併せ９名体制となった。

　７月30日には、他の応援ファンド利用事業者２社とともに、MS社が開催した「セキュリテ被災地応援ファンド報告会」に出席し、初めてファンド出資者に事業内容や再建計画等を説明した（筆者はこの時初めて孝浩氏に出会った）。報告会後の二次会では、より突っ込んだ話ができた。12月には応援ファンドツアーが実施され、出資者が訪問してくれ、大いに励まされ、心

**図表8−7 「歌津小太郎こぶ巻ファンド」の再建計画等**

1. 復興計画
(1) 新物の海藻類の入荷（2012.2〜）
　工場建設が間に合わないものの、この時期に仕入れないと翌年まで待たないといけないので、約半年分を仕入れ、一次加工品は仮施設を設け先行販売ができるよう準備を進める。
(2) 借地にて生産施設（第一工場）建設工事着手（2012.7〜）
　東日本大震災前の土地には建設できないので、借地に移転し建設する。
(3) 生産施設完成、生鮮加工品製造、販売開始（2012.10〜）
　出荷量に限度があるため、藤崎百貨店での販売やネット通販等に限定し販売する。
(4) みなさん館直売所オープン（2012.10〜）
　東日本大震災前から地域で描いていた農産物、海産物直売所を、第一工場と同じ借地に建設することにより、その運営に関与する。第一工場完成まではその場所を借りて生産し、販売にも取組む。
(5) ファン層に向けた生鮮海産物お取り寄せギフト販売開始（2016〜）
　うに、あわび、ほたて、かき、たこ等を採れたての状態で届けられるお取り寄せギフトを開始する。

2. ファンド資金使途

| 項　目 | 金　額 |
|---|---|
| 工場建設費用の一部 | 15,000,000 円 |
| 工場設備費用の一部（冷凍、冷蔵庫、給排水等） | 15,000,000 円 |
| 原材料購入費の一部 | 11,000,000 円 |
| 営業用車両購入費（中古車） | 1,400,000 円 |
| 計 | 42,400,000 円 |

3. 出資者特典
(1) 1口または2口の出資者の場合
　「さんま昆布巻（季節限定品）」を口数に応じて送付
(2) 3口以上の出資者の場合
　「さんま昆布巻（季節限定品）」等からなる「昆布巻詰め合わせ」を1セット送付

（出所）　橋本水産食品「セキュリテ被災地応援ファンド　歌津小太郎こぶ巻ファンド　プロジェクト概要」https://www.securite.jp/fund/detail/305（2015年12月5日閲覧）

の支えになった。
　藤崎百貨店のブースは長らく閉鎖されたままであったが、7月12−16日

には、百貨店のご好意により、一時的ではあるが「歌津小太郎コーナー」が再開し、自宅の台所で商品を作り陳列した。9月20－22日には昆布の試食販売会を開催した。10月26日の生鮮食品イベントにも参加し陸中漬を販売するなど、少しずつではあるが販売を再開するようになってきた。

③「南三陸販売所みなさん館」のオープン

　2011(平成23)年10月7日に第一工場に隣接する借地を使って、「南三陸販売所みなさん館（以下、「みなさん館」という）がオープンした。孝浩氏が会長となって立ち上げたNPO法人「夢未来南三陸協議会」が運営する。東日本大震災から4ヶ月後の2011(平成23)年7月、町内の農家や水産業者たちから「失われたコミュニティ再構築のため経済交流を進める場が必要」という声が上がり、農水産品の加工場と直売所の建設構想が浮上した。9月から、地元の農協女性部・産業団体・企業・商工会・役場等を交え、「産直市場」の構想を具体化する話し合いが行われた。2012(平成24)年3月に建設予定地が決まり、2012(平成24)年10月7日に「みなさん館」がオープンした。町内の40組が出品し、地元の野菜・海産物・加工品・手工芸品等を販売する「直売部」、お弁当や昼のランチ、がんづきやシフォンケーキ等を製造、販売する「工房部」、味噌や漬け物、菓子等の製造を行なう「石泉ふれあい味噌工房」がある。

　これにかかる経費は、大阪を拠点に主に海外支援や国際理解教育を展開する「(公社)アジア協会アジア友の会」による寄付で賄われた。東日本大震災支援の一連として行なったもので、建物が寄贈され、被災地との交流、子どもへの学習支援等も実施された。このほか、地元NPOの「故郷まちづくりナイン・タウン」や国際NGOの「(特非)ジャパン・プラットフォーム」も支援してくれた。

　生産者から売上の15-20％を調達し、住民主導で管理運営している。橋本水産食品では、第一工場が完成されるまでの間、「みなさん館」の工房を借りて、自社製品の生産にあたった。

### (3) 本格稼働に向けて

　馬場中山地区では、2013(平成25)年2月に「なじょにかなるさープロジェクト」によるわかめの収穫を再開し、8月からは一部災害公営住宅の入居が開始される等、生活面と生業面の双方において少しずつ復興の兆しが見えてきた。

　橋本水産食品では、2013(平成25)年3月5日にMS社が東京で開催した「被災地応援ウィークス」に参加し、「歌津小太郎」の商品を使った蕎麦がレストランで振舞われた。そして、東日本大震災2年の節目となる3月11日に藤崎百貨店の常設テナントを再開させることができた。年度末に待望の第一工場が完成し、年度明けに引き渡しを受けて4月27日より稼働させた。震災後ここまで2年余りの道のりであった。これを機に、5月から「陸中漬(くきわかめ)」「磯人漬(海藻4種類)」の生産が始まった。課題は看板食品の「さんま昆布巻き」の昆布をいかに確保するかであった。地元の昆布の確保が充分できないなか、社長小太郎氏の30年来の知り合いで、同じく応援ファンド(鵜の助4人ファンド)を活用する石巻市のタツミ食品から良質の昆布を調達する目途がつき、9月末に「さんま昆布巻き」を復活させることができた。第一工場は手狭で、たとえば、1日に3回、めかぶ漬と昆布巻きの製造を両立させるため、1日3回製造ラインを変えて製造することにした。7月には藤崎百貨店でのお中元セット、11月にはお歳暮セットの販売に加わることができた。

　応援ファンドへの出資者は最終的に826人に達した。全国の人たちに支えられていることが数字からもわかった。孝浩氏によれば、1人当たり3-4口の出資者が多かったと思われるが、子育てを終えた世代を中心に、50口以上出資してくれた人も多く、中には最高で1人300口という人もいた。後になるほど、思いのあるお金に変わってきたように思うとのことである。

　2014(平成26)年2月には馬場中山港の復旧が進み、わかめ養殖とともに、自前でもあわびの収穫ができるようになった。三陸の名物ほやの醤油漬を生

産できるようになった。これまで対面販売を売りにしてきたが、3月から初の通信販売も手掛けるようになった。

　今後、事業を本格的に稼働させるには、第一工場だけでは手狭であり、さらなる本設工場の新設が不可欠となった。その経費は第一工場の5棟分かかりそうとのことだが、現在の借地を使って第一工場に隣接させようと、5月に南三陸町の「水産業共同利用施設復興整備事業（略称：水産加工場等施設整備事業）」の補助金を申請した。国の補助金に町が別途上乗せした補助金で、原形復旧にとらわれることなく、新たな土地・建物・設備の整備に使うことができる。補助率が7/8なのも大きい。申請にあたって水産加工業者を中心にグループを組んだ。他に、ものづくり特区制度を活用した税制優遇（不動産取得税免除）や、県の雇用助成金も組み合わせ再建に取組んでいくとのことである。

　第二工場では、海産物の水洗いや内臓とりなどの一次加工処理の作業場も行なう。震災前までこうした処理は漁師が浜でやっていたが、そうした場所が浜で確保できなくなった。そのために海水をひかないといけないが、今は工場が内陸部にあるので、小太郎社長が毎日海で汲み上げ、タンクに入れ車で搬送している。第二工場の整備に併せて、町の側溝を借用し（占有許可料を支払う）漁港までパイプラインを敷くことにした。これにより、より新鮮な海産物の販売が見込まれる（第二工場は12月11日に完成）。

　孝浩氏によれば、今後の課題は、水産加工業の担い手となる人材の確保とのことである。元来、農産物に比べると、水産物は利幅が出にくく利益が取れる体質になっていない。水産加工物も、捨てるのはもったいないから加工するといった発想から始まったが、これではおいしいものは作れない。安い材料から安いものを作るのでは海外との競争で消耗するだけである。歌津小太郎では、鮮度管理に努め、素材のよいものを追求する。高く作って高く売る、地域のブランド力を高め、地産地消に努めなければならない。そこにはソーシャル・イノベーションが必要である。三陸は海の条件、環境に恵まれ、

この地域だけで潤っていたため、危機感がなかったが、ソーシャル・イノベーションをしなければ、将来の水産業はない。10年位の計画を立て明確なビジョン・コンセプトを作ることが必要とのことであった。

## (4) まとめ

図表8-8に橋本水産食品の社訓として「企業理念」「経営方針」「私たちの仕事」を示した。"従業員・地域・社会のために尽くすこと""売上や利益一辺倒にならないこと""顧客に美味しさと感動を与えること"を重視しているといえる。

また、図表8-9に東日本大震災以降の橋本水産食品の主な活動をまとめ

**図表8-8 橋本水産食品の社訓**

| | |
|---|---|
| 企業理念 | 私たちは地域の皆さまや職場の仲間達から必要とされ信頼されるよう常にご奉仕の精神で社会に貢献し、社員にはやりがいと安心して働ける環境を、お客様には感動と安全な商品を創造する企業を目指します。 |
| 経営方針 | ①会社は経営者やお客様のために存在しているのではなく、従業員や従業員の家族を守るために存在しています。<br>②会社は売上や利益を優先することよりも十年先、二十年先も継続して存続していくことを最優先に経営の判断をします。<br>③会社は拡大路線型の経営とは一線を画し社会から与えられた役割をしっかり担えるやりがい優先型の経営をします。<br>④会社は価格競争には参入しません。 |
| 私たちの仕事 | 私たちの仕事は『顧客の創造』お客様を作ることが最大の使命です。そのためには最高のセールス、最高のサービス、最高の商品をつねに同じ品質で継続して提案して参ります。<br>①最高のセールスとは：今日買っていただいたお客様に今度また買っていただくこと<br>②最高のサービスとは：是非また、あなたから買いたいという心に響く感動（ちょっとうれしい）をお客様に体感していただくこと<br>③最高の商品とは：私たちが食べている『おいしい』を限りなくそのままの状態でお客様に食べていただくこと |

（出所）橋本水産食品「セキュリテ被災地応援ファンド　歌津小太郎こぶ巻ファンド　会社紹介」https://www.securite.jp/fund/detail/305（2015年12月5日閲覧）

図表8-9　東日本大震災以降の橋本水産食品の主な活動

| 年 | 月日 | 出来事（（　）内の斜字は地域での活動を示す） |
|---|---|---|
| 2011年 | 3月11日 | 工場流出、自宅1階損傷、原材料と製品委託先の冷凍庫会社も全壊、流出する。 |
| | 4-7月 | （馬場・中山生活センターでの避難生活、物資調達班等を担う。） |
| | 4月初旬 | （道路が修復し、ボランティアが支援に駆けつける。） |
| | 4月11日 | （インターネットがつながるようになり、馬場・中山地区ホームページが発信される。） |
| | 4月 | 自宅を修復する。<br>（「はすだ支援隊」によるボランティアが始まる（瓦礫撤去、炊き出し、第二避難所建設、道路建設、蓮田市での出店、講演会等）。）<br>（「未来道プロジェクト」始まる。） |
| | 5月10日 | （第二避難所が完成する。） |
| | 6月4日 | （「苗プロジェクト」が開始される。） |
| | 6月 | （住民の仮設住宅への移転が始まる。） |
| | 7月11日 | （馬場・中山生活センターでの避難生活が終了する。） |
| | 8月 | （「なじょにかなるさー（何とかなるさ）プロジェクト」開始、わかめ養殖用の中古船、機材を整備し、養殖を復活させる構想が始まる。） |
| | 8月 | （「なじょにかなるさープロジェクト」で中古船を確保する。） |
| | 9月 | （「なじょにかなるさープロジェクト」で船着き場を仮整備する。）<br>MS社と初めて接触し、応援ファンドについての検討を始める。<br>（「未来道プロジェクト」による避難道が完成する。）<br>（蓮田市のイベント（復興支援講演会「どっこい生きる!!馬場・中山地区」）で講演する。） |
| | 10月 | グループ補助事業に申請する。 |
| 2012年 | 2月 | （東日本大震災後初のわかめ「福福わかめ」が収穫される。） |
| | 4月 | 工事費高騰、建設資材調達困難等により、第一工場の計画を見直す。 |
| | 6月 | 元従業員と再会し、事業再開後について話し合う。 |
| | 6月28日 | 応援ファンドにより、「歌津小太郎こぶ巻ファンド」を開始する。 |
| | 7月12-16日 | 藤崎百貨店にて「歌津小太郎コーナー」を一時復活させる。 |
| | 7月30日 | 八木澤商店、寒梅酒造と共に、セキュリテ被災地応援ファンド事業者報告会で発表する。 |
| | 8月9日 | 第一工場の建築確認申請書を宮城県に提出する。 |
| | 9月15日 | 事業再開のためのスタッフ・ミーティングを開催する。 |

| | 9月20-22日 | 藤崎百貨店での昆布試食販売会に参加する。 |
|---|---|---|
| | 10月7日 | (「南三陸直売所みなさん館」がオープンする。)<br>(「みなさん館」の工房を借りて自社製品の製造を開始する(〜2013年4月)。) |
| | 10月13日 | (馬場・中山地区大型養殖船の進水式があり、本格的なワカメ養殖が始まる。) |
| | 10月25-31日 | 京急百貨店上大岡店で磯人漬(海藻4種類)を販売する。 |
| | 10月26日 | 仙台藤崎百貨店の生鮮食品イベントコーナーで陸中漬(くきわかめ)を販売する。 |
| | 11月 | グループ補助金採択に伴う書類の提出を終える。 |
| | 12月12日 | 第一工場の建設を開始する。 |
| | 12月15日 | 応援ファンドツアーの訪問を受ける。 |
| 2013年 | 1月 | (馬場・中山地区の住宅基礎撤去作業が開始される。) |
| | 3月5日 | 「被災地応援ウィークス」に参加する。 |
| | 3月11日 | 藤崎百貨店の常設テナント「歌津小太郎コーナー」を再開する。 |
| | 4月2日 | 第一工場の引き渡しを受ける。 |
| | 4月27日 | 第一工場を稼働させる。 |
| | 5月 | 「陸中漬」「磯人漬」の生産を開始する。 |
| | 6月 | 昆布巻き用の昆布を鵜の助4人ファンドのタツミ食品から確保する。 |
| | 7月 | お中元セットを復活する。<br>(弟馨氏による地元カフェ「かなっぺ」がオープンする。) |
| | 8月 | (災害公営住宅の入居が開始される。) |
| | 9月 | 看板商品のさんま昆布巻を復活させる。 |
| | 10月26日 | 応援ファンドツアーの訪問を受ける。 |
| | 11-12月 | 藤崎百貨店でのお歳暮商品を復活させる。 |
| 2014年 | 2月 | (馬場・中山漁港が復旧する。) |
| | 3月 | (「なじょにかなるさープロジェクト」でわかめ養殖が復活する。) |
| | 4月26日 | 応援ファンドツアーの訪問を受ける。 |
| | 5月 | ほや醤油漬を復活させる。 |
| | 5月31日 | 水産加工場等施設整備事業補助金に申請する。 |
| | 8月 | 水産加工場等施設整備事業補助金の採択が決定する。 |
| 2015年 | 1月22日 | 第二工場の地鎮祭を行う。 |
| | 2月26日 | 第二工場の工事に着工する。 |
| | 7月8日 | (「南三陸ブランド協議会」(「歌津うんめぇもの研究会」)に参加する。) |
| | 12月11日 | 第二工場が完成する。 |

(出所) 筆者作成

た。東日本大震災直後に家族会議で決定したとおり、特に最初の 1 年間は経営再開よりも地域の復旧に重点を置いており、社訓を体現したといえる。「みなさん館」の開設も自社だけでなく地域の生業の回復を願ったものである。そして、経営再開後は以前と同様に地域の味づくりに励んだように、営利行為だけを追求するビジネスとは一線を画した、地域とともに生きる事業所の特色を見ることができる。

　一方、事業再開に向けての資金繰は大きな課題であった。この点、東日本大震災後に創設されたグループ補助金や水産加工場等施設整備事業といった公的資金は、完璧ではないものの一定の効果があったといえる。

**図表 8−10　応援ファンド完了に伴う橋本社長から投資家への礼状**

被災地応援ファンドご出資者の皆様へ
　拝啓　9 月もあと数日となり、こちら南三陸では朝晩めっきり冷え込むようになり、だいぶ秋も深まってまいりました。皆様の地域でも秋の訪れをお感じになられる季節を迎え、お健やかにお過ごしのことと存じます。
　おかげさまで 2012(平成 24)年 6 月 28 日より募集しました「歌津小太郎こぶ巻ファンド」が 827 名の皆様の応援により先日、満額を達成することができました。
「本当に、本当にありがとうございました。」
　事業を断念しそうなときに「被災地応援ファンド」にめぐり会いました。
　今思うと、このときの一歩を踏み出すことで、「震災に立ち向かうんだ」という決意が芽生え、少しずつの行動が自信となり、また一歩、また一歩と進んできたことが今日を迎えているのだと確信しています。
　これからも多くの困難を乗り越えなくては到底たどり着くことのできない道のりであることは重々承知していますが、827 名の皆様の貴重なお気持ちをしっかりと受け止め、私たちにしかできない事業に一丸で取り組んでまいります。
　被災地の復興には、まだまだ皆様のご協力が必要です。このご縁が末永く続きますよう、お力添えを心からお願い申し上げます。
　略儀ながら書中をもちましてお礼のご挨拶とさせていただきます。
　　　　　　　　　　　　　　　　　　　　　　　　　　　　　　　　　敬具
　　　　　　　　　　　　　　　　　　　　　　　　　2015(平成 27)年 9 月 27 日
　　　　　　　　　　　　　　　　　　　　　　　歌津小太郎(有)橋本水産食品
　　　　　　　　　　　　　　　　　　　　　　　　　代表取締役　千葉小太郎

(出所)　橋本水産食品「セキュリテ被災地応援ファンド　ファンド募集が完了した事業者の皆様からのメッセージ」https://www.securite.jp/news/oen?a=253（2015 年 12 月 5 日閲覧)

さらに、民間の応援ファンドでは、公的資金でカバーしきれない部分を補完するとともに、公的支援にはない「出資者＝寄付者」と「事業者」との心のつながりが見られた。図表8-10にファンド完了に伴う千葉社長から投資家への礼状を示す。物心両面に渡る励ましが、事業者の再建を後押ししたと考えられる。

## 第4節　まとめ：応援ファンドの特色と被災中小企業への支援に関する考察

　橋本水産食品の例からは、被災した中小の事業所が自社の営利行為を追究するだけでなく、地域との共存共栄を重視しているのがわかる。他のファンドを活用した事業所についても、多かれ少なかれ地域との同様の関係が見られる。これら事業所の再建なくして地域の再生が難しいことがわかる。
　応援ファンドは、そうした事業所を支援するために作られたもので、その特色として「クラウドファンディングの活用」「出資という手法を用いた息の長い支援」が見られた。そのために設けられた仕掛け、それに伴う効果、及び復興の視点からのファンドの意義についてまとめた（図表8-11参照）。

### (1) 応援ファンドの仕掛け
#### ①事業者と支援者とのつながりを工夫した点
　1点目として「つながり」を工夫した点が挙げられる。事業者を助けるには一過性に終わらない長期の取組が必要である。この点、出資であれば契約を結ぶことで、一定期間のつながりが担保される。応援ファンドによる出資の年限は平均8年9か月で、この点が一過性で終わる寄付金と異なる。
　2点目は、気軽に出資できる点である。インターネットを通じて、事業者が出資を募るだけでなく、受信者側はそれを目にすることで、「誰でも」「いつでも」「どこでも」出資者になることができた。出資者数の増加につながったと考えられる。

3点目は、振り込み額の約半分を寄付金としている点である。これにより、通常の出資とは異なり支援の色彩が明確になった。同じ支援でも、義援金の場合は寄付した後、そのお金が「いつ」「どこで」「どの被災者に」振り込まれたのか特定できないが、応援ファンドはこの点が明確であり、それゆえ出資した支援者が多かった。出資に伴う将来の配当を辞退する方もいる。

　4点目は、事業所の再建状況が簡単に把握できる点である。インターネットを介して事業者から逐次発信されるので、「設備を借りて生産を始めた」「仮の工場を建設する」「生産規模が元に戻った」等の状況を随時把握することができた。

　5点目は事業者と支援者のパーソナルな関係を築ける点である。事業者による報告会や事業者を視察するツアー等が企画されることで、顔の見える支援関係が生まれた。

**②事業者と支援者双方の負担を軽減した点**

　出資者は、商法第535－542条にある「匿名組合員」となって事業者と契約を結ぶが、これ自体は団体ではなく法人格も有しない。営業者と匿名組合員の間の双務契約による投資で、営業者の資産と見なされることから、銀行から融資を受けやすくなる。さらに、最終決算日まで出資に伴う配当を払わなくてよいので、再建途中の負担を減らすことができた。

　また、MS社では、通常のファンドにおいて事業者に課す「ファンド組成費用」「ファンド運営費用」「ウェブ制作・PR費用」「ファンド監査費用」「成功報酬」を設けなかった。このことも、被災事業者にとって助けになったと考えられる。

　一方、支援者にとっては、一口につき10,500円と比較的振り込みがしやすい金額に設定された（MS社の通常のファンドの場合、一口30,000円～50,000円）。うち、手数料が一口500円と安価に抑えられた。一口当たりの額は少ないが、多くの出資者を集めることで、多額の支援につなげることができた。

## (2) 応援ファンドによる効果

被災事業者にとっては、物心両面において応援ファンドによる効果があったと考えられる。

### ①物質面での効果

応援ファンドによる全体の調達額は約11億円で、延べ3万人近い出資者を集めたことから、一事業者あたりに換算すると平均で3千万円近い支援を受けることができた。橋本水産食品の場合は約4.2千万円の支援を受け、第一工場の建設や設備の整備に使われた。大半の事業者が、募集額に見合った金額を集めることによって、設備の整備等に費やすことができたといえる。

### ②精神面での効果

出資者の多くは支援を主目的にしており、事業者の状況を知ることで、出資を増額したり、事業所を訪問したり、激励の便りを送ったりした。募集完了に伴う事業者のコメントや礼状には、津波や地震災害で工場・店舗・自宅等ほぼ全てを失いくじけそうになったが、支援者から励ましを受けることで、「支援者の気持ちが伝わり」「再建に前向きになった」と感謝する内容が届けられた。

加えて、事業者には経営状況（「事業内容」「計画」「資金使途」「ファンドのリスク」等）をホームページで開示する責務が課されたことから、出資者との良い意味での緊張感が生まれ、事業継続に弾みがかかったとも考えられる。

## (3) 復興の視点から見た応援ファンドの意義

これまでの被災中小企業再建に対する直接的支援は限定的であったが、東日本大震災では、グループ補助金等により、「地域経済の中核」を形成する中小企業等グループに対し、補助金が支給された。これにより、事業所は用地の確保、工場・店舗の建設、設備の導入等に補助金を用いることができた。私有財産の回復は個人の自助努力が原則とされてきたなかで、東日本大震災

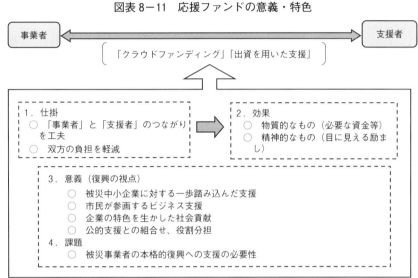

図表8-11　応援ファンドの意義・特色

(出所)　著者作成

を契機に、被災中小企業の再建が地域の復興につながるという公共性がより認識された意義は大きい。

　応援ファンドの意義は、地域再生にもつながるビジネス支援に市民が参画した点にある。義援金と異なり、このファンドでは、支援先を自ら選択してパーソナルな関係を築き、精神面でも支援できる。また、事業者は支援されたお返しとして、自社製品を贈答する。このような、公的支援には見られない、事業者と市民ならではの顔の見える関係が構築できたのが特徴的である。

　3点目は、企業の特色を生かした社会貢献にある。MS社は投資という本来の得意分野を生かした支援を展開した。マイクロファンドを社会に周知するうえでも効果があったと考えられる。手数料を少額に抑えたのでビジネスの点で利益が生じたとは考えにくいが、イベントを実施する際には、支援者から参加費を徴収したり、参加にかかる交通費を自己負担にしたりする等、

主催者側に過度な負担が生じない仕組にしている。営利企業が社会貢献するにあたっては、このように無理のない継続可能な仕組を作ることが肝要である。

　4点目は、公的支援にとどまらない民間支援の必要性である。グループ補助金と応援ファンドによる1社あたりの平均支援額は、それぞれ4,400万円と2,900万円である。橋本水産食品のように両者を併用した事業所もあれば、グループ補助金が要件とするグループ形成ができず、応援ファンドで救われた事業所もあった。いずれにせよ、市民による民間支援が財源として貢献したのがわかる。もう1つは精神的な支援で、これは公的支援には見出しにくいものである。質量双方において、民間支援が公的支援とともに役割を果たすことがわかった。

　最後に5点目は、さらなる支援の必要性である。応援ファンドでも、その大半は本格的復興に至る前の仮設工場、仮設店舗、あるいは最低限の機材整備等に主に使われた。本設にはさらなる資金が必要であり、橋本水産食品では水産加工業に対する補助金を使えたが、すべての業種にこれが当てはまる訳ではない。それらにどう対処するか、公民それぞれで、あるいは協働して検討することが求められる。

【謝辞】
　本章の執筆にあたっては、有限会社橋本水産食品千葉孝浩様、株式会社ミュージックセキュリティーズ杉山章子様をはじめとする関係者の皆様に一方ならぬお世話になりました。感謝申し上げます。

【参考文献】
青田良介（2011a）「被災者の住宅・生活再建に対する公的支援に関する考察〜被災者の私有財産と公的支援との関係の変遷〜」『地域安全学会論文集』No.14、pp.141-151.
青田良介（2011b）「被災者支援にかかる復興基金と義援金の役割に関する考察」関西学院大学災害復興制度研究所『災害復興研究』第3号、pp.87-117.

阿部泰隆（1995）『大震災の法と政策　阪神・淡路大震災に学ぶ政策法学』日本評論社、pp78-89.

（青田　良介）

# 第9章
# 地域中小企業の存立維持とグローバル化に関する一考察
―中小製造業の海外事業展開を中心に―

## 第1節　問題意識

　現代日本は多くの社会的課題（少子高齢化、環境問題、地域経済の疲弊等）が山積している。社会的課題の1つである地域経済の疲弊を克服するには、地域のヒト・モノ・カネを活用することが不可決である。第1にヒトであるが、地域の雇用問題が存在し、地域経済の持続的発展には地域の人材を活用した組織づくりが必要である。第2にモノであるが、地域の資源を活用した製品・サービスに着目する必要がある。第3にカネであるが、地域の金融機関との協力関係を強化することで、地域経済に資金を円滑に循環させる必要がある。これらに深く関係を持っている経済主体としては、地域中小企業の存在があげられる。地域中小企業は、社会的課題の解決に取組み、経済価値をもたらす、いわゆるソーシャル・イノベーションの担い手でもある。

　ソーシャル・イノベーションの担い手として重要な役割を果たしている地域中小企業は、長い間地域において存立維持してきたため、地域の雇用を創造し、その地域で必要とされる製品・サービスを製造、販売し、地域の金融機関等と信頼関係を構築している。また、地域中小企業は地域の利害関係者に対して大きな影響を及ぼす力がある。つまり、地域中小企業は地域内で異

なる業種間で相互の強みを活かした集積・ネットワーク・クラスターを形成し、1社ではできない高付加価値の製品・サービスを提供する事業体を形成しようとする。さらに、企業間連携の中核企業としての信用力を保有し、一定のビジネスモデルを前提として地域資源を活用しながら自企業の経営資源を発掘し、新事業を創出しているのである。

　地域中小企業を取り巻く経済環境としては、高い法人税率、貿易自由化の遅れ、労働の規制、さらに東日本大震災後のエネルギー危機やアジア諸国の経済発展等があげられる。こうした環境下で特に製造業に着目すると、大企業が工場や調達拠点の海外移転、海外市場開拓がさらに加速化する傾向にある。中小製造業（中小企業）は取引先である大企業が自社の生産拠点等を海外に移転するに伴い、従来の取引関係の維持が困難となっている現状もある。また、日本の人口減少等の問題によって、国内市場の縮小が予測されており、内需に依存している中小製造業（中小企業）は供給量の減少も考えられる。地域経済を支える中小企業のなかでも、一部の中小製造業（中小企業）は自社の存立維持を図るために、自ら海外に生産拠点、調達拠点等を設ける経営行動がみられる。

　主に内需に依存している地域中小企業は地域資源やネットワークを活用して、海外事業展開を行なうことによって、販路開拓を実現できる可能性がある。しかし、地域中小企業が地域資源や企業間ネットワークをどのように活用して、海外事業展開するに至ったのかを論じている研究は少ないと考えられる。そこで本章では、地域との関係性が中小企業の海外事業展開にどのような影響をもたらしているのか、また海外事業展開の経営行動について分析していく。

## 第2節　世界各地域の中小企業研究[(1)]

　中小企業研究においても大きな関心事になっているのが、中小企業のグ

ローバル化である。中小企業のグローバル化は近年、製造業のみならず、サービス業、商業等多岐にわたって進展している。そもそも中小企業論において、第二次世界大戦後に海外に目を向けた研究として末松玄六編（1953）が存在する[2]。その研究では外国文献等を中心に考察されており、海外中小企業を研究する国際比較研究の先駆けともいえる。また、末松玄六編（1953）は当時の先進国における中小企業が各国内の経済活動にどのような役割を担っているのかを考察することで、日本の中小企業の問題点を明らかにしていく点でも重要な研究であった。今日においても先進国の中小企業への研究は多々あり、特にアメリカとヨーロッパの中小企業に対する関心は高い。

### (1) アメリカとヨーロッパの中小企業

清成・田中・港（1996）は、アメリカの中小企業は大企業との関係の希薄性（米国企業における垂直統合度の高さ、すなわち外部調達比率の低さ）とベンチャー・ビジネスを中心とする起業・創業の多さを指摘することが通例であったと指摘している。大企業との関係の希薄性については、「工業立地、取引交渉力、成長のテンポ、M&Aに対する考え方、賃金構造等の諸点から説明されるとともに、これが近年、技術進歩（高度な情報ネットワークの発達）、規制緩和、競争の激化を背景として変化する兆[3]」がみられる。ベンチャー・ビジネスを中心とする起業・創業が多い背景については、「米国経済再生と繁栄の担い手としてのベンチャー[4]」が「アメリカン・ドリーム」の象徴としてアメリカの活力となっていることが考えられる。

一方、ヨーロッパのイギリスをみてみると、福島久一（1995）では、1970年～1991年間の各統計データを基にイギリスの中小企業の動向を明らかに

---

(1) 村上敦（2003）における海外の中小企業に関する学説の分析を参考にした。
(2) 村上敦（2003）p.140を参考にした。
(3) 村上敦（2003）p.144.
(4) 村上敦（2003）p.144.

している。当時のイギリスにおいて中小企業の倒産等が問題化し、中小企業に対する支援制度が拡充された。この背景には中小企業が雇用問題等で経済に大きな役割を担っているという認識が当時のイギリス政府にあったからである。また、「1990年代に入ると、中小企業政策の重点は、新規創業や雇用の拡大という「量」重視から、高い技術水準を備えた競争力のある中小企業を育成するという「質」重視へと転換しつつある[5]」と考えられる。

次にドイツについてみてみる。ドイツの中小企業、とりわけドイツの手工業については近藤義晴（1999）の研究が著名である。ドイツでは1953年に制定された「手工業秩序」法が1993年、1998年に改定されており、職種単位がそれまでの127から94へ縮小され、職種間、事業活動間の相互参入が可能となり、この規制緩和によって従来の製品・サービスの高い品質に大きな影響を及ぼすこととなった。ドイツのマイスター制度は、「技術の進歩、情報化の進展、サービス経済化、若者の高学歴志向、生産より販売を重視する企業経営方針、国境を超えた経済統合の実現や経済のグローバル化等[6]」の時代の流れに適応できなくなった面がある。

次にイタリアについてみてみる。イタリアの中小企業に関する研究には「第3のイタリア」と呼ばれる概念が存在し、石倉三雄（1999）で考察されている。イタリアの地場産業の発展は「急速に変化する市場の動向に適応し、フレキシブルな労働力と弾力的な生産ネットワークに依拠し、伝統的技術の土台の上に先端的技術を有機的に結合し、これを縦横に駆使しつつ、次々とイノベーションを展開し、その目的を達成してきたことに求められる[7]」としている。また、イタリアの産地は「繊維・アパレル・靴・家具・玩具等生活関連産業や工作機械・産業機械を初めとする多くの産業分野での専門的中小企業をオーガナイザーが需要に応じて選択的に組織化し、強い国際競争力

---

(5) 村上敦（2003）p.147.
(6) 村上敦（2003）p.148.
(7) 石倉三雄（1999）p.304.

をもつ高品質の製品を内外市場に送り出していく点[8]」が特徴である。

## (2) アジア諸国の中小企業

一方、発展途上国の中小企業の研究も増えていき、藤田敬三・藤井茂編(1973)が先駆けともいえる研究である。この研究では、「発展途上国の工業化(経済発展)との関連で現地での中小企業のあり方が問われるとともに、工業化が輸入代替から輸出志向へ向うのに応じて、まず日本の輸出が発展途上国の国内市場から閉め出され、ついで欧米先進国市場で発展途上国からの輸出品との間で競合の度合を深め、さらに日本市場での競合にまで及ぶという過程(いわゆる途上国の追上げ)に即して、日本の中小企業がそれぞれに対応を迫られる姿とそこから考えられる課題が多面的に論じられている[9]」という評価があげられる。しかし、発展途上国の中小企業問題というよりも、発展途上国の発展による日本の中小企業にもたらす影響に重点が置かれているように考えられる。つまり、当時の日本経済は第二次世界大戦後の復興期にあり、先進国へのキャッチアップを目指すなかで、発展途上国の発展が脅威になりつつあった。また、先進国の中小企業と発展途上国の中小企業の研究の他に、当時の社会主義国家の中小企業の研究も盛んに行なわれている。特に1978年に改革・解放路線へと政策を転換した中国への関心が高かった。中国の「郷鎮企業[10]」を研究対象とした研究は多くあり、大島一二(1987)・関満博(1996)等が著名である。「郷鎮企業」が急速に増加した背景には、1978年の経済改革により農村に生じた大量の過剰な労働力吸収を目的として、農村の工業化を進める必要があったためである。「郷鎮企業」は地域の

---

(8) 村上敦(2003) p.149.
(9) 村上敦(2003) p.141.
(10) 農村末端行政組織—郷・鎮・村—が経営する企業、および農民が共同もしくは単独で経営する企業の総称。主として中小規模製造業、群生する私企業や中国へ殺到した外資系企業と並んで、「改革・開放」後の中国の急速な経済発展を牽引してきた(村上敦(2003) p.153)。

自然・歴史・社会・経済的風土に影響されながら生成・発展してきた[11]ため、中国経済に対する役割が大きかった。

　台湾の中小企業に関しては、川上桃子（1998）の研究に注目してみる。当時の台湾のパーソナル・コンピュータ関連の産業に着目し、「1980年代以降の発展過程を跡づけながら、とくに80年代後半に発達した地場中小企業を中心とする企業間分業体制の多様なあり方（機能間分業、生産工程間分業、水平的分業）を解明し、そうした分業体制が産業全体の効率性を高め、そのダイナミックな発展を促すうえで重要な役割を演じてきたことを論証[12]」している。

### (3) 日本のグローバル化と中小企業

　以上のように、アメリカ・ヨーロッパ・アジアの各国では中小企業が担う経済的な役割は大きい。日本は第二次世界大戦後、重化学工業を中心に復興し、輸出を拡大してくことで経済を発展させていくことになる。経済発展とともに日本経済はグローバル化の時代を迎え、中小企業の存立維持にさまざまな影響をもたらした。中小企業の経営行動等を取り巻く経営環境がグローバル化と指摘されるようになったのは、1985（昭和60）年のプラザ合意による米国政府による円高誘導政策以降[13]であり、「中小企業への研究視覚が「グローバリゼーション」で頻繁にとらえられるようになったのは、1990年代以降であり、2000年代にはいって定着した感がある[14]」。

　1990年代以降に入ると、中小企業のグローバル化に関する研究も盛んに行なわれるようになる。それらの研究の内容については経営資源であるヒ

---

(11)　鈴木岩行（1993）p.97.
(12)　村上敦（2003）p.152.
(13)　寺岡寛（2013）p.303.
(14)　寺岡寛（2013）p.303.

ト・モノ・カネ・情報の視点で捉えており、次の4つにまとめることができる[15]。

第1に「モノのグローバリゼーションは輸出入の増加によるものであり、日本の製品輸入増加や発展途上国の輸出増大による産地・地場産業や中小企業への影響と、それに対する対応が論点[16]」である。第2に「カネのグローバリゼーションでは外国直接投資を主として取り上げるが、日本からの対外投資と日本への対日投資があり、また対外投資のなかにも中小企業による海外事業展開と親企業の海外投資があり、それぞれによる中小企業への影響（特に産業空洞化問題）とそれへの対応策が論点[17]」である。第3に「ヒトのグローバリゼーションでは外国直接投資に伴う経営者や技術者の海外への移動と、外国人労働者の日本への受入れ問題が主たる論点[18]」である。第4に「情報のグローバリゼーションは技術連携や技術移転および日本的生産システムの移転等が主たる論点[19]」である。以上の研究は主に製造業に携わる中小企業の経営行動が対象となっている。

## 第3節　グローバル化に伴う中小企業経営

### (1) 産業構造からみた中小企業のグローバル化

日本経済を取り巻く外部環境の変化により、産業構造もそれに伴い変化したことで、中小企業が海外市場に進出する背景について、村上敦（1987）では「構造不況業種としての中小企業の積極的な国際化[20]」であると述べている。「構造不況業種」とは、構造不況化でとくに厳しい対応を迫られてい

---

(15) 松永宣明（2003）p.327 を参考にした。
(16) 松永宣明（2003）p.327.
(17) 松永宣明（2003）p.327.
(18) 松永宣明（2003）p.327.
(19) 松永宣明（2003）p.327.
(20) 村上敦（1987）p.12.

る産業分野という意味とされている[21]。また、「構造的要因によって比較劣位化する産業分野[22]」とも述べている。このような産業分野は1970年代に起きた石油ショック等により、世界規模で経済が低迷し、さらに1985(昭和60)年の「プラザ合意」によって日本経済は円安不況の影響を大きく受けている。村上敦が定義している「構造不況業種」としては、労働集約的な製品製造に従事している中小企業があげられる。労働集約的な生産工程は、日本の在来業種に多く、大きな設備を要さない機械で行なわれている。労働集約的な生産工程で製造された安価な製品が日本に輸入され始めると、中小企業の競争力は失われていくことになる。村上敦は中小企業の比較劣位になりうる業種は「比較劣位化を回避するべき低賃金労働を求めて立地をシフトさせる傾向をもっている[23]」と述べている。つまり、国内においても地方の人件費が安い地域に工場等を移転することで、低賃金労働を確保していくことになる。しかし、日本の人件費に安さを求めるのには限界があり、中小企業は近隣諸国の人件費の安さに注目するようになる。村上敦は中小企業がアジア地域に海外直接投資を行なうようになったのは1970年代としている。また、加工組立型の重化学工場分野においては、下請中小企業による元請大企業に追随する形で海外事業展開していく場合もあった。特に、労働集約的な軽工業に従事している中小企業が低賃金労働を目的にアジアの発展途上国に事業展開していく動きをみて、村上敦は「構造不況業種としての中小企業の積極的な国際化[24]」と主張している。

## (2) 経営戦略からみた中小企業のグローバル化

　中小企業は日本経済のグローバル化の進展に伴い、海外企業との競争が激

---

(21)　村上敦（1987）p.1.
(22)　村上敦（1987）p.2.
(23)　村上敦（1987）p.11.
(24)　村上敦（1987）p.12.

化していくこととなった。その競争から脱落し、廃業していく中小企業もあるが、自社を取り巻く経営環境に適応するために、新技術の導入、新製品の積極的な開発、それに伴うコストダウン等の経営行動を行ない、国際競争のなかでも存立している中小企業も存在する。では、国際競争のなかでどのように中小企業が存立しているのかを、河井啓希（2004）の議論を検討していくことで考察していく。河井啓希は中小企業におけるグローバル化について、自社の経営戦略に注目している。中小企業のグローバル化に関する経営戦略については、通商産業省（現経済産業省）（1998）『商工実態調査』のデータを援用し、その特性について実証的な分析を行なっている。河井はまず、企業のグローバル化に関して段階的に進展していくことに触れている。第1に「取引のグローバル化[25]」を取り上げている。つまり、「企業はより大きな市場を目指して自らが生産した製品の販路を国内から海外に向けることで企業の成長をはかることができる[26]」とし、さらには、「自社の製品の販路拡大のみならず、生産コストの削減のために、安価な原材料等の取得を目指している場合もある[27]」としている。第2に「リスク回避ならびにディスカウントを目的とした提携や委託加工契約にもとづく長期取引を志向することになる[28]」とし、「生産に必要な部品調達を国内すべてで行うのではなく、供給業者として海外企業を活用することになる[29]」としている。第3に「企業は、川下ならびに川上に対する垂直統合を志向し、現地企業に出資することで合弁企業を設立することになる[30]」とし、「海外市場で効率的に活動するために、現地企業が保有する情報等が必要であり、共同出資によって合弁会社の設立が行われる[31]」としている。第4に「企業は独立出資の海外子

---

(25) 河井啓希（2004）p.8.
(26) 河井啓希（2004）p.8.
(27) 河井啓希（2004）p.8.
(28) 河井啓希（2004）p.8.
(29) 河井啓希（2004）p.8.
(30) 河井啓希（2004）p.8.

会社を設立して、原材料の調達ならびに販路の開拓を内部化するに至るのである[32]」とし、企業のグローバル化の最終段階であるとしている。以上のように企業のグローバル化に関して河井は述べているが、基本的に大企業に該当する内容といえる。しかし、中小企業のグローバル化も同じ段階を進んでいると考えられる。また、河井は企業のグローバル化は自社の経営資源を活用するために最適であると指摘している。つまり、中小企業が元請大企業から海外の情報を共有できる場合もあり、中小企業の研究開発、人的資本の蓄積、IT技術の導入等が促進されることも主張し、中小企業のグローバル化が中小企業の生産性を向上させる要因となりうることに着目する必要性について述べている。日本の中小企業が海外事業展開を行ない、自社の存立維持を可能としているのかについては、以下で具体的な事例を取り上げていく。

## 第4節　地域中小企業の海外事業展開の経営行動

　地域中小企業が地域資源や企業間ネットワークをどのように活用しているのかを具体的に考察するために、兵庫県下で既に海外事業展開をしている地域中小企業に対するヒアリング調査結果[33]から、より具体的な海外事業展開の経緯について考察していく。また、海外事業展開を行なったことで、地域中小企業が自社の存立基盤強化にどのように結び付けているのかについてみていく。

---

(31)　河井啓希（2004）p.8.
(32)　河井啓希（2004）p.8.
(33)　今回のヒアリング調査はひょうご（公財）震災記念21世紀研究機構で行なわれた「中小企業における海外事業展開の動向と課題」のデータを修正・加筆している。A社（2012年7月3日、午後4時～午後5時）、B社（2012年7月20日、午前10時～正午）、C社（2012年7月3日、午後1時～午後3時）、D社（2012年7月20日、午後2時～午後4時）、E社（2012年6月28日、午前10時～正午）、各企業には海外事業展開の動機、事業概要等を中心にヒアリングしている。各企業の海外事業展開先は中国である。以上のヒアリング調査は、筆者も関わっている。

## (1) A社[34]の海外事業展開

　A社は1995(平成7)年1月の阪神・淡路大震災に直面してから、顧客の設備を復旧させるという本業以外で需要が高まり、この対応に奔走していた。設備や人員も需要の高まりに応じて増加させた。しかしながら、設備の復旧が一段落したところでそれまでの需要が一気になくなり、仕事量の確保や資金繰等でいろいろと問題が生じることとなった。こうした諸問題への対応を余儀なくされた。

　阪神・淡路大震災に直面した直後にA社が取組んだこととして、中国における合弁企業の新設があげられる。もともとA社は中国で1994(平成6)年に第1号の合弁企業を設立している。A社が中国に海外事業展開を行なった背景には、前々から国際化に取り組んできたが、これから先は中国の市場が伸びるだろうという予測があったことがあげられる。阪神・淡路大震災により、国内の生産が滞ったことから、取引関係のある顧客に迷惑をかけることはできないと考え、中国で第2の合弁企業を新設することを決断した。中国でも日本で製造したものと同等の製品を製造できるのであれば現地で生産すればよいという認識がある。こうした認識をもとに、1996(平成8)年に合弁企業を新設し、合弁工場を設立している。それによってA社は国内に供給する製品の生産拠点確保を実現したのである。現在では国内需要の落ち込みから、中国の合弁企業で生産される製品は主に中国市場向けとなっている。中国の合弁企業の売上は好調であり、A社は海外事業展開を行なったことで、拠点の利益を基に国内拠点の規模拡大を実現している。

## (2) B社[35]の海外事業展開

　B社は日本国内で仕事が無くなりうるという懸念から、2002(平成14)年に中国の無錫へ海外事業展開をする検討を始め、2005(平成17)年の1月に

---

(34)　ヒアリング当時のA社：設立年は1970年、資本金額は2,000万円、従業員数は11名、業態は電気、計装工事の設計・施工、自動化・省力化装置の設計・製作等。

海外事業展開を行なった。中国に海外事業展開を行なった理由は、大型建設機械メーカーがすでに中国に海外事業展開をしていたためである。B社は大型建設機械メーカーの集約ベンダー的役割を担っていたため、取引先が沿海部に第2工場を設立したことを契機に、B社も海外事業展開を行なうことを決断した。中国工場の稼動状況は、受注が少ないために稼動それ自体は約半分程度である。この結果、中国工場の売上は当初の見込みの約半分であったが、そのお陰で中国工場の技術の習熟度合いが円滑に進んだため、結果としては良いという判断であった。中国現地メーカーとの競争については、日本本社では比較にならないくらい多品種少量のものを製造している（一例をあげると、中国現地メーカーが3機種であるものは、B社は25機種を製造している）。B社は中国市場の販路開拓を実現し、国内拠点の売上高の増加、さらに国内拠点の規模拡大を可能としている。今後は、設計部隊を中国工場で整備し、現地日系メーカー向けに設計開発を安い単価で実現することを目指している。B社によれば、今後、自社でも対応可能な部品等について積極的に営業をしていくという。

### (3) C社[36]の海外事業展開

　C社の海外事業展開はリーマンショック後（2008年頃）であった。リーマンショック後、同社の売上が6割も落ち込み、銀行からの融資も厳しくなった。この危機を乗り切るために海外市場に目を向けることになった。C社の社長はグローバル化とは、「世界を見て業界の動向を見ながら自社の方向を決めること」であると述べている。自社の製品を中国で販売するために、現

---

(35)　ヒアリング当時のB社：創業年は1944年、資本金額は3,000万、従業員数は42名、業態は大手建設機械メーカーの下請として、建設機械（ショベル、クレーン）用鈑金パーツ、コンプレッサー用鈑金パーツ、各種産業機械用鈑金パーツ、機械用カバー、一般的なプレス加工部品等の設計・製作等。

(36)　ヒアリング当時のC社：創業年は1947年、資本金額は6,500万円、従業員数は130名、業態は洗浄機・油圧機器部品の製造販売。

地販売拠点を中国国内に構えた。現地の大手企業の最終製品の製造部品を供給している。Ｃ社は営業に力を入れており、Ｃ社の営業担当の従業員には中国での市場動向等の調査を積極的に行なわせている。また、営業担当者に計画書を書かせ、その計画を達成できるように、社長も参加する社内会議を頻繁に行っている。Ｃ社の営業力を支えているのが、自社独自の製品開発がもたらす高付加価値製品である。中国国内では、日系企業が多数海外事業展開しており、コスト競争が起こっている。Ｃ社は、日系企業からのコストを重視した製造の受注よりも、Ｃ社にしかできない製品開発、製造を目指している。Ｃ社は海外事業展開を行なうことで中国市場を取り込み、自社の国内拠点の拡大、売上高の増加を可能としている。今後は、自社の製品のアフターサービスを担う現地拠点を設置する戦略を立てている。

### (4) Ｄ社[37]の海外事業展開

Ｄ社は工具の高齢化や激しい価格競争を背景に、1982（昭和57）年から中国や韓国での委託生産を始め、1995（平成7）年には生産量の過半数を中国生産にシフトしている。万一のリスクを回避するため、現在は中国の北から南まで計4カ所の工場に分散発注している。中国での現地生産には課題も存在する。中国の経済成長に伴い、現地の人件費が上昇しており、今後の他の諸外国に生産拠点を再配置する等の課題も存在する。阪神・淡路大震災を機に完全なファブレス化を果たし、製造メーカーではなくなったＤ社は、戦略として企画・製造・販売に特化するのが狙いであり、本社が少数精鋭であることで強い体質が保たれている。Ｄ社は海外事業展開を行なうことで、国内拠点の研究開発部門を強化し、新たな新製品を販売することで売上高の増加を可能としている。つまりＤ社は、国内拠点を新製品等の開発に経営資源を集中させることで、製品の高付加価値化を実現している。

---

[37] ヒアリング当時のＤ社：設立年1961年、資本金額9,000万円、従業員数は30名、業態はシューズの販売生産。

## (5) E社[38]の海外事業展開

　E社の海外事業展開の時期は2003(平成15)年頃であった。2002(平成14)年4月に板金業者の仲間達に誘われて行なった上海の板金工場4社への視察がきっかけだった。日系の現地企業と出会い、現地で部品調達のめどが立つことにつながった。視察先は洗濯機向けの回転ギアや携帯電話の充電器等の工場であった。現地工場における生産コストはかなり安く、さらに多少のサポートさえあれば、現地の技術水準はE社のそれと大差ないことに気づき、現地からの部品調達の必要性を強く感じたからである。多くの日系企業が海外事業展開先での企業間ネットワーク（対ローカル企業）の構築ノウハウが不十分という認識から、E社は中国で企業を経営していた知り合いの日本人経営者とのつながりで、現地にすでに海外事業展開をしている日系中小企業とネットワークを構築し、中国への海外事業展開を実現している。E社は海外事業展開を行なうことで、国内拠点の研究開発力が向上し、売上高の増加を可能としている。E社は海外事業展開の当初の目的はあくまで現地での部品調達にあったが、現在では現地生産、現地販売をも手掛けている。国内工場では、試作開発、新市場開拓に力を入れており、現地工場は製造に特化している。

## (6) 海外事業展開による兵庫県下の地域中小企業の形態と動機

　兵庫県下5社の地域中小企業の海外事業展開について、地域中小企業が海外事業展開する形態を類型化してみる。5社は主に現地生産、販売拠点の設立に関与しているが、各社ともに関与の形態が異なるため、以下で4つに分類してみる。
　第1に輸出型（加工貿易型（販売拠点を設置し、国内製品を輸出））とする。第2に国際分業型（a 工程間分業型（単純部品の生産等を海外に移転し、国

---

(38)　ヒアリング当時のE社：創業年は1956年、資本金額は1,000万、従業員数は79名、業態は精密部品に係る金属部品の板金加工。

内では最終組立を行なう等工程間で分業)、(b 製品間分業型 (一部の製品は海外に生産を移転し、国内では高付加価値品の製造にシフト)) とする。第3にアウトソーシング型 (国内生産拠点はもたず、OEM 生産等で海外に生産委託) とする。第4に生産機能移転型 (国内では開発・設計・製品企画部門を残し、生産機能は海外へ移転) とする。

つまり、第1の輸出型としてはC社、第2の国際分業型としてはB社、E社、第3のアウトソーシング型としてはD社、第4の生産機能移転型としてはA社となる。各企業の形態はさまざまであるが、国内拠点の機能を過度縮小せずに、国内との役割分担を明確にし、海外市場に活路を見出している。さらに、地域中小企業が海外事業展開に至る動機の類型として、「コストダウン型 (人件費等の生産に係るコスト削減を目的とした展開)、ネットワーク (タテ連携) 型 (元請や主要取引先等タテ系列の要請による展開)、仲間取引 (ヨコ連携) 型 (同業種の中小企業の海外事業展開をきっかけに展開)、販路開拓型 (新分野開拓・新販路拡大等を伴う第二創業的な展開)[39]」に分類してみる。つまり、コストダウン型としてはA社、D社、ネットワーク (タテ連携) 型はB社、仲間取引 (ヨコ連携) 型はE社、販路開拓型はC社、となる。

事例5社は海外事業展開の動機の差異によって形態が異なっている。A社、D社のように海外事業展開を行なう動機がコストダウン型になると、アウトソーシング型や生産機能移転型のような、現地従業員の安価な労働力を利用した形態となる。B社やE社のように、海外事業展開を行なう動機がネットワーク (タテ連携) 型、仲間取引 (ヨコ連携) 型になると、国内の製造の一部を移転し、国家間の分業を利用した形態となる。C社のように海外事業展開を行なう動機が販路開拓型になると、国内で製造している製品の販路拡

---

[39] ひょうご震災記念21世紀研究機構における第1回「中小企業における海外事業展開の動向と課題」の研究会において、中沢孝夫先生のグローバル化に対する見解を参考にしている。

大のために、現地生産するのではなく、現地販売する拠点を設ける形態となる。下記の図表9-1でまとめてみる。海外事業展開はコストダウンを目的とした現地生産に特化した形態、国内の企業間関係から派生した国際分業に特化した形態、自社製品の販路開拓を目的にした輸出に特化した形態に分類できることがわかる。つまり、海外事業展開動機がコストダウン型になると、国内拠点は製品開発に特化した形となり、ネットワーク（タテ連携）型、仲間取引（ヨコ連携）型になると、国内拠点は生産の一部を残す形となり、販路開拓型になると、国内拠点は生産に特化した形態となることがわかる。

地域中小企業の海外事業展開に関して特に地域との関係性を重視していると考えられるのが、まず地域に根差しながら自社製品等を海外に輸出しているＣ社は地域の資源を活用した比較優位製品を生み出し、国内拠点の規模を拡大しており、地域経済へ大きな波及効果をもたらしているといえる。また、Ｅ社は地域中小企業のネットワークがきっかけとなり、海外事業展開を行なうようになった。Ｅ社単独では海外に目を向けることがなかった可能性もある。両社とも地域資源を活用することで、自社の存立維持を可能とする

図表9-1　海外事業展開動機と海外事業展開形態の分類

| 海外事業展開形態による類型 \ 海外事業展開動機による類型 | コストダウン型 | ネットワーク（タテ連携）型 | 仲間取引（ヨコ連携）型 | 販路開拓型 |
|---|---|---|---|---|
| 輸出型（加工貿易型） | | | | Ｃ社 |
| 国際分業型 | | Ｂ社 | Ｅ社 | |
| アウトソーシング型 | Ｄ社 | | | |
| 生産機能移転型 | Ａ社 | | | |

（出所）筆者作成

海外事業展開に至ったのである。

## 第5節　結論

　本章は特に地域との関係性が中小企業の海外事業展開にどのような影響をもたらしているのかについて考察してきた。ヒアリング調査を通して、海外事業展開は自社の存立維持を可能とする経営行動であることがわかった。特に地域での生産にこだわり、製品を輸出するための現地の販売拠点を設ける経営行動が地域経済の活性化に大きな影響を与えている。地域中小企業の海外事業展開は新たな市場を開拓し、製品・サービスの供給先の構築につながっている。海外事業展開（生産拠点・販売拠点）することで、地域中小企業が地域資源を活用しながらソーシャル・イノベーションを実現し、存立維持していくことで地域においても新たな付加価値の高い分野を創造できる。

　多くの中小企業研究者が注目している中小企業憲章の行動指針には、「海外展開を支援する」という言葉がある。これは、「中小企業が海外市場の開拓に取り組めるよう、企業と行政とが連携した取組を強める。また、支援人材を活用しつつ、海外の市場動向、見本市関連等の情報の提供、販路拡大活動の支援、知的財産権トラブルの解決等の支援を行なう。中小企業の国際人材の育成や外国人材の活用のための支援をも進め、中小企業の真の国際化につなげる[40]」という記載がされている。つまり、世界経済が、成長の中心を欧米からアジア等の新興国に移しているなかで、地域中小企業はグローバル化を通じて、第二創業・挑戦意欲・創意工夫等の積み重ねを一層活発化させ、変革の担い手として存立し続けていくことが求められるのである。

　しかし、海外事業展開に関する課題も多く、特に現地の情報収集、現地従業員の採用・育成が問題となる。経営資源が大企業よりも乏しい地域中小企

---

(40)　経済産業省のHP（http://www.meti.go.jp/committee/summary/0004655/kensho.html）を参照している。

業だけでは克服できない課題（情報収集等）に関しては、政府・地方自治体等からの支援体制も必要となる。今後、日本の中小企業政策を考えるとき、特に地域中小企業の場合でいえば、積極的に海外との貿易、あるいは工場展開をする企業ほど、国内の工場が成長している場合も見受けられ、その事例をもとに戦略産業を規定しようとする流れもある。今後は地域中小企業の海外事業展開に関して政府・地方自治体等に求められる支援体制について考察していく必要がある。

**【参考文献】**
中小企業庁（2004）『中小企業白書 2004 年度版』ぎょうせい．
Dunnig, J. (1981) *International Production and the Multinational Enterprise*. London: George Allen and Unwin.
藤田敬三・藤井茂編（1973）『発展途上国の工業化と中小企業』有斐閣．
福島久一（1995）「イギリス製造業における中小企業の構造と展開―1970 年以後の統計的分析―」『経済集志』第 65 巻 2 号，pp.1-35.
長谷川英伸（2015）「中小企業の存立可能性に関する比較研究―企業間取引、地場産業、グローバル化―」兵庫県立大学博士論文，pp.1-260.
ひょうご震災記念 21 世紀研究機構（2013）「中小企業における海外事業展開の動向と課題」ひょうご震災記念 21 世紀研究機構研究調査本部．
石倉三雄（1999）『地場産業と地域振興―集中型社会から分散型社会への転換―』ミネルヴァ書房．
河井啓希（2004）「中小企業のグローバル化の進展―その要因と成果―」経済産業研究所，pp.1-25.
川上桃子（1998）「企業間分業と企業成長・産業発展―台湾パーソナル・コンピュータ産業の事例―」『アジア経済』第 39 巻第 12 号，pp.2-28.
川上義明（2004）「経済の国際化と「中小国際企業」福岡大学『福岡大学商学論叢』第 48 巻第 4 号，pp.407-430.
川上義明（2004）「経済のグローバル化と中小企業に関する一考察」福岡大学『福岡大学商学論叢』第 49 巻第 1 号，pp.1-22.
経済産業省（2012）「企業活動基本調査」．

清成忠男・田中利見・港徹雄（1996）『中小企業論―市場経済の活力と担い手を考える―』有斐閣．
近藤義晴（1999）「ドイツにおけるハンドヴェルクの転換期」関西学院大学商学研究会『商學論究』第 47 巻 1 号，pp.55-76．
松永宣明（1992）「中小企業と国際化」中小企業事業団・中小企業研究所編『日本の中小企業研究』有斐閣．pp.219-239．
三井逸友（2006）「中小企業の海外事業展開の今日と立地戦略」中小企業情報化促進協会『中小企業と組合』第 61 巻第 10 号，pp.4-8．
元橋一之（2006）「日本経済のグローバル化の進展と中小企業に与える影響」中小企業金融公庫総合研究所『中小企業総合研究』第 5 号，pp.1-20．
村上敦（1987）「構造不況業種としての中小企業の国際化」『國民經濟雜誌』神戸大学経済学部，第 155 巻第 4 号，pp.1-17．
村上敦（2003）「国際比較的研究」中小企業総合研究機構編／編集代表＝伊藤公一・清成忠男・村上敦『日本の中小企業研究―第 1 巻「成果と課題」―』同友館，pp.137-165．
中沢孝夫（2012）『グローバル化と中小企業』筑摩書房．
日本銀行神戸支店（2012）「県内企業に対する「海外進出状況に関するアンケート」の調査結果について」．
大島一二（1990）「中国における農村工業化の展開と課題―郷鎮企業の発展と問題点―」東京農業大学農業経済学会『農村研究』第 69・70 巻，pp.320-333．
佐竹隆幸編著（2014）『現代中小企業の海外事業展開―グローバル戦略と地域経済の活性化―』ミネルヴァ書房．
関満博（1996）『中国市場経済化と地域産業』新評論．
末松玄六編（1953）『海外の中小企業』有斐閣．
鈴木良隆編（2014）『ソーシャル・エンタプライズ論―自立をめざす事業の革新―』有斐閣。
鈴木岩行（1993）「中国郷鎮企業の経営組織―蘇南モデルを中心に―」早稲田大学産業経営研究所『産業経営』第 19 巻，pp.91-109．
瀧澤菊太郎編（1982）『中小企業の海外進出―経済国際化への積極的対応―』有斐閣．
月丁博文（1996）「中小企業の海外事業展開に関する一考察」朝日大学経営学会『朝日大学経営論集』第 11 巻第 2 号，pp.1-21．
谷本寛治（2009）「ソーシャル・ビジネスとソーシャル・イノベーション」東洋経済新報社『一橋ビジネスレビュー』第 57 巻第 1 号，pp.26-41．
寺岡寛（2013）「中小企業とグローバリゼーション」中小企業総合研究機構編／編集代表

＝三井逸友『日本の中小企業研究―第 1 巻「成果と課題」―』同友館，pp.303-323.

(長谷川 英伸)

# 第10章
## ベンチャー型中小企業の ソーシャル・イノベーション創出
―地域資源を活かした市場創造形成プロセス―

### 第1節　中小企業の第二創業とソーシャル・イノベーション

　日本政府が掲げた「地域創生」に対する全国的な気運の高まりによって地域経済活性化に取組む地域は増えてきている。なかでも中小企業は地域経済活性化の担い手として、とりわけ多くの中小企業からなる地方圏では重要な役割を担っている。本章では地域経済活性化の手段として域外からその地方[1]に来訪者数の増加による需要をつくりだし、新たな市場を創造する、ソーシャル・イノベーション創出をはかるベンチャー型中小企業の第二創業（経営革新[2]）について考察している。また、ソーシャル・イノベーションによってどのように自らの市場を創造し形成していったのか、ケーススタディ

---

(1) 「日本語の『地方』には、CENTRAL（中央）の対概念としてのPROVINCIAL（田舎）という意味と、身近な地域としてのLOCALという二つの意味がある」（中村（2013）p.30）。本章での「地方」を後者の局地的な地域としての「地方」（LOCAL）という概念で用いる。

(2) 中小企業基本法では、「『経営革新』とは、新商品の開発又は生産、新役務の開発又は提供、商品の新たな生産又は販売の方式の導入、役務の新たな提供の方式の導入、新たな経営管理方法の導入その他の新たな事業活動を行うことにより、その経営の相当程度の向上を図ることをいう」（第2条）と定義している。

により具体的なプロセスに着目して検討している。

　現在、日本全国各地において地方の中小企業は人口減少社会の到来によって、地域の財やサービス消費低下による将来の市場縮小懸念に直面している。特に地方圏では、若者を中心とした就業機会の減少が都市圏への流出事態をまねいている。さらに、地域経済に悪循環をもたらすという危機感が、とりわけサービス事業を営む地方中小零細業者にとっての切実な問題となっている。1964（昭和39）年の第一回日本中小企業白書発表以来、半世紀がたつが、白書のキーワードは「変化」「変革」「新たな」「挑戦」など、中小企業は応変を常とすることを求められてきた。近年「中小企業の経営革新」（1997年度版）や、「第二創業」（2001年度版）が登場し、最近では「起業・創業」あるいは「イノベーション」という言葉が多く使われている[3]。

　こういったなか、これまで多くの中小企業研究者によって地方における中小企業の役割・課題や市場創造戦略、競争戦略についての議論がなされてきた。代表的なものからいくつかの例をあげると、佐竹（2008）は地域経済活性化と中小企業の存立の関係について「地域経済の『活性化』は、その地域にある経営資源をいかに活用できるかに尽きる[4]」と述べている。その具体的な成功例として、兵庫県有馬温泉の旅館再編による新たな顧客層開拓事例、秋田県角館町の「桜の町」イメージアップ作戦事例、三重県伊勢市の「おかげ横丁」誕生事例、など、中小企業者が地元住民を巻きこんだ、それぞれの地域経済活性化の仕掛けづくりの研究成果報告をしている。そして、伊勢市の例にみられる地元の主力中小企業が主体となった取組など、事業創造型中小企業の存立としての「第二創業」について、「既存中小企業の多様なネットワークを通じた経営革新（第二創業）を実現していくことが必要[5]」と指摘する。太田（2008）は中小企業の成長の初期段階におけるマネジメントの

---

(3)　中小企業庁（編）による。
(4)　佐竹隆幸（2008）p.213 による。
(5)　佐竹隆幸（2008）p.254 による。

企業ケース分析から動態的な視点で成長過程を考察し、「イノベーションを取り込んでいる点[6]」を重要な示唆としてあげる。そして、ベンチャー・中小企業の市場創造戦略について「さらなる成長にはブランド構築など市場創造戦略が重要であり、そのためには組織と市場の複雑な関係を踏まえたパラダイムの再構築が理論的にも実践的にも必要とされる[7]」と主張する。また池田（2012）は、中小企業の自律化と競争戦略の視点で中小企業のネットワークの進化とソーシャル・キャピタル[8]について、ネットワークの合理性、ネットワークによる成果、ネットワーク内部の調整原理から分析する。ソーシャル・キャピタルが生んだ「新たな中小企業ネットワーク」が現代の中小企業の自律化と戦略としての競争優位性の確保に重要な影響があるとする指摘をしている[9]。

以上いくつかの研究成果から次のことがいえる。中小企業が経営革新による「第二創業」をおこすことは、①新たな市場を既存中小企業が多様なネットワークを通じていかに創造し、②その上で経営革新（第二創業）をすることによって事業創造型中小企業としての存立維持を図ることができる。他方で佐竹（2008）は地域における中小企業の存立に関して、第二創業型中小企業のベンチャー・ビジネスによる経営行動について次のことも指摘している、1つは「ベンチャー・ビジネスの保有する国民経済における経済主体としての機能とは自ら新しい市場を開拓し、新規の顧客ないし販売先を確保し、イノベーションを創出していくという革新的な企業行動機能であり、この革新的な企業行動によって国民経済における福祉向上が達成されるのである[10]」。つぎに、「既存中小企業によるベンチャー的戦略行動に基づく経営

---

(6) 太田一樹（2008）p.84 による。
(7) 太田 樹（2008）はしがき。
(8) Putnam, R. D. は「ソーシャル・キャピタル」について「人々の協調行動を活発にすることによって社会の効率性を改善できる、信頼、規範、ネットワークといった社会組織の特徴」と定義している（Putnam, R. D., 邦訳, 2001）
(9) 池田 潔（2012）pp.157-181 による。

革新(第二創業)は独立型ベンチャー、いわゆるベンチャー・ビジネスの創業と比べて地域貢献度は高く、政策効果が高い。現代日本における中小企業存立の有効性・限界性を検討する上での、2つの要素、すなわち『経済的合理性』と『公共の利益』の観点から検討することができる[11]」。

つまり佐竹は、国民経済という見地から、人々の福祉向上の達成のためにはベンチャー的な戦略行動をとる可能性を持つ中小企業の第二創業型ベンチャー・ビジネスを含めた多様な概念で「広義のベンチャー」を捉えている。その上で、地方の現代における第二創業型ベンチャー中小企業、すなわち「ベンチャー型中小企業」存立の比較優位性とは、「経済的合理性」と「公共の利益」によって検討が図られるべきであると提言している。したがって、地方のベンチャー型中小企業を単なる個別企業の新たな技術革新や研究開発などの取組によるイノベーションではなく、「ソーシャル・イノベーション[12]」を適用可能性のある領域として捉えているのである。

「ソーシャル・イノベーション」は、一般的に社会的企業(ソーシャル・エンタープライズ[13])における3つの基本要件のうちの1つとされている。谷本(2009)によるとそれらは、①社会性、②事業性、③革新性、に代表されるものである。①の社会性(ソーシャル・ミッション)とは、社会的課題に取組むことを事業活動のミッションとすることであり、②事業性(ソーシャル・ビジネス)とは、①の社会的ミッションをビジネスモデルにして、継続的な事業展開として遂行することである。そして、その目的は利潤最大化ではなく、事業活動をとおした新しい社会的価値の創出にあるという。③革新性(ソーシャル・イノベーション)は社会的課題の解決に資する新しい

---

(10) 佐竹隆幸(2008)p.223による。
(11) 佐竹隆幸(2008)p.241による。
(12) Phills Jr. et al. (2008) は、ソーシャル・イノベーションとは「社会的ニーズ・課題への新規の解決策を創造し、実行するプロセス」と定義している。
(13) 谷本寛治(2009)は「社会的課題の解決をミッションとしてユニークなビジネスモデルを構築・展開する事業体」と定義している。

社会的商品・サービスやそれを提供するための仕組を開発し活動することによって新しい社会的価値を創出することとしている[14]。また寺岡（2011）はイノベーションを社会的側面からみていくと、「イノベーションとは、本来的に社会組織や社会的価値観に大きな影響を与える意味と範囲においてイノベーション―革新―なのであって、元来、ソーシャル・イノベーションそのものなのである[15]」とした。ひとつの例として、映画監督の黒沢明『七人の侍』のさまざまな映像手法のイノベーションをとりあげている。当時の映画人たちの世界共通性となったことが、ソーシャル・イノベーションの側面を持っているのである。そして「そこには人、集団、組織の抱える問題がわたしたちの社会につねに緊張して存在し、その解決を求め、生きる人間のさまざまな生きざまがある。それこそがソーシャル・イノベーションの断面なのである。ややもすれば、イノベーションとは、新技術、新製品、新販売方法など『新』が旧の上に接ぎ木されたものと狭く理解されがちである。だが、イノベーションとはこのように、より広義にとらえておいてよいのである[16]」と主張する。

すなわち、これらの議論から示唆されることは、地域経済活性化のための地方中小企業の第二創業によるベンチャー的経営行動の意義とソーシャル・イノベーションは親和性が高いといえる。つまり、地方のベンチャー型中小企業が、地域経済活性化に貢献するのである。

## 第2節　日本のベンチャー・ビジネスと中小企業に関する既存研究

前節では地域経済活性化の担い手としての中小企業は、第二創業（経営革新）によって域外からの来訪者数増加による新たな需要をつくり出すため、

---

(14) 谷本寛治編（2009）p.27による。
(15) 寺岡寛（2011）p.1による。
(16) 寺岡寛（2011）pp.10-11による。

多様なネットワークを活かして新市場を創造する必要性があることをみてきた。また、中小企業のベンチャー的な戦略行動の必要性、とりわけ地方の現代ベンチャー型中小企業の存立における比較優位性について検討してきた。そして、「経済的合理性」と「公共の利益」といった要素によって検討が図られるべきであることを確認した。それに関連して谷本、寺岡らの研究成果から地方の第二創業型ベンチャー中小企業（ベンチャー型中小企業）の経営行動の意義とソーシャル・イノベーションには親和性が高いことを指摘した。そこで本節では主要な分析概念として「ベンチャー・ビジネス」と「ベンチャー型中小企業」についての位置づけを明確にしたい。

　日本において「ベンチャー・ビジネス」という概念の登場は1960年代の中村秀一郎による中堅企業という概念から、さらに進化した概念として1970年代に清成忠男によって提唱されたものである。一般的に指摘される定義としては、①企業家精神の旺盛な経営者による小規模事業の創造、②経営者が高度な専門技術や豊かな経営ノウハウを保持している、③一般に大企業との下請分業関係にない独立型企業であり、支配されていないこと、④独自の新商品・新サービスを開発し、経営基盤が弱いながらも急成長を遂げる可能性を持っていること、などがある。

　そして、現代日本のベンチャー・ビジネスとされる企業が、日本経済活性化の担い手としての役割を果たすことを期待されてきた政策の核心を、1999（平成11）年の中小企業基本法の大幅改定にみることができる。それは、中小企業に求められる新しい経営戦略の視点が「近代化・不利是正」から「創業化・経営革新」に転換したことがあげられる。その背景には、中小企業の新たな開発機能のみならず事業活動の全過程においての新規性、競争優位性、新たなビジネスモデル構築と展開への期待があったとしている[17]。そしてベンチャー企業に関する論考は、もとより1970年代に日本において清

---

(17)　佐竹隆幸（2008）pp.219-222による。

成忠男・中村秀一郎（1971）をはじめとして、松田修一（1994）、金井一賴・角田隆太郎（2002）、最近では、植田浩史・桑原武志・本多哲夫・義永忠一（2006）、太田一樹（2008）、江島由裕（2014）などの優れた研究成果があるが、ここでは日本のベンチャー企業の分類あるいは類型に関する既存研究から代表的ないくつかをとりあげることにしたい。松田（2014）は、ベンチャーを業種形態と付加価値からそれぞれ分類し次のようなベンチャー企業のタイプを提示している。まず業種形態による分類として、流通・サービス企画型ベンチャー企業、技術企画型ベンチャー企業、研究開発企画型ベンチャー企業、次に付加価値による分類として、先端技術型ベンチャー企業、雇用創出型ベンチャー企業、自活型ベンチャー企業、をあげている[18]。また、金井・角田（2002）はベンチャーの意義として、経済発展のエンジン、雇用機会の創造、社会問題の解決、自己実現の機会、をあげ「新市場─既存市場」「新技術─新サービス」の2つの次元でベンチャーの4つのタイプの類型化を行なっている[19]。また、関（2006）は、ベンチャーが輩出される母体組織から3つに分類し、スピンオフ型ベンチャー企業、大学発ベンチャー企業、第二創業型ベンチャー企業としている[20]。あるいは『中小企業白書』（1999年度版）において、創業のタイプを、独自型、スピンオフ型、のれん分け型、分社型、の4つに分類しているものもある[21]。ただし、ベンチャー・ビジネスを第二創業としての中小企業存立の視点に限定すると、本ケースで企図する分析視角の対象とするにはこれらの分類・類型はその取扱い対象が広すぎる。また本章の分析対象とする日本の中小企業の定義は資本金額と従業員数の両指標を用い、いずれかについて満たすものを中小企業と定義した量的基準を基本とするものである。したがって、中小企業の実態、経営行動を把握

---

(18) 松田修一（2014）pp.41-49 による。
(19) 金井一賴・角田隆太郎（2002）pp.15-22 による。
(20) 関智宏（2014）pp.275-278 による。
(21) 中小企業庁編（1999）による。

する際はこの定義によることとする。他方で、本章のケーススタディから理論的あるいは実証的な意義を導出するにあたって、太田（2008）の「中小企業のタイプを絞って議論する方が焦点も定まり、既存のマネジメント理論との照合も可能となるので有益な面もある。また、限られた紙幅で議論する場合、中小企業全体の実態を把握しながらも特定の中小企業のタイプを詳細に分析すれば、相対的比較にはなるが、他のタイプの中小企業についてのインプリケーションを得ることも可能となるものと考えられる[22]」に準拠した中小企業を分析視角対象としたい。

そこで、中小企業のタイプを佐竹（2004）の提示する中小企業形態の類型に準拠する。これは、企業形態を規模別（量的）と非規模別（質的）とに分類したうえで、非規模別の形態をさらに「企業規模の諸類型」と「ベンチャーの諸類型」で区分、さらに後者について「ベンチャー・ビジネス」「ベンチャー型中小企業」「社内ベンチャー」に区分したものである[23]。ゆえに中小企業存立とベンチャーに関するテーマ研究は、佐竹（2008）によるベンチャー・ビジネスの定義についての論考をもとに進めていきたい。

佐竹（2008）は分析に応じて多様な定義が可能な、定義に関する基準を3点に整理し、①企業規模の区分、中小企業であること、②成長初期段階にあるか、中期から後期段階か、③主たる事業分野が新規産業分野か成熟産業分野（伝統産業分野）か、とした。つまり「総括されるベンチャー・ビジネスの保有する国民経済における経済主体としての機能とは自ら新たな市場を開拓し、新規の顧客ないし販売先を確保し、イノベーションを創出していくという革新的な企業行動機能であり、この革新的な企業行動によって国民経済における福祉向上が達成される[24]」、とする。

さらに「広義のベンチャー・ビジネス」の定義について検討をくわえ、以

---

(22) 太田一樹（2008）p.5 による。
(23) 佐竹隆幸（2004）pp.2-4 による。
(24) 佐竹隆幸（2008）p.223 による。

下の3つの形態を基本として分析・分類している。①アメリカ経済においてその傾向が見られる起業型のベンチャー・ビジネスをはじめとした独立型ベンチャー、②既存中小企業の経営革新による第二創業型ベンチャー、③既存大企業などの社内組織における企業革新型ベンチャー、の3つに分類した。

日本における中小企業存立の現状を前提に経済合理性の観点から検討すると、①については担保主義・保証制度が確立されていない日本経済において金融的・危険負担及び景気変動要因の観点から問題がある。あるいは日本的経営を基本とする限りにおいてベンチャー・ビジネスを輩出しようとする文化的・社会的枠組はいまだ未整備のままである。③については大企業組織を主体とするベンチャーは、管理的・市場的適正規模の観点から問題がある。

したがって現代中小企業存立の視点からみれば、既存中小企業が経営形態・経営資源・経営戦略を変革させることによって成立する形態として②の経営革新による、第二創業型ベンチャーが現実的で存立維持可能なベンチャー形態であるとした。ゆえに、②のベンチャーが、「ベンチャー型中小企業」と呼ぶことが可能である。さらに、「ベンチャー型中小企業」にとって求められる基盤的経営機能は、企業家の能力、企業家精神によって企業の情報力、技術力、市場開発力、人的能力、資金力などの経営資源から有効な能力あるいは活動をひきだす。そして、経営資源をいかにうまく機能させることができるかということである。

また、「ベンチャー型中小企業」の経営資源の確保と獲得は企業間連携・産業クラスター形成によるコラボレーションの推進によってコア・コンピタンス形成の必要性を説いている[25]。つまり「ベンチャー型中小企業とは、経営革新によって第二創業を達成するような起業家精神旺盛な中小企業を典型例として想定[26]」している。

---

(25) 佐竹隆幸（2008）pp.224-249 による。
(26) 太田一樹（2008）p.54 による。

*238*

　次節においては、地方の「ベンチャー型中小企業」として地域資源を活かして経営革新し第二創業する際の自らの市場創造を形成するプロセスについて検討していく。まず研究方法について説明し、ケースを通じて市場創造の形成プロセスを明らかにしたい。

## 第3節　研究方法と考察対象

　本章の研究方法は意味解釈法を用いたケーススタディを採用する。意味解釈法とは、「リアリティを把握するに際し、個別のそしてときには特殊な事例をとりあげ、その意味解釈によって、現象の本質にせまる方法である[27]」。つまり、事例（ケース）を通じて本質を見抜く方法といってよい。そのうえで本章では後述のケースにおいてデータ収集の方法として半構造化インタビュー[28]を実施し、質的な研究を試みる。

　今回のケース考察対象の地方は、徳島県三好市（四国）である。徳島県の西部に位置し、剣山山系を南側に持ち、市の90％近くが山地によって構成され、中央部を吉野川が横切っており、人口27,801人[29]で、かつて全国高等学校野球選手権で甲子園を沸かせた池田高校がある町といったほうがわかりやすい。そこで徳島県三好市山城町にある全国有数の景勝地で有名な「大歩危峡」でラフティング＆観光拠点施設「River Station West-West」を事業運営する大歩危観光株式会社（以下、「West-West」）をとりあげる。第二創業をスタートし、地域資源を活用し事業創造していくなかにおいて、日本初となる「2017年ラフティング世界選手権大会」（以下、ラフティング世界大会）が同地で開催決定されたプロセスを考察して地方のベンチャー型中小

---

(27)　今田高俊（編）(2000) p.8 による。
(28)　佐藤善信（監）(2015) p.56 による。
(29)　2016(平成28)年9月末時点人口27,801名（三好市ホームページ人口移動調査票に基づく。http://www.city-miyoshi.jp/docs/2016100300016/)、2016年10月4日閲覧。

第 10 章　ベンチャー型中小企業のソーシャル・イノベーション創出　239

企業の経営革新による市場創造の形成プロセスを明らかにする。本ケースの「West-West」は著者が実務家として前職時に関与しており、地域経済活性化に貢献するベンチャー型中小企業として検証してきた。本章によって導出される含意は、地域資源を活かして地域経済活性化に貢献するベンチャー型中小企業の経営革新（第二創業）にたずさわる関係者にとって、実証的な意義をもたらすと考えている。

## 第4節　ケース・スタディ（事例研究）[30]

　2015（平成27）年6月、徳島県三好市の大歩危を含む吉野川上流で2017（平成29）年の競技ラフティング[31]世界大会「ラフティング世界選手権」が開催されることが確実となった。競技ラフティングとは、ゴムボートで激流をいかに早く正確に下ることができるか、をタイムで競うスポーツである。日本初開催となる「ラフティング世界大会」では、世界約30か国80チームの参加を目指し、選手や観客あわせて少なくとも1,000人以上の来場者が見込めるという。今回、その招致に尽力した立役者が「ラフティング世界大会」招致委員として、「West-West」代表取締役社長　西村洋子氏（以下、洋子）である。現在、同社は本社徳島県三好市にあり、資本金2,500万、売上高約3億円、従業員数20名のサービス企業[32]である（2016年3月時点）。以下、第二創業した「West-West」がベンチャー型中小企業として存立維持を図るため市場創造を形成するプロセス、将来の事業成長のきっかけとする「ラフティング世界大会」の地元誘致に成功するまでを中心に紹介しよう。

---

(30)　本節のデータは、特筆のない限り、大歩危観光株式会社西村洋子社長、西村太専務へのインタビュー（2016年1月5日および10月27日）と西村洋子社長から提供いただいた徳島新聞他各種資料に基づいている。ただし、本稿の内容の誤りや誤解を与える表現などの問題はすべて筆者の責に帰するものである。

## (1)「West-West」誕生まで

　徳島県三好市山城町の吉野川沿いに立つ観光複合施設「West-West」は 2004(平成 16)年 4 月にドライブイン跡地に建設、開業オープンした。現在はリバーステーションを掲げる同施設には飲食店やお土産店、コンビニエンスストア、大手アウトドアメーカー「モンベル社」の四国唯一の直営店がある。他にはラフティングを体験したいツアー客用のシャワー室や更衣室も完備されている。従業員はアルバイト含め 34 名、オープンした 2004(平成 16)年の同施設内のゴールデンウィーク期間中のコンビニエンスストア 1 日来客者平均数 2,000 人弱は、当時これまでの四国における最高記録となった。それまでそこにはレストラン（ドライブイン）があり、別の事業者が経営を行なっていた。

　しかし、観光客の嗜好（国内旅行は団体旅行型が主流であったが高付加価値化を求める個人旅行ニーズの増加、訪日インバウンド観光など、需要の多様化への変化）に対応できず業績は急速に悪化、休業に追い込まれた。そこで同町の土木・建設最大手 2 代目社長西村裕、(株)西村建設社長（以下、裕

---

(31) 国内でのレースラフティングの歴史は 1970 年代より大学探検部を中心に利根川・長良川・天竜川・北山川など全国各地の河川を舞台に大会が開催されてきた。またトルコや台湾、アメリカでの大会に国内チームが出場したりしたこともある。90 年代後半からは世界各地の激流で開催された世界大会に日本代表チームも出場した。その活躍もあり国内の競技レベルも年々高まりをみせてきている。現在は世界トップレベルにある日本のレースラフティング競技人口は国内ではまだ 1,000 余名にすぎないが、2010 年オランダ世界大会では日本代表チームが男女ともに総合優勝。2011 年コスタリカ大会では男子チームが二連覇を達成するなど、その後も男女ともに世界トップレベルの成績を残している。2010 年から新設されたユースカテゴリーにも毎年日本代表チームが出場し、2014 年のブラジル大会では数多くのメダルを獲得するなどユース世代の強化も進んできている。まさに日本が世界のレースラフティングを牽引する立場となってきている。（一般社団法人日本レースラフティング協会ホームページより（http://www.racerafting.org/racerafting.html)、2016 年 10 月 18 日閲覧し、筆者が一部修正）

(32) 大歩危観光株式会社は米国のベンチャー研究の第一人者である Timmons (1994)による、いわゆるファミリー・ベンチャー（邦訳 pp.279-290 に詳しい）とも言える。

第 10 章　ベンチャー型中小企業のソーシャル・イノベーション創出　　*241*

社長）は新分野進出を決意し、レストランを経営会社ごと買収する。そして妻である洋子が大歩危観光株式会社社長に就くことから West-West の事業がはじまった。

当時は「小泉改革」による公共事業削減で建設業界には逆風が吹いていた。2001（平成 13）年時点の三好市山城町建設業就業者は 522 名と町内全就業者の約 3 割を占めており、当然西村建設の主な取引先は国・県・町など公共事業にたよる割合は高かった。県内工事を「公共」と「民間」に分けると 2002（平成 14）年度の「公共」は全体の 61.2％と、当時の全国平均と比べて約 15 ポイント高く、公共事業費の削減は、西村建設の経営に大きな影響を及ぼすことは誰にでも容易に予測できる状況にあった[33]。1995（平成 7）年「西村建設」最高の売上約 55 億円・従業員約 400 名は、2002（平成 14）年ドライブイン買収時には売上は半分をわりこみ、従業員も 200 人程度まで半減していた。

## (2)「West-West」第二創業の決断

「公共事業はこれ以上伸びない。地元を生かすには観光しかない」、そのような公共事業費削減による業績低迷の状況によって、経営者である裕社長は「地域の産業を守る責任」についてあらためて痛感する。当時、裕社長が経営する西村建設の手伝いをしていた洋子も家庭と育児に追われながらも会社が不景気で徐々に業績が悪化していくのを何とかしなければと新たな事業を模索していた。そして「自然豊かな観光の拠点創出」「吉野川とともに生きる」という「想い（コンセプト）」が夫婦の間で芽生えていく。

ある時、洋子は結婚当初の三好市に移り住んだ昔ある日、子供と吉野川の河原で遊んでいると 10 隻ほどのゴムボートが勢いよく目の前を下っていき、船上で盛りあがる人々を見たことを思い出した。それから数か月後、地元商

---

[33]　http://www.asahi.com/2004/senkyo/localnews/TKY200407040190.html を筆者が引用、一部修正・加筆している。

工会のレクレーションの機会を利用して女性部メンバーたちとパドルを手にしてゴムボートで同じように激流に身をまかせ不思議な感覚に魅せられた。その時、洋子は「都会の人たちがわざわざここまでやってきて喜ぶ理由がわかった。これならば行けるかもしれない、ラフティングがあるじゃないか」と、2001（平成13）年ごろの吉野川大歩危峡で一部の愛好者たちにラフティングが広まりつつあったことに目をつけた。そして「県西部の新しい形の観光拠点として、若い女性や家族連れが気軽にラフティングを楽しめる施設を創り、新しい形の地場産業として貢献したい」という裕社長との「地域の産業を守る責任」「自然豊かな観光の拠点創出」「吉野川とともに生きる」という「想い[34]（コンセプト）」が洋子によってここにきて具現化することになった。

「吉野川のすばらしさを県内外につたえて地元を盛り立てて参りたい。この事業が故郷に生きる人々の暮らしをつなぐ礎となれれば」（裕社長）、そして裕社長、洋子はあたらしいラフティング＆観光拠点施設「River Station West-West」の建築・デザイン検討に着手した。阿波銀行の地元支店長を通じ人的ネットワークをフルに活かした。当時、徳島県内で有名な地元タウン誌「あわわ」を創業した社長の住友達也氏（現、株式会社とくし丸社長）に総合プロディースをお願いした。設計には住友氏が当時チームパートナーとして組んでいた、同じく地元徳島県を代表する建築デザイナーの中川俊博氏を起用した。それから、2002（平成14）年から2004（平成16）年の「River Station West-West」をオープンするまでの約2年間、裕・洋子社長夫妻と両氏の建物デザイン細部までこだわった打合せ回数はかるく数十回以上を重ねた。後日談として住友氏もこれまでクライアントとこれほど打ち合わせを重ねる経験は初めてであった、と洋子に語った。

両氏と何度も打ち合わせを重ね、すり合わせた結果の「West-West」のコ

---

(34) 谷本寛治編（2006）p.61 による。

第 10 章　ベンチャー型中小企業のソーシャル・イノベーション創出　　243

ンセプトとは「打倒 TDL」であった。それは「大歩危はいくら投資しても何兆円をかけても同じものは作れない」というものが最も大きな理由であった。

　次に建物（器）がいくら素晴らしくてもどのような店舗を誘致するかが問題であった。この「River Station West-West」のデザイン設計へのこだわりについて洋子は次のように述べている。「ありきたりかも知れないが、長年の主婦経験から人の集まる場に共通するのは建物デザインの魅力が大切で、これが単なる田舎にあるドライブインになっては必ず事業は失敗してしまう。第二創業は『未知の世界』、正直不安でいっぱいでした。だから中川氏のデザインしたすべての建築物は必ず時間をつくって現場まで見にいった。それに一般的に建築士などに支払うデザイン料は当時平均 3％が相場であるが、有名デザイナーへのデザイン料は 10％をくだらない、腹をくくった」。

　都心一等地にあるようなテナント物件と、たとえデザインがすぐれた建物であっても人口過疎化の田舎にあるものとでは、優良な店舗出店そのものを期待することすら困難を極めるのは自明の理である。

　しかし、洋子は日本で唯一のリバーステーションとして快適なラフティングを楽しめるよう日本で有名なアウトドア用品メーカー、「株式会社モンベル」（大阪市）から「モンベルクラブ大歩危店」として四国初直営店方式による店舗出店に成功する。

　当時から県内で有名な住友達也氏・中川俊博氏との出会いに引き続き、ここでも人的ネットワークを活かしモンベル辰野勇社長（現モンベル会長、ラフティング世界大会招致委員会委員長）を巻きこんだのである。つまり第二創業した「West-West」の事業の狙いは、大歩危という風光明媚な立地に依存しただけの受身なものではなく、洋子の能動的、積極的な経営行動の成果であるといえる。モンベルとかかわるきっかけは、2002（平成 14）年当時の吉野川流域で、アウトドアスポーツであるラフティングをレジャーとして観光体験する「コマーシャル・ラフティング」運営会社が 4 社あった。うちモ

ンベルの運営会社に対してラフティングボードの離発着場所の土地を無償提供していたこともあって、「West-West」として新たに事業をリニューアルするということをお知らせしようと、総合プロデューサーである住友達也氏から紹介をとりつけてもらい、洋子はモンベル辰野勇社長に図面をもって直接会いにいったのである。洋子が中川俊博氏デザインの設計図面を辰野勇社長にみせるや「すぐに現地を見てみたい」ということになった。数日後に辰野社長みずから現地の視察に訪れた際に「ここに世界に出ても恥ずかしくないこんな素晴らしい施設ができるのはよいことだ！」と感嘆の声をあげたという。

### (3) 女子ラフティングチーム「ザ・リバーフェイス」との出会いと市場創造形成の着想

　現在、三好市を活動拠点とするアマチュア女子日本代表チーム「ザ・リバーフェイス」は世界大会で総合優勝 1 回（2010 年オランダ大会）、準優勝 3 回（2009 ボスニア・ヘルツェゴビナ、2011 コスタリカ、2014 ブラジル大会）という世界でトップクラスの好成績をおさめている。洋子はアマチュアゆえにチームのきびしい財政負担を少しでも軽減できればと 2007（平成 9）年チーム結成時からユニフォーム代の費用負担や遠征用の車を貸出すなど支援してきた、いわばチームの母親代わり兼コーチとして関与してきた。

　2004（平成 16）年「West-West」を第二創業として立ち上げ、それまでの専業主婦から会社代表に就いた洋子は「未知の世界」である新たな仕事に日々多忙をきわめていた。あるとき「River Station West-West」内のカフェで働いていた女性従業員から「ザ・リバーフェイス」のキャプテンを紹介された。そしてアマチュアチームとして活動する「レースラフティング」の存在を知った。洋子自身中学高校時代はインターハイ出場を目指して日々スポーツと格闘してきた熱血スポーツレディであったこともあり、聞くとアマチュアである彼女たちは日頃「リバーガイド」という観光客相手のラフティ

ング体験の斡旋ガイドで生計を立てていた。とくに冬場などはリバーガイドだけで十分な収入を得ることが難しい様子であった。これが、洋子がチームを支援することにしたきっかけである。しかし、このことが洋子へ新たなつながりをもたらすことになる。それはチームメンバー達のリバーガイド仲間を通じて、コマーシャル・ラフティング各運営会社の横のネットワークでの人脈形成や、上部組織団体の日本レースラフティング協会といった、のちにラフティング世界大会の地元誘致で協力することになるステークホルダーに対しての人的ネットワーク層を広げることにつながっていった。

他方で実際の「West-West」の事業経営に対して洋子はサービス業としての経営に自信があったわけでは決してなかった。なぜならこれまで裕社長を手伝ってきた仕事は建設業というサービス経営とはまったく正反対といってよい業種である。「West-West」をたちあげ、無我夢中で未知なる仕事に毎日のぞんできたが、当時は正直なところ「West-West」従業員の給与をキチンと支払うことができればそれでよいと考えていたという。ただ洋子は「River Station West-West」という田舎ではめずらしい斬新なデザインのリバーステーション施設をサービス運営する女性経営者ということで、徳島県内において特に観光サービス業界、女性経営者の会、県西部での各種会合などの委員として委嘱される機会が多く、積極的に出席参加して経営者としての見識を深める努力をしていた。そして少しずつ県内でも名前が知られるようになり産公連携などによる地域活性化推進を通じて地元地域での人的ネットワークも自然とできあがりつつあった。

なかでも観光による地域活性化の民間組織[35]「大歩危・祖谷いってみる会」会長でホテル祖谷温泉代表の植田佳宏氏、徳島県観光協会理事長の清重

---

(35) 中沢孝夫（2003）は新しいタイプの「地域共同体」づくりの演出者を「地域人」とよび、地域人の共通点とは意識的に「まち」を中心として、遊びや、ビジネス、「環境」への取組、あるいは景観づくり、そしてその全部といったものをかかわらせながら、人々のネットワークづくりを進めていることである（pp.4-5）、と指摘している。

泰孝氏との出会いは、これまでの洋子の経営に対する考え方に大きな影響をあたえることになった。それは、観光ビジネスとして、今のサービス事業を維持して将来さらにうまく経営していくためには、広く県西部、「River Station West-West」がある祖谷地区にそもそも人が来るような仕掛けができないことには地域経済が成り立たないことである。そして地域経済の活性化によって地域内再投資を生むことが、結果として自社経営の業績向上につながり、それが地域全体に新たな雇用を生む、という好循環を創り出すことが大切であることを学んだ。これが、今日の「West-West」のラフティングを通じた地域資源を活かしたスポーツ・娯楽サービスを提供する魅力ある中心拠点としての事業構想、そこへ地域外からの来訪者数増を目的とした市場創造形成についての着想につながったのである。

### (4) 「全日本レースラフティング選手権大会」開催と世界大会誘致への挑戦による市場創造

　洋子は第二創業として「West-West」を立ちあげ、その後「ザ・リバーフェイス」と出会い、市場創造を形成していくきっかけとして「全日本レースラフティング選手権大会」（以下、全日本大会）を地元吉野川大歩危で開催したいと考えるようになった。そして、2008（平成20）年三好市内の観光関連業者や地元住民が中心となったイベント「大歩危リバーフェスティバル」（以下、ORF）を企画し、実行委員会を組織して自らは実行委員として全日本大会の地元誘致をめざして主体的に活動した。当時の日本国内における全日本大会の主な会場は、水上（群馬）、天竜（岐阜）、長良（愛知）、御岳（東京）があり、毎年うち数か所で持ち回って行なわれ、プロ、アマチュアを問わず、総合得点優勝チームが世界大会に出場できる仕組になっていた。洋子は、支援する「ザ・リバーフェイス」のメンバーを通じて構築した人的ネットワークで、日本ラフティング協会の池田拓也理事を窓口に協力・連携して、全国で5カ所目の全日本大会の協会公認指定会場として新たな誘致に成功する。

第10章　ベンチャー型中小企業のソーシャル・イノベーション創出　　247

　このことでORFは、「全日本大会」と地元の地域活性化イベントが融合された三好市吉野川流域での一大イベントとなっていったのである。
　そして次なる目標は「ラフティング世界大会」を日本ではじめて吉野川大歩危峡での開催に誘致することであった。洋子は地元三好市をはじめ市内外のラフティング運営業者や全日本大会を運営する日本レースラフティング協会を中心とした、「ラフティング世界大会招致委員会」の結成に動き、委員長には「モンベル」会長である辰野勇氏をむかえ、2014(平成16)年12月に立候補届を世界ラフティング協会（以下、IRF）に提出した。そして翌年3月のIRF関係者視察までこぎつけた。川、宿泊施設、輸送手段、ITを利用したタイム集計など、100項目の審査によって5月に結果がでる。前回の2011年(平成23)に「大歩危リバーフェスティバル」実行委員会として誘致を試みたが地元行政機関の三好市からの協力を得ることができなかったため立候補自体ができなかった経緯があった。しかし2008(平成20)年の全国大会開催から約7年間が審判技術や安全対策のノウハウを世界大会開催レベルまで蓄積した。そして、それが認められる要因のひとつにつながり、IRFが2015(平成17)年6月、日本初の世界大会開催地として吉野川大歩危峡に決めたのである。
　このように吉野川大歩危峡では2007(平成19)年ごろからアマチュア女子強豪チーム「ザ・リバーフェイス」の練習拠点となり、これをきっかけに人的ネットワークを活かして洋子は地元ラフティング関連業者や行政をしだいに巻きこんで2008(平成20)年からプロ・アマチュアが参加できる全日本大会を毎年開催することに成功、そしてすぐさま日本初、世界大会の誘致にも動き出した。「West-West」誕生から約12年、今や毎年ORFが行なわれる期間中には「River Station West-West」一帯に3000人以上が集まるスポーツイベントとしてあらたな市場創造を形成した。その後「ラフティング世界選手権実行委員会」が2016(平成28)年に発足し、会長に黒川征一三好市市長、他、吉野川が流れる高知県大豊町などの関係自治体の首長、徳島県、国

土交通省、観光団体関係者など 45 名で構成され、2016 年三好市が 600 万の予算を計上した。「ラフティング世界大会」誘致にむけた取組がはじまって約 7 年、この間にコマーシャル・ラフティング市場[36]が地域内で推計約 3 億円まで成長した。「地域ならではの資源を地元住民全体を巻き込んで磨き上げ、内外の関係者にポジティブにアピールすれば、必ず魅力は伝わる。ラフティングの聖地にしたい」「日本代表のレベルは徐々に上がっている。誘致をきっかけに知名度が上がり、さらに競技人口も増えれば」（洋子）、と 2017（平成 29）年世界大会後の展望・抱負を語る。「『River Station West-West』のようなラフティング発着場のみならず、コンビニエンスストア、飲食店、土産コーナーがあり、そして広い駐車場スペースを確保するラフティング拠点サービス施設は全国の他地域にはない唯一の施設」（洋子）。さらに今後は宿泊できる施設などを整え、一般観光客がゆっくりと滞在できる複合的な楽しみを提供していきたいとのことである。

　さらに展開は広がりつつあり、徳島県庁からの紹介で 2016（平成 28）年 10 月開催の ORF では日本で有名なアーチスト集団「チームラボ」を率いる徳島県出身の猪子寿之氏が「チームラボ 大歩危小歩危 渓谷に咲く花」を、小歩危峡にある白川橋付近にて企画開催、これまでの ORF の昼イベントだけではなく、まるで花を添えるかのように夜の 3 日間で地方に約 4,000 人の来訪者があった。

　「West-West」社長西村洋子が仕掛けた市場創造形成のダイナミックなプロセス展開は今もなお続いている。

---

(36)　現在の日本のラフティング市場の正確な統計は未整備ではあるが、公益財団法人日本生産性本部推計によれば、カヌー・ラフティングの年間競技参加人口は 90 万人、年間平均活動回数 5.6 回、年間平均費用が 17.9 千円（1 回あたり 3,200 円）とのデータがある（レジャー白書 2016, p.41 による）。

第10章 ベンチャー型中小企業のソーシャル・イノベーション創出　249

## 第5節　考察

　第2節の分析概念で示したベンチャー型中小企業の考え方に基づき、前節の「West-West」ケーススタディから整合点を見いだし考察したうえで、「West-West」の市場創造の形成プロセスについて議論を進めていこう。
　それでは「West-West」の経営行動は先行研究者らによる一般的な「ベンチャー・ビジネス」の定義にあてはまっているか。本章では4点をとりあげた。①企業家精神の旺盛な経営者による小規模事業の創造、②経営者が高度な専門技術や豊かな経営ノウハウを保持している、③一般に大企業との下請分業関係にない独立型企業であり、支配されていないこと、④独自の新商品、新サービスを開発し、経営基盤が弱いながらも急成長を遂げる可能性をもっていること、であった。
　前節でみた「West-West」洋子社長は、地域資源である吉野川流域にラフティングビジネス市場を創造し形成してきたプロセスからもわかるとおり、会社設立より約12年間、常に積極的、かつ能動的に自らが主体的・中心的となって経営行動を起こしてきた。まさに企業家精神の旺盛な経営者である。そして彼女は人的ネットワークをフルに活かした市場創造の形成プロセスにみる「技」ともいえる高度なものを持ちあわせているといってよいのではないか。あわせて、「West-West」は大企業との下請分業関係などはない独立型企業である。最後の急成長を遂げる基盤があるか、については「ラフティング世界大会」後の開催地域全体としての動向も影響すると思われるが、洋子社長が理想とする日本唯一の「ラフティング聖地」としての実現が「River Station West-West」を核にして、さらに複合的・多角的なサービス事業運営によって急成長する可能性が高いといってよいだろう。
　以上から、「West-West」の経営行動は「ベンチャー・ビジネス」にあてはまるものである。次に佐竹が提示した「中小企業の類型」による「ベンチャーの諸類型」でみた3つの区分、すなわち、「ベンチャー・ビジネス」「ベン

チャー型中小企業」「社内ベンチャー」があった。「West-West」は地方で建設業を営んでいた西村建設による第二創業として新たにスタートした会社である。つまり「ベンチャー型中小企業」である。さらに、「West-West」が第二創業としての事業を地域活性化への貢献度の観点でとらえると「経済的合理性」「公共の利益」に照らしあわせてみた場合、それは高い。すなわち、企業家精神（アントレプレナーシップ）旺盛な洋子社長の吉野川大歩危のラフティング市場創造の形成プロセスにあらわれる取組には「ソーシャル・イノベーション」としての性格も持ちあわせているといえる。

　そこで、いま一度これまでみてきた本ケースについて、7つのシーンからなるプロセスをふりかえってみたい。まず、1つめのシーンは「West-West」設立前の当時の日本経済の環境は「小泉改革」による公共事業費の削減が、地方中小建設業である西村建設の経営に大きな打撃をおよぼし、業績低迷の状況は裕社長や洋子に「地域の産業を守る責任」「自然豊かな観光の拠点創出」「吉野川とともに生きる」という「想いの表出」をもたらした。

　2つめのシーンに、都会の人たちがわざわざ大歩危までやってきてラフティングを楽しむ様子をみたことをきっかけとして「想いの表出」の具現化として第二創業を決断し、業績不振の会社を買収する形で「West-West」を設立した。「River Station West-West」の建築デザインにこだわり、地元銀行支店長から県内きっての総合プロデューサー住友達也氏、同じく建築デザイナー中川俊博氏を紹介されて出会うところからはじまった。

　3つめのシーンは日本で唯一のリバーステーションにするために、人的ネットワークを活かし総合プロデューサー住友達也氏から、さらに紹介された日本で有名なアウトドアメーカー「モンベル」（大阪市）辰野勇社長を巻きこみ、「モンベルクラブ大歩危店」として四国初直営店方式による店舗出店に成功した。

　4つめのシーンは、「River Station West-West」内のカフェで働いていた女性従業員から「ザ・リバーフェイス」のキャプテンを紹介され、チームを

支援することによってリバーガイド仲間を通じてコマーシャル・ラフティング各運営会社間の横のネットワークにおける人脈形成や、上部組織団体の日本レースラフティング協会など「ラフティング世界大会」の地元誘致で協力することになるステークホルダーに対しても人的ネットワークの層を広げることにつながっていった。

　5つめのシーンとして、洋子社長は地方の有名女性経営者として産公連携から地元地域での人的ネットワークを形成し、ホテル祖谷温泉代表の植田佳宏氏、徳島県観光協会理事長の清重泰孝氏との出会いをもたらし、彼女の経営に対する考え方に大きな影響をあたえることとなった。そのことが「West-West」の地域資源を活かしたスポーツ・娯楽サービスを提供する魅力ある交流中心拠点としての事業構想、そこへ地域外からの来訪者数増を目的とした市場創造形成についての着想につながっていった。

　6つめのシーンは「全日本大会」を吉野川大歩危で開催するために2008(平成20)年、三好市内の観光関連業者や地元住民を中心としてORFを企画し、実行委員会を組織して自ら実行委員として地元誘致をめざして主体的に活動した。「ザ・リバーフェイス」のメンバーを通じて構築した人的ネットワークで、日本ラフティング協会の池田拓也理事を窓口に協力・連携して、全国で5カ所目の全日本大会の協会公認指定会場として新たな誘致に成功した。同時にORFは、「全日本大会」と地元の地域活性化イベントが融合した三好市吉野川流域での一大イベントとなっていった。

　7つめの最後のシーンは2011(平成23)年にORF実行委員会として民間組織だけで過去に誘致を試みたが、三好市からの協力を得ることができなかったためうまくいかなかった。しかし、2008(平成20)年の「全日本大会」初開催から約7年間に審判技術や安全対策のノウハウを世界大会開催レベルまで蓄積し、ついにIRFが2015(平成27)年6月、日本初の世界大会開催地として吉野川大歩危峡に決定した。そして毎年ORFが行なわれる期間中には毎日3,000人以上が集まる地域スポーツイベントとして新たな市場創造を形

成した。その後、会長に黒川征一三好市市長、他、吉野川が流れる高知県大豊町などの関係自治体の首長、徳島県、国土交通省、観光団体関係者など45名で構成される、「ラフティング世界選手権実行委員会」が2016（平成28）年に発足した。結果として世界大会誘致にむけた取組がはじまって約7年、この間にコマーシャル・ラフティング市場だけでも中山間の地域内で推計約3億円の市場まで成長した。

　以上、本ケースを7つのシーンからみてきた。市場創造の形成プロセスは、アントレプレナー精神によって地域愛から社会的な使命感をもったソーシャル・イノベーションの性格をもちあわせた「想いの表出」からはじまった。さらに能動的な人的ネットワーク構築と数珠つなぎ的な人脈の形成と活用によって、さまざまなステークスホルダーを巻きこんでいきながら創発的に市場を形成していった。結果として中山間地域に地域外からの来訪者数の増加による需要の拡大をもたらす仕掛けをつくりながら市場創造を形成していくことで存立維持を図るというプロセス側面が明らかとなった。

　佐竹（2008）が主張した「ベンチャー型中小企業」にとって求められる基盤的経営機能とは、企業家の能力、企業家精神によって企業の情報力、技術力、市場開発力、人的能力、資金力などの有効な能力あるいは活動を経営資源から引出し、経営資源をいかにうまく機能させるかということであった。また、経営資源の確保と経営資源の獲得は企業間連携・産業クラスターの形成によるコラボレーションの推進によって成すものであった。

　本章における第二創業したベンチャー型中小企業「West-West」の事業存立のための市場創造形成プロセスの経営資源の原点は大歩危峡という地域資源を活かした点である。つぎに「West-West」の事業存立のための市場創造形成プロセスの注目すべき点は、ソーシャル・アントレプレナーである洋子社長の人的ネットワーク創りと、ネットワークをダイナミックに活用をしている特徴が「West-West」の事業存立を続けるもうひとつの要因となっている点である。「West-West」の市場創造形成のプロセスは決して景勝地とい

う立地に甘んじた「棚から牡丹餅」ではない、積極的・能動的な人的ネットワーク創りと活用による成果である。「West-West」の誕生には総合プロデューサー住友氏、建築デザイナー中川氏コンビとの出会いが斬新なデザインの「River Station West-West」を完成させることになった。次に、そこからモンベル社の辰野社長（現会長）との出会いがモンベルクラブ四国初直営店出店につながっていった。そして、「ザ・リバーフェイス」のメンバーとの出会いをきっかけに、吉野川リバーガイドたち、日本レースラフティング協会へと人的ネットワークを広げ「全日本大会」を地元開催するにいたった。他方で、地域での観光振興の民間組織「大歩危・祖谷いってみる会」会長植田氏、徳島県観光協会理事長の清重氏との出会いを活かした。このプロセスは個別中小企業の競争戦略と地域中小企業の視点から、池田（2012）の地域のソーシャル・キャピタルと新たな中小企業ネットワークの特徴[37]として、「新たな中小企業ネットワーク形成に共通して見られた点として、中小企業を取り巻く環境変化に企業自身が大きな危機意識を持ち、危機意識を持った企業が主宰者となってネットワークを形成したことがある。この危機意識を持った経営者が自発的な活動のなかで組織したのが新たな中小企業ネットワークで、それはまさに産業集積内のソーシャル・キャピタルの1つである地域中小企業が成熟したからこそ誕生したといえる[38]。」とする主張を裏付けるものといえる。また、関（2015）の「Porterがいう産業クラスターの形成において重要な役割を果たすと考えられてきた政府・自治体が構成者（構成要素）間（とくに新規事業／イノベーションを創出する主体である民間企業）との間で、当初から協調関係にないという発見事実は、産業クラスター生成をめぐる議論に対して新しい視点をもたらすものと期待される[39]」との主張にも同じことがいえる。しかし、これらは従来の「組織」対「組織」

---

(37) 池田　潔（2012）pp.7-8による。
(38) 池田　潔（2012）p.212による。
(39) 関　智宏（2015）p.11による。

としてのネットワークの議論でなされてきたことである。

　とりわけ地方の中小企業者の場合、組織間におけるネットワークの構築や連携を図ることを主張するものが多いが、洋子社長の場合は、個人がまるで「台風の目」のごとく、とぐろをまきながら勢力を拡大する様相に似ている。したがって本ケースでは「ヒト」対「ヒト」という個人間におけるネットワークを構築して市場創造の形成プロセスに活かしていったという点をあえて強調しておきたい。そして「West-West」の事業存立のための市場創造の形成プロセスは、まさに自社のビジネスを直接的に売りこむのではなく、「地域資源そのもの自体を売りこむ」ことを先に優先していることで、地域経済活性化に貢献したベンチャー型中小企業（第二創業型中小企業）のソーシャル・イノベーション創出のケースなのである。

　この新たな発見事実は、佐竹（2008）の「ベンチャー・ビジネスの保有する国民経済における経済主体としての機能とは自ら新しい市場を開拓し、新規の顧客ないし販売先を確保し、イノベーションを創出していくという革新的な企業行動機能であり、この革新的な企業行動によって国民経済における福祉向上が達成されるのである[40]」とする主張をさらに補完するものである。

　「West-West」として第二創業した当時の洋子はそれまで専業主婦をしていた。経営者としては素人経営者であった。しかし、本ケースで「自然豊かな観光の拠点創出」「吉野川とともに生きる」というコンセプト、すなわち地域経済の課題認識から地域を愛する「想いの表出」を事業化するために洋子が、地域資源と人的ネットワークを活かした。そして、先にラフティング関連ビジネスにつながる市場創造を創り出し、直接的な自社ビジネスのことは後回しにするといった、「非」常識の経営[41]と思える性格を持ちあわせたソーシャル・イノベーションによる市場創造の形成プロセスに新たな発見事実をみた。「West-West」洋子社長は有名な景勝地という好立地を生かすだ

---

(40)　佐竹隆幸（2008）p.223 による。
(41)　吉原英樹・安室憲一・金井一頼（1987）pp.1-5 による。

けの待ちの姿勢はしなかった。つまり受身の事業経営や「棚から牡丹餅」商売ではなく、自らが積極的・能動的なソーシャル・アントレプレナー精神を発揮して人的ネットワークを創り、ダイナミックに展開してラフティング関連ビジネスの市場創造を形成した。結果として、地域外からの来訪者数増加による需要拡大の創造が、「West-West」の事業存立と展開に結びつけることとなったのである。

〈付記〉
ケーススタディを実施するにあたり、大歩危観光株式会社西村洋子代表取締役社長、および西村太取締役専務の多大なご協力を賜りました。ここに深甚なる謝意を表します。なお、本ケースは関係者の好意的なご協力によりケーススタディとして作成されたものであり、経営上の優劣や登場人物の良し悪しを示すものではありません。

【参考文献】
江島由裕（2014）『創造的中小企業の存亡―生存要因の実証分析―』白桃書房.
久富健治（2015）『現代資本と中小企業の存立―CSR, 経営品質、ソーシャル・イノベーション―』同友館.
池田　潔（2012）『現代中小企業の自律化と競争戦略』ミネルヴァ書房.
池田　潔（2014）「新たな地域活性化の担い手とその課題」池田　潔編著『地域マネジメント戦略―価値創造の新しいかたち―』同友館.
今田高俊編著（2000）『社会学研究法・リアリティの捉え方』有斐閣アルマ.
金井一頼・角田隆太郎編（2002）『ベンチャー企業経営論』有斐閣.
木下康仁（2014）『グラウンデッド・セオリー論』弘文堂.
清成忠男・中村秀一郎・平尾光司（1971）『ベンチャー・ビジネス―頭脳を売る小さな大企業』日本経済新聞社.
公益財団法人徳島経済研究所〔編集・発行〕（2016）『徳島県の経済と産業』.
松田修一監修・早稲田大学アントレプレヌール研究会編（1994）『ベンチャー企業の経営と支援』日本経済新聞社.
松田修一（2014）『ベンチャー企業〈第4版〉』日経文庫.
中村尚史（2013）「地方からの産業革命―歴史に学ぶ地域活性化のメカニズム―」日本政

策金融公庫調査月報、July、No.058.
中村秀一郎（1964）『中堅企業論』東洋経済新報社.
中沢孝夫（2003）『〈地域人〉とまちづくり』講談社現代新書.
岡室博之監修・商工組合中央金庫編（2016）『中小企業の経済学』千倉書房.
太田一樹（2008）『ベンチャー・中小企業の市場創造戦略―マーケティング・マネジメントからのアプローチ』ミネルヴァ書房.
Phills, J. A. Jr., Kriss, D, and Dale, T. M. (2008) "Rediscovering Social Innovation" Stanford Social Innovation Review Fall.
Putnam, R. D. (1993) *Making Democracy Work: Civic Traditions in Modern Italy*, Princeton University Press.（河田潤一訳（2001）『哲学する民主主義―伝統と革新の市民構造』NTT出版）
佐竹隆幸編著（2002）『中小企業のベンチャー・イノベーション』ミネルヴァ書房.
佐竹隆幸（2004）「中小企業の問題と政策」日本経営診断学会関西部会編『中小企業経営の諸問題』八千代出版、pp.1-46.
佐竹隆幸（2008）『中小企業存立論』ミネルヴァ書房。
佐藤善信監修・髙橋広行・徳山美津恵・吉田満梨著（2015）『ケースで学ぶケーススタディ』同文舘.
関　智宏（2014）「ベンチャー企業の創造・経営と支援」植田浩史・桑原武志・本多哲夫・義永忠一・関智宏・田中幹大・林幸治『中小企業・ベンチャー企業論［新版］』有斐閣、pp.272-292.
関　智宏（2015）「産業クラスター生成時における協調関係の形成プロセス―タイ国からのインバウンド受入をねらう姫路観光産業クラスターのケース―」『中小企業季報（大阪経済大学）』2015・No.2、pp.1-13.
須佐淳司（2017）「「第二創業型ベンチャー中小企業」による市場創造形成プロセスについての一考察～大歩危観光株式会社の事例から～」『大阪経大論集』第67巻第5号、pp.93-110.
髙田亮爾・上野紘・村社隆・前田啓一編著（2011）『現代中小企業論　増補版』同友館.
田村正紀（2006）『リサーチ・デザイン―経営知識創造の基本技術』白桃書房.
谷本寛治編著（2006）『ソーシャル・エンタープライズ―社会的企業の台頭』中央経済社.
谷本寛治（2009）「ソーシャル・ビジネスとソーシャル・イノベーション」一橋大学イノベーション研究センター編『一橋ビジネスレビュー』東洋経済新報社、57(1)、pp.26-39.

寺岡寛（2011）『イノベーションの経済社会学―ソーシャル・イノベーション論―』税務経理協会.
Timmons, J. A. (1994) *New Venture Creation (4$^{th}$ ed.)*, Richard D. Irwin. Inc.（千本倖生・金井信次訳（1997）『ベンチャー創造の理論と戦略』ダイヤモンド社）
植田浩史・桑原武志・本多哲夫・義永忠一（2006）『中小企業・ベンチャー経営論』有斐閣.
渡辺孝（2009）「ソーシャル・イノベーションとは何か」一橋大学イノベーション研究センター編『一橋ビジネスレビュー』東洋経済新報社、57(1) pp.14-25.
吉原英樹・安室憲一・金井一頼（1987）『「非」常識の経営』東洋経済新報社.

（須佐　淳司）

# 第11章 地域中小企業の経営革新によるソーシャル・イノベーション

## 第1節 はじめに

　バブル崩壊以降、日本経済は長期停滞に突入しはや20年が過ぎた。いわゆる「失われた20年」である。1990年代はバブル経済崩壊により企業は不良債権処理に追われるだけでなく企業の倒産件数は増大し、消費税の増税、デフレ・スパイラル、IT化・グローバル化の進展のなかで企業は徹底したコスト削減と成果主義に走るようになり過剰にスリム化を目指すようになる。2000年代は一時的なミレニアム景気を受けたものの小泉政権のもと「官から民へ」のキャッチフレーズのもとで効率や効果を優先追求した「小さな政府」に向けた動きが加速し郵政・道路公団民営化、労働者派遣法の規制緩和などが断行された。社員の非正規雇用化の加速、平均給与水準は下がり「派遣切り」という大きな社会問題を生む。米国同時多発テロののちアメリカのITバブル崩壊、リーマンショックを契機とした世界的恐慌により日本経済も打撃を被ることとなった。政府は有効な対策を早急に打つことはできず企業は企業の存続という自衛を優先した。2010年代に突入し、いわゆる「アベノミクス」の名のもとでグローバル・スタンダードにより「稼ぐ力」を強化し日本経済を立て直そうとしている。しかしこうした経済政策では多くの

中小企業はその恩恵を受けることができず企業間格差及び地域間格差が拡大していくことは明白である。今後も日本の財源の枯渇が懸念される 2017 年問題、少子高齢化・人口減少といった社会問題を反映した 2018 年問題というように日本経済をめぐる諸条件はいずれも厳しいものである。

　しかしながらこのような環境変化を単なる問題性として捉えるだけではなく、自社にとっての発展性として捉えビジネスに活用する企業が注目されるようになってきた。いわゆるソーシャル・ビジネスである。

　ソーシャル・ビジネスの拡大には、その背景として前述の通りの諸問題があるが、ヨーロッパ諸国やアメリカ、日本においても「行き過ぎた資本主義」の拡大が根本要因ではないかと考えられる。「行き過ぎた資本主義」のために本来企業が備えていた社会的なモラルや社会的責任、内部的な統制、コミュニティ性により保たれていた行動原則は次第に崩壊し、表面的で形式的なガバナンスが CSR に取って代わっていった[1]のである。結果的に国境を超える共通の社会問題として貧困問題、就業問題、テロ・内紛、環境問題等は世界中で注視されており、日本国内においてもいわゆる「一億総中流化」は過去の話となり日本国内での格差問題は拡大の一途をたどっている。また地域コミュニティ崩壊による人間関係の希薄化はコミュニティの縮小を招くことも懸念されている。

　このように政府だけでは解決できない、あるいは解決しきれないような社会的問題や課題が次々と生起するなかで、公共性追及あるいは利潤追求といった発想ではない新たな行動原理として「ソーシャル・イノベーション」が求められてきており、日本のみならず世界的にもソーシャル・イノベーションを発現することで社会的問題を解決しながら自社の発展を促進するソーシャル・ビジネスへの関心や期待は高まっている。

　以上を踏まえ、本章では地域中小企業にとってソーシャル・イノベーショ

---

(1)　野中郁次郎・廣瀬文乃・平田透（2014）による。

ンとはいかなるものなのかを明らかにするため、イノベーションについての概念整理をしながら検討していく。また社会問題解決に取組むことで自社の存立基盤強化を果たし経営革新つまりイノベーションを発現する企業行動をソーシャル・イノベーションとしたうえで、地域中小企業の抱える諸問題について整理・検討を行なう。くわえてソーシャル・イノベーションはイノベーションとして想起されがちなプロダクト・イノベーションやプロセス・イノベーションとは異なり製造業以外の業種や規模の比較的小さな企業においても現実妥当なイノベーションである点を強調するために、非製造業である中小企業にスポットを当て事例分析を行なう。近年イノベーション研究は多岐にわたり語尾にイノベーションを付けた用語が飛び交うようになってきた。次節ではまずソーシャル・イノベーションの概念について触れる前にイノベーションとは何か明らかにする。

## 第2節　イノベーションと経営革新

　そもそもイノベーションとは何なのかという疑問を明らかにするため、主なイノベーション研究について触れることとする。
　イノベーションを巡る諸研究は多岐の分野にわたり多くの研究者によって議論がなされている。イノベーション研究の第一人者として既に広く知られているのは経済学者のSchumpeter, J. A.である。Schumpeter, J. A.は「新結合」という言葉を用いてイノベーションの概念形成を説いたことは広く知られている。Schumpeter. J. A（1934）によると、イノベーションは企業者（Unternehmer）[2]による生産諸要素の新結合によって創出されるという見解から、「新結合」的「生産」、つまり「新結合の遂行（Durchsetzung neuer Kombinationen）[3]」が、イノベーションの定義であると結論付けた。

---

　(2)　Schumpeter, J. A.は、企業者（Unternehmer）を「新結合の遂行をみずからの機能とし、その遂行に当って能動的要素となるような経済主体のことである。」とした。

くわえて「新結合」の発生しうる主な領域について5つに分類[4]した。また経営資源や独占の程度より「産業が進歩・発展するためには、ある程度独占の要素がなければならぬ」と主張し、いわゆる「大企業競争」支持論といわれる「Schumpeter 仮説」[5]が広く議論されることとなる。しかしながらこうした「Schumpeter 仮説」を裏付ける「頑健な」実証結果は得られていない[6]。

また Drucker, P. F は Schumpeter の概念をもとにしながら Drucker, P. F.（1993）において「企業には二つの基本的な機能が存在する。すなわち、マーケティングとイノベーションである。この二つの機能こそ、まさに起業家的機能である」[7]としている。企業の成長の源泉をマーケティングとイノベーションという2つの側面からアプローチすることで、顧客の創造に主眼を置いている点が特徴である。

日本におけるイノベーション研究に関して言及すると、1965（昭和40）年の『経済白書』においてイノベーションを「技術革新」と訳し使用しているが、実際には技術は十分条件ではなく必要条件といってもいい[8]。後藤

---

(3) Schumpeter, J. A.（1934）（塩野谷祐一他訳（1980）p.152）による。
(4) 第一に、「新しい財貨、すなわち消費者の間でまだ知られていない財貨、あるいは新しい品質の財貨の生産。」、第二に、「新しい生産方法、すなわち当該産業部門において実際上未知な生産方法の導入。これは決して科学的に新しい発見に基づく必要はなく、また商品の商業的取扱に関する新しい方法をも含んでいる。」、第三に、「新しい販路の開拓、すなわち当該国の当該産業部門が従来参加していなかった市場の開拓。ただしこの市場が既存のものであるかどうかは問わない。」第四に、「原料あるいは半製品の新しい供給源の獲得。この場合においても、この供給源が既存のものであるか―単に見逃されていたのか、その獲得が不可能とみなされていたのかを問わず―あるいは始めてつくり出されねばならないかは問わない。」第五に、「新しい組織の実現、すなわち独占的地位（たとえばトラスト化による）の形成あるいは独占の打破。」
(5) 小西唯雄（1977）による。
(6) 髙橋美樹（2012）による。
(7) Drucker, P. F.（1993）（上田惇生訳（1996））による。
(8) 後藤晃（2000）による。

(2000)はSchumpeter, J. A. による定義を用いイノベーションについて次のように整理している。イノベーションとは「新しい製品や生産の方法を成功裏に導入すること」を意味し、「成功裏」とは利益の確保であるとしている。さらにはイノベーションを成功するためには開発すべき新しい製品や生産方法のターゲットの見定め、研究開発、生産、販売といった一連の行動が必要であり、この一連の行動を必ずしも一社内で行う必要性はないと指摘している。また中国ではイノベーションを訳す際、「創新」という言葉を用いるようになったという点について言及し、日本における「技術革新」という訳は「技術」が強調され過ぎると指摘している。

　1999（平成11）年に改定された中小企業基本法によると、中小企業による経営革新や創業の促進を図ることを目的としたうえで、「経営革新」（＝イノベーション）を「新商品の開発又は生産、新役務の開発又は提供、商品の新たな生産又は販売の方式の導入、役務の新たな提供の方式の導入、新たな経営管理方法の導入その他の新たな事業活動を行うことにより、その経営の相当程度の向上を図ることをいう」（基本法第二条2）としている。これを踏まえ髙橋（2013）は中小企業を巡るイノベーション研究について、中小企業のイノベーションとして取り上げられるものの多くは製造業が対象であるとし、新商品や新生産方法というイノベーションを扱っているイノベーション研究についての課題について指摘している。さらに商業やサービス業のイノベーションを対象にした研究や新たな経営管理方法や組織的イノベーションに関する研究の相対的な少なさについても言及している。したがって従来は製造業を主な対象としてプロダクト・イノベーションとプロセス・イノベーションがイノベーション研究の中心であったと理解できる。

　同様に中小企業庁編（2009）では副題を「イノベーションと人材で活路を開く」としており、企業規模に関わらず中小企業におけるイノベーションの可能性について言及している。また「イノベーション」とは一般に企業が新たな製品を開発したり、生産工程を改善するなどの「技術革新」にとどまら

ない、と指摘したうえで、新しい販路の開拓や新しい組織形態の導入も含まれる点、広く「革新」を意味する概念であるとしている[9]。

以上の見解より、イノベーションに関する研究が多くの学者により議論されイノベーションという用語が広く用いられるようになったものの、非製造業におけるイノベーション研究が進んでいないという問題点が浮彫りとなった。あるいはイノベーションが「技術革新」と解釈されたために製造業や大資本においてはイノベーションへの取組が進んだものの、非製造業では取組が進んでいないことが考えられる。

くわえて中小企業におけるイノベーションの概念について簡単に触れておく。イノベーションに関して「経営革新」あるいは「革新」という用語は多くの学術文献において使用されることが多いが、ベンチャー支援の一環のなかで政策用語として「第二創業」という用語が用いられるようになった[10]。佐竹（2008）によれば、ベンチャーの現実的な存立形態の1つとしてベンチャー型中小企業があり、企業間競争を重視した競争環境整備を前提とした産業組織、産業連関を重視した産業政策を前提とした産業構造の各観点から、日本型中小企業政策原理について検討している。また経営革新という用語が広く知られるようになったのは1999（平成11）年7月に施行された「中小企業経営革新支援法」がきっかけである。むろん1999（平成11）年12月に全面的に改定した「中小企業基本法」による政策転換も大きく寄与していることはいうまでもない。

次節ではソーシャル・イノベーションに関して先行研究を中心に検討していく。

---

(9)　髙橋美樹（2013）による。
(10)　近年はイノベーションを日本語に訳さず「イノベーション」と用いる傾向が強い。最も大きな課題はどのように訳すかではなく、大企業と比較し資本の脆弱とされる中小企業者にとって「イノベーション」は他人事ではなく中小企業者にとっても自社の存立維持のために取り組むべき1つの方策であると認識されるべく中小企業にとってのイノベーション研究が進むことである。

## 第3節 「ソーシャル・イノベーション」先行研究

　「ソーシャル・イノベーション」という概念は古くて新しく、「ソーシャル・イノベーション」の定義については明確に支持確立されたものが未だない。ソーシャル・イノベーション研究の潮流は大きくわけて2つあり、1つ目は社会学的発想に基づくソーシャル・イノベーション研究である。しばしば社会イノベーションという用語が用いられる。2つ目は経営学的発想からのソーシャル・イノベーション研究である。

　「ソーシャル・イノベーション」と類似した用語に事業体を示す主なものとして「社会的企業（Social Enterprise）」、「ソーシャル・ビジネス（SB：Social Business）」、「コミュニティ・ビジネス（Community Business）」などがある。またその事業の担い手を示す用語に「社会企業家（Social Entrepreneur）」があり、その精神性を示す用語として「社会的企業家精神（Social Entrepreneurship）」がしばしば用いられる。とりわけソーシャル・イノベーションの事業体を示す用語については論者により若干の違いはあるものの大きく異なるものではないと認識している。

　日本で頻繁に参照されることの多い用語が「ソーシャル・ビジネス」である。2007（平成19）年、経済産業省は「ソーシャル・ビジネス研究会」（2007年9月～2008年3月）[11]を設立した。ソーシャル・ビジネス研究会の趣旨のなかでソーシャル・ビジネスについて、「ソーシャル・ビジネスは、社会的課題をボランティアとして取り組むのではなく、ビジネスの形で行うという新たな「働き方」を提供し、価値観が多様化・複雑化した社会の中で、自己実現の満足感や生きがいを与える活動である。すなわちソーシャル・ビジネスは、活動に取り組む人自身や活動の成果を受け取る人、さらには、地域及び社会・経済全体に「元気」を与える活動である」としている。またその要件を①社会性：現在解決が求められる社会的課題に取組むことを事業活動のミッションとすること、②事業性：ミッションをビジネスの形に表し、継続

的に事業活動を進めていくこと、③革新性：新しい社会的商品・サービスや、それを提供するための仕組を開発したり、活用したりすること、またその活動が社会に広がることを通して、新しい社会的価値を創出すること、としている。

　また同研究会座長を務め、日本のソーシャル・イノベーション研究の第一人者である谷本寛治は谷本寛治他 (2013) においてソーシャル・イノベーションは社会的ミッションとビジネスをつなげる重要なポイントであると強調したうえで、「社会的課題の解決に取り組むビジネスを通して、新しい社会的価値を創出し、経済的・社会的成果をもたらす革新」と定義している。またソーシャル・イノベーションの定義について4つのポイントで整理し、①社会的課題の解決を目指したもの、②社会的課題の解決に対してビジネスの手法を用いること、③最終的な成果として社会的成果と経済的成果が求められるということ、④新しい社会的価値を創出すること、としている[12]。さらに社会的課題をビジネスとして取込む事業体をソーシャル・エンタープライズ（社会的企業）、その担い手をソーシャル・アントレプレナー（社会的企業家）としている。さらにソーシャル・エンタープライズをソーシャル・ビジネス同様に①社会性、②事業性、③革新性という切り口から位置づけている。

---

(11)　ソーシャル・ビジネス研究会はその後、地域ブロック毎に設置する地域コミュニティ・ビジネス／ソーシャル・ビジネス推進協議会と連携することでソーシャル・ビジネスやコミュニティ・ビジネスを推進するソーシャル・ビジネス推進イニシアティブ (2008年12月～2010年2月) を開催した。さらに2010(平成22)年「新成長戦略」、「産業構造ビジョン2010」、「新しい公共」における位置づけを踏まえ、委託事業である「2010(平成22)年度地域新成長産業創出促進事業（ソーシャル・ビジネス／コミュニティ・ビジネス連携強化事業)」の一環として、「ソーシャル・ビジネス推進研究会」が設置されるが、ソーシャル・ビジネス推進研究会報告書 (2011年3月公表) 以来大きな動きは見られない。経済産業省HPを参照すると、中小企業・地域経済産業政策に関する項目としてソーシャル・ビジネスが設けられているが最終更新日は2013(平成25)年7月18日である (2015(平成27)年9月1日現在)。

(12)　谷本寛治他 (2013) による。

野中・廣瀬・平田（2014）はソーシャル・イノベーションについて「ソーシャル」と「イノベーション」、それぞれの用語を明らかにしたうえで「イノベーション」の対象を「ソーシャル」としている。「ソーシャル」、つまり「社会」とは「特定の地域において人々が集団・組織としてより善く生きることを目的とし、構築される相互関係」と定義している。「イノベーション」については Schumpeter, J. A による 5 つの新結合（new combination）と Drucker, P. F による研究を参照している。さらにイノベーション発現における「起業家（企業家）精神」の重要性を説き、これはソーシャル・イノベーション発現においても同様であるとしながら「多様な知識を活用し、既存の物事から新しい仕組を創造すること、さまざまな仕組や関係の革新が生み出されるのがイノベーションであり、それを担うのがイノベーターである」と定義している。したがってソーシャル・イノベーションを「ある地域や組織において構築されている人々の相互関係を、新たな価値観により革新していく動き」と定義している。

一方、寺岡（2011）はソーシャル・イノベーションについて、国によって「ソーシャル」の意味合いが同一でない点を指摘したうえで、それぞれの社会の持つ社会的価値が関与しているとことを踏まえた「社会的―ソーシャル―」の意味合いと範囲の解釈が重要であるとしている。そのうえでイノベーションとは社会的な文脈でとらえてはじめてイノベーションの真の意味が理解できるのであり、現実にイノベーションを政策的に進めるには政治的利害のドラスティックな再編成なくして起こり得ないとしている。したがってイノベーションとは本質的にはソーシャル・イノベーションであると解釈している。またグローバル化の進展下の社会における競争と共生の矛盾を指摘したうえで、この矛盾を超えうる組織存続のための社会的組織改革がソーシャル・イノベーションそのものではないかとしている。

以上をふまえると、「イノベーション」に関する定義はいずれも「変革」、「革新性」、「新たな仕組の創造」といった視点から定義されている。いわゆ

る「狭義のイノベーション」といわれる新技術・新素材の開発、新製品の開発といった技術的成果、つまり「技術革新」を指すものではないという点は共通認識として考えられる。したがって「ソーシャル」をいかに捉えるかによって「ソーシャル・イノベーション」についての認識に違いが生じるのである。

　佐竹隆幸は第1章にてソーシャル・イノベーションについて「その帰結として経営品質の向上による顧客価値創造経営の実現を担っている企業こそが「ソーシャル・ビジネス」と定義することができ、地域に存立している「ソーシャル・ビジネス」こそが「ソーシャル・イノベーション」の担い手であり、地域内再投資力の実効こそが「ソーシャル・イノベーション」である」としている。

## 第4節　地域中小企業によるソーシャル・イノベーションの実態調査研究

　今回、地域中小企業の経営革新によるソーシャル・イノベーションを研究するにあたり、アンケート調査を実施した。本調査の調査期間は2015(平成27)年10月〜12月の約3か月にわたる。調査対象は兵庫県多可郡多可町[13]の小規模事業者の749社であり332社から回答を得た。回収率は44.3％であった。

　本調査の回答事業所の概要は次のとおりである。業種については、「製造業」が全体の29.0％ともっとも高く、「小売業」が16.3％、「建設・土木業」が12.7％と続いている。会社形態については「個人事業者」が全体の59.8％

---

(13)　兵庫県多可郡多可町は2005(平成17)年11月に旧中町・旧加美町・旧八千代町の3町合併により誕生した。兵庫県中央部に位置し、調査時の2015(平成27)年10月1日時点における人口は21,766人の中山間地域である。地場産業である先染織物「播州織」は国内生産の約7割を周辺地域で担う。多可町商工会会員企業の約2割近くが繊維関連産業に携わる。播州織以外に地域資源を活かした「播州百日どり」「酒米山田錦」「杉原紙」等のブランド化に取組んでいる。

を占め、「株式会社」19.5％、「有限会社」18.3％と続いている。従業員数については、「従業員2～3人」の事業所が全体の29.9％ともっとも高く、「従業員1人」が15.4％と続いている。また10人未満の事業所が全体の約94％を占める。売上規模については「1,000万円未満」が全体の40.2％を占め、3,000万円未満（「1,000万未満」と「1,000～3,000万未満」の合計）でみると、全体の66.8％を占めている。また商圏と仕入先については兵庫県内の近隣地域の比率が高い。

　アンケート調査のなかでソーシャル・イノベーション及び事業所と地域社会に関する質問項目を設けた（図表11-1）。まず「ソーシャル・イノベーション」という言葉を知っているかどうかの質問[14]を設けたところ、知っているという肯定的[15]な回答は全体の11.0％であり、知らないという否定的[16]な回答が全体の77.0％となった。したがって多可町の小規模事業者の約8割

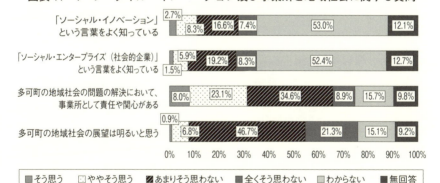

**図表11-1　ソーシャル・イノベーション及び事業所と地域社会に関する質問**

■そう思う　■ややそう思う　■あまりそう思わない　■全くそう思わない　■わからない　■無回答

---

(14)　回答は「そう思う」「ややそう思う」「あまりそう思わない」「全くそう思わない」「わからない」の5つを設けて1つを選択する方法を採用した。無回答については無回答としてカウントした。
(15)　「そう思う」と「ややそう思う」の合計の数。
(16)　「あまりそう思わない」と「全くそう思わない」と「わからない」の合計の数。

が「ソーシャル・イノベーション」を知らないという結果となった。

また同様の選択肢を用いて、「ソーシャル・エンタープライズ（社会的企業）」という言葉を知っているかどうかの質問については、知っているという肯定的な回答は全体の 7.4％であり、知らないという否定的な回答は全体の 79.9％となった。したがって多可町の小規模事業者の約 8 割が「ソーシャル・イノベーション」同様に「ソーシャル・エンタープライズ（社会的企業）」についても知らないという結果となった。

事業の様子と地域社会の展望について、「多可町の地域社会の問題の解決において、事業所として責任や関心がある」との項目については、「そう思う」が 8.0％、「ややそう思う」が 23.1％、「あまりそう思合わない」が 34.6％、「全くそう思わない」が 8.9％、「わからない」が 15.7％、「無回答」が 9.8％であった。

「多可町の地域社会の展望は明るいと思う」という項目については、「そう思う」が 0.9％、「ややそう思う」が 6.8％、「あまりそう思わない」が 46.7％、「全くそう思わない」が 21.3％、「わからない」が 15.1％、「無回答」が 9.2％であった。

事業所の経営課題に関する質問項目もいくつか設けた。

まず「経営課題に対する取組状況」として「社会貢献・CSR の取組」についての回答は、「実施している」が 5.3％、「実施予定または検討中」が 16.0％、「実施していない」が 52.7％、「必要性を感じない」が 11.5％、「無回答」が 14.5％であった。つまり、社会貢献・CSR に対し肯定的な回答は全体の約 2 割となる。

一方で「経営課題に対する取組に支援が必要」（図表 11 - 2）と答えた項目では、「社会貢献・CSR の取組」については高いとはいえない値であるが、「経営革新等の支援策の活用」については上から 2 番目で全体の 7.8％を占める値となった。また業種別に経営革新等の支援策活用状況（図表 11 - 3）をみてみると、製造業・卸売業よりも小売業・サービス業・建設業・その他の

第11章　地域中小企業の経営革新によるソーシャル・イノベーション　271

**図表11-2　経営課題に対する取組に支援が必要と答えた項目**

|    |                                              | %     |
|----|----------------------------------------------|-------|
| 1  | 既存事業の営業力・販売力の強化              | 10.0% |
| 2  | 経営革新等の支援策の活用                    | 7.8%  |
| 3  | 資金調達・資金繰の改善                      | 7.7%  |
| 4  | 設備投資                                    | 7.1%  |
| 5  | 国内の新規顧客・販路の開拓                  | 6.7%  |
| 6  | 人材の確保・育成                            | 6.4%  |
| 7  | ITの活用・促進                              | 6.4%  |
| 8  | 既存製品・サービスの高付加価値化（ブランド化）| 5.7%  |
| 9  | 新商品・新サービスの開発                    | 5.7%  |
| 10 | 経営計画の策定・見直し                      | 5.1%  |
| 11 | 後継者の育成                                | 5.0%  |
| 12 | 技術力・研究開発体制の強化                  | 4.7%  |
| 13 | 新しい技術の開発・導入                      | 4.0%  |
| 14 | 経営理念の策定・見直し                      | 3.7%  |
| 15 | 知的財産権の取得・管理                      | 3.7%  |
| 16 | 社会貢献・CSRの取組                         | 3.7%  |
| 17 | 外部組織との連携・協力（調達・生産・技術・販売など）| 3.4%  |
| 18 | 環境問題・省エネルギーの取組                | 3.4%  |
| 19 | 海外の新規顧客・販路の開拓                  | 2.7%  |
| 20 | 災害対策やBCP（事業継続計画）の策定・導入   | 2.0%  |
| 21 | 取引先の分散化                              | 2.0%  |
| 22 | 人件費の抑制・過剰雇用対策                  | 1.7%  |
| 23 | 不採算事業の整理                            | 1.7%  |

　項目が経営革新に積極的に取り組む姿勢がみられた。つまり多可町小規模事業者の多くは経営革新等の支援策を必要としており、社会貢献・CSRへの取組が進んでいないことから、ソーシャル・イノベーションへの取組の余地は大きいといえる。

　続いて業種別にクロス集計を行ない分析をした。業種を広域需要志向型として「製造業・卸売業」、地域需要志向型として「小売業・サービス業・建

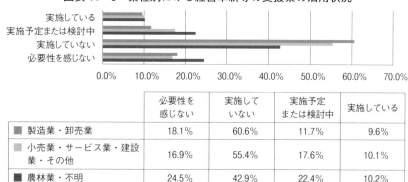

図表11-3　業種別にみる経営革新等の支援策の活用状況

|  | 必要性を感じない | 実施していない | 実施予定または検討中 | 実施している |
|---|---|---|---|---|
| ■ 製造業・卸売業 | 18.1% | 60.6% | 11.7% | 9.6% |
| 小売業・サービス業・建設業・その他 | 16.9% | 55.4% | 17.6% | 10.1% |
| ■ 農林業・不明 | 24.5% | 42.9% | 22.4% | 10.2% |

設業・その他」、その他として「農林業・不明」に分類した。中小企業庁（2015）によれば、小売業・サービス業・建設業は70〜80％の企業が地域需要志向型である。製造業・卸売業では他の業種に比べ広域需要志向型の企業が多い傾向にあり、全国あるいは海外への需要志向が高まるとされる。

まず業種別に社会貢献・CSRの取組状況をみたものが図表11-4である。「製造業・卸売業」においては「業種別にみる社会貢献・CSRの取組状況」は、否定的[17]な割合が83.5％となり、肯定的[18]な割合が16.5％となった。一方で「小売業・サービス業・建設業・その他」においては否定的な割合が73.2％、肯定的な割合が26.9％となり、地域需要志向型の「小売業・サービス業・建設業・その他」の社会貢献・CSRへ積極的に取組む姿勢がみられる。

また同様に業種別に「多可町の地域社会の問題の解決において、事業所として責任や関心がある」をクロス集計したものが図表11-5である。「製造業・卸売業」においては「多可町の地域社会の問題の解決において、事業所として責任や関心がある」は、否定的[19]な割合が52.6％となり、肯定的[20]

---

(17)　「必要性を感じない」「実施していない」の値の合計。以下、同様とする。
(18)　「実施予定または検討中」「実施している」の値の合計。以下、同様とする。

図表 11-4　業種別にみる社会貢献・CSR の取組状況

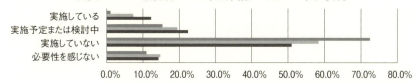

| | 必要性を感じない | 実施していない | 実施予定または検討中 | 実施している |
|---|---|---|---|---|
| 製造業・卸売業 | 11.0% | 72.5% | 15.4% | 1.1% |
| 小売業・サービス業・建設業・その他 | 14.8% | 58.4% | 19.5% | 7.4% |
| 農林業・不明 | 14.3% | 51.0% | 22.4% | 12.2% |

図表 11-5　「多可町の地域社会の問題の解決において、事業所として責任や関心がある」に関する業種別回答

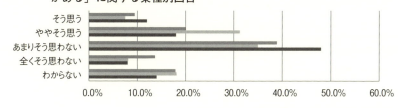

| | わからない | 全くそう思わない | あまりそう思わない | ややそう思う | そう思う |
|---|---|---|---|---|---|
| 製造業・卸売業 | 17.9% | 13.7% | 38.9% | 20.0% | 9.5% |
| 小売業・サービス業・建設業・その他 | 18.1% | 8.1% | 35.0% | 31.3% | 7.5% |
| 農林業・不明 | 14.0% | 8.0% | 48.0% | 18.0% | 12.0% |

な割合が 20.9％ となった。一方で「小売業・サービス業・建設業・その他」においては否定的な割合が 43.1％、肯定的な割合が 38.8％ となった。こちらも同様に地域需要志向型の「小売業・サービス業・建設業・その他」におけ

---

(19)　「全くそう思わない」「あまりそう思わない」の値の合計。以下、同様とする。
(20)　「ややそう思う」「そう思う」の値の合計。以下、同様とする。

る地域の抱える社会問題に対する責任感や関心の高さが確認できるものである。

　この地域需要型志向型の事業所と広域需要志向型の事業所の特徴は次の通りである。まず会社形態については、地域需要志向型では個人事業者が60％を超えるのに対して、広域需要志向型は個人事業者の割合と法人化している事業所の割合が同じ値でほぼ半数ずつとなった。また従業員数で比較すると、従業員を雇用しておらず0人となる事業所の割合は地域需要志向型の割合は広域需要志向型の割合の約2倍となった。参考までに従業員数0〜3人までの合計割合は地域需要志向型および広域需要志向型ともに約7割を占める。以上のことを踏まえると、地域需要志向型の事業所はより小規模かつ個人事業主のみで経営している傾向にあると同時に、経営革新への取組に対し前向きな姿勢を持ち、地域社会への責任感や関心を寄せていることがわかる。一方で広域需要志向型も地域需要志向型と同様、同じ地域内に存立する小規模事業者でありながら、経営革新に対する意識と地域社会に対する意識に差がでる結果となった。

　こうした結果から、本業において「小売業・サービス業・建設業・その他」に携わる傾向にある地域需要志向型の事業者は顧客が地域住民となる傾向にあり、地域住民との接点の多さ、あるいは顧客との距離の近さより地域に対する関心や責任感あるいは問題意識を醸成していると考えられる。すなわち主体となる事業者がどれほど地域住民と接点を持つのかにより地域社会への関心や責任感の度合いに違いが出てくるのではないかと考えられる。ゆえに地域住民との関わりのなかから地域社会における問題は発見され、その問題に対し事業を通じて解決していくことが「ソーシャル・ビジネス」となるのである。前述のように「その帰結として経営品質の向上による顧客価値創造経営の実現を担っている企業が「ソーシャル・ビジネス」であり、地域に存立している「ソーシャル・ビジネス」こそが「ソーシャル・イノベーション」の担い手であり、地域内再投資力の実効こそが「ソーシャル・イノベーショ

ン」である。すなわちソーシャル・イノベーションの発現により適しているのは地域需要志向型の小規模事業者であり、地域社会の問題解決を図ることのできるソーシャル・ビジネスに積極的に取組むことで経営革新を果たそうとする事業所に対し商工会の支援体制がより強化されれば、地域社会の問題解決および地域小規模事業者の存立強化を図ることが可能になるのではないだろうか。

## 第5節　中小企業政策とソーシャル・イノベーションに対する政策課題

　中小企業政策は時代や産業や規模によって異なる政策課題に応じて政策手段を講じるものである。政策手段としては、金融、組織化、情報提供、コンサルティング、人材育成等々が挙げられる。また政策主体は中央集権的な国家であれば国が主体となり、地方分権的な国家であれば地方自治体が中心的主体となる。加えて政策の執行機関は政府機関が設立されたり、商工会議所等が政策実施の委託を受け執行することもある。

　ここで中小企業政策について整理すると、中小企業政策は「基本政策」、「高度化政策」、「経営支援政策」、「組織化対策」、「診断・指導政策」という5つの側面から読み解くことができる。

　「基本政策」は1948(昭和23)年の中小企業庁設置にはじまり、1963(昭和38)年の中小企業基本法の制定あるいは1999(平成11)年の改定を経て、時代に即した中小企業政策の基本的あり方を示すものとなる。したがって中小企業政策の基本政策の柱は現在「多様で活力ある独立した中小企業の育成・発展」と据えられている。

　「高度化政策」の主な政策としては、従来の「二重構造論」、「格差の是正」を背景に「中小企業近代化促進法」が1963(昭和38)年に制定され、その後1993(平成5)年に特定中小企業者新分野進出支援法へと発展解消した。特定中小企業者新分野進出支援法の目的は中小企業の創造的事業活動の促進と新

たな事業分野の開拓である。さらに1999(平成11)年に中小企業経営革新支援法が制定された。中小企業経営革新支援法によると、経営革新とは「新商品の開発や生産、商品の新たな生産方式の導入等新たな事業活動を行うことにより、経営の相当程度の向上を図ること」と定義されている。また中小企業経営革新支援法では高度化を果たすことで大企業と中小企業との間にある不利を是正し既存の中小企業の成長・発展を促進することとなった。

「経営支援政策」としては、1985(昭和60)年に中小企業技術開発促進臨時措置法が制定された。その目的は創造的事業活動を行なう中小企業の支援である。また1988(昭和63)年に異分野中小企業融合法が制定され知識集約化とイノベーションの推進を支援する内容となっている。とりわけ1985(昭和60)年以降は政策の大転換期とされており、1970年代を中心とした「国際競争力強化」型政策から「対外不均衡是正」あるいは「内需振興」型政策へ転換していることがわかる。さらに1995(平成7)年に「中小企業の創造の事業活動促進に関する臨時措置法」が制定されその目的を中小企業の創造的事業活動の支援としている。1998(平成10)年には新事業創出促進法が制定された。これは完全失業率の上昇といった雇用情勢の悪化やバブル崩壊後の過剰設備や過剰雇用、廃業率が開業率を上回るといった諸問題を背景に従来整備されてきたいくつかの法律を統廃合することで法整備がすすめられたのである。

「組織化対策」としては1949(昭和24)年制定の中小企業等協同組合法は消費者、農業者、漁業者を除くあらゆる産業分野の組織化の促進を目的とし、1957(昭和32)年制定の中小企業団体組織法はその目的を、中小企業者がその営む事業の改善発達を図るために必要な組織を設けることができるようにすることにより、これらの者の公正な経済活動の機会を確保するとした。

「診断・指導政策」としては1963(昭和38)年制定の中小企業指導法が2000(平成12)年に中小企業支援法へと改定された。改定の趣旨は1999(平成11)年中小企業基本法の理念を反映したものである。改定前の中小企業指導

法は国や都道府県が中小企業を「指導」することが主な趣旨であった。改定後はその趣旨を民間の能力を活用した「支援」へと転換した。また中小企業診断士業務の規制緩和の要請が拡大するなかで中小企業診断士の位置づけと方向性が示された。改定前の中小企業診断士の位置づけは都道府県等の職員による指導の補完のための能力認定制度とされていた。改定に伴いその役割を都道府県の職員による民間への指導から民間のコンサルタントである中小企業診断士を活用した支援型へと転換を図ることとした。さらに中小企業診断士の試験制度について厳格に示さることとなった。改定前は中小企業診断士の試験や登録制度は通商産業省令により定められており罰則規定については定められていなかった。改定後、これらの認定制度は省令から法律へとステップアップし罰則規定も新たに設けられることとなった。

　以上のように中小企業政策は5つの側面より施行されることで時代に応じた政策を多面的に講じてきた。そして2005(平成17)年に高度化政策による中小企業経営革新支援法、経営支援政策による中小企業の創造の事業活動促進に関する臨時措置法と新事業創出促進法を統廃合することで中小企業新事業活動促進法が制定された。

　中小企業新事業活動促進法は創業支援、経営革新支援、新連携支援を目的とし「新連携」がキーワードとされた。前述の通り2007(平成19)年、経済産業省が「ソーシャル・ビジネス研究会」を設立し、活動に取組む人自身や活動の成果を受け取る人、さらには、地域及び社会・経済全体に「元気」を与える活動としてソーシャル・ビジネスを促進した。また短期的利益追及型経営を背景としたコーポレート・ガバナンスが問われるなかで、新しい公共すなわちソーシャル・キャピタルのあり方、持続可能な社会の構築に企業が貢献することが企業の社会的責任として認識されるようになってきた。このように「新連携」のもと、ビジネスを活用した「社会性」の追求はNPO等との連携による新たな事業体設立、市民参加型のファンド設立、行政や企業との連携による地域全体で取組む新たな事業体の取組を促進するようになっ

た。しかしながら今回取上げた多可町地域小規模事業者を対象とすると「ソーシャル・ビジネス」、「ソーシャル・イノベーション」に対する認識は高いとは到底言えない結果であったことが指摘できる。日本経済という広い視点でみると、地域の中小企業衰退こそが日本経済・地域経済の抱える社会問題のひとつであり、地域の中小企業発展のための方策を模索することは社会問題解決への取組の1つであると認識できる[21]。

　2014（平成26）年に小規模企業振興基本法（以下、「小規模基本法」）と商工会及び商工会議所による小規模事業者の支援に関する法律の一部を改正する法律（以下、「小規模支援法」）が公布された。小規模基本法は小規模企業の振興において従来中小企業基本法で規定されていた「成長発展」のみならず、技術やノウハウの向上、安定的な雇用の維持等を含む「事業の持続的発展」を基本原則としている。具体的な小規模企業施策としては、需要に応じたビジネス・モデルの再構築、多様で新たな人材の活用による事業の展開・創出、地域のブランド化・にぎわいの創出等の推進等がある。小規模支援法は商工会・商工会議所を支援の主体として捉え、従来行なってきた小規模事業者の記帳・税務指導のみならず、地域の小規模事業者の課題を自らの課題として捉え、小規模事業者による事業計画策定支援及びフォローアップを行なうものである。小規模基本法及び小規模支援法においても強調されているのは、小規模事業者の活性化と地域の活力向上は表裏一体であるという点である。また中小企業新事業事業活動促進法と同様に「連携」を強調している。自治体、地域金融機関、他の公的機関、大企業・中規模企業等との連携の強化による面的支援を促進している。こうした支援体制を促進していくことが小規模基本法ならびに小規模支援法の機能促進になる。

---

(21)　「社会性─ソーシャル─」は国や地域、組織体によって意味合いや幅が異なるため「社会問題」という用語解釈については議論の余地がある。今後の課題とする。

## 第6節 地域を支えるソーシャル・イノベーション

　日本には約385万社の中小企業が存立し、そのうち約9割が小規模事業者である[22]。こうした圧倒的多数の小規模事業者の盛衰は雇用・納税といった側面からみても地域経済と密接に関連しており、地域経済の発展が日本経済再生へ果たす役割は極めて大きい。しかしながら地域が抱える課題への対応状況をみると、中規模企業では55.8％が「対応は実施していない」と回答しているのに対し、小規模事業者においては74.6％が「対応は実施していない」と回答しており[23]、いずれの規模においても地域の課題解決への取組は依然低い値を示している。しかしながら今回の多可町地域小規模事業者を対象とした調査研究でも明らかなように、地域中小企業とくに小規模事業者においては地域需要志向型の「小売業・サービス業・建設業・その他」においては地域の抱える社会問題の解決に対し、責任感や関心を寄せている。こうした地域社会の抱える課題解決に地域小規模事業者が地域経済を担う主体として取組むことは、今後の地域経済を振興していくための取組になる。中小企業新事業活動促進法[24]において「新連携」が重視されていることからも、今後の中小企業施策では国、各自治体、商工会・商工会議所が企業と連携することで新たなプラットフォームでの経営革新を促進することが期待できる。

---

(22) 中小企業基本法によると、小規模企業者は業種別に常時雇用する従業者で定義されている。製造業・建設業・運輸業においては20人以下、卸売業・サービス業・小売業においては5人以下とされている。

(23) 中小企業庁委託「中小企業者・小規模事業者の経営実態及び事業承継に関するアンケート」(2013年12月、㈱帝国データバンク) より。

(24) 中小企業新事業活動促進法の改定により2016(平成28)年7月より中小企業等経営強化法が施行されている。新事業活動促進法における中小企業の経営革新促進を図りながらも、中小企業等経営強化法では労働生産性向上すなわち経営力強化を促進している。詳しくは山下 (2017a) を参照のこと。

中小企業のイノベーションの源に関して髙橋（2006）はイノベーションの源となる要因は「問題」であるとしている。つまり「問題」＝「ニーズ」と捉えることができ、「問題の解決」＝「イノベーション」であり、このニーズを把握するうえで地域に密着することは「地理的距離・範囲」が近く、問題発掘において有効となる。したがって多く中小企業にとって地域におけるイノベーションは有利である[25]としている。一方で「距離」に関して「地理的距離・範囲」だけでなく「心理的距離」、「知的距離」の重要性についても指摘し、これらの距離に有効に機能するケースとして産学連携の有効性を示している。

　したがって中小企業とりわけ地域の小規模事業者においても地域の抱える社会問題解決へ取組むことは、イノベーション発現となり、自社の存立基盤強化、地域経済再生、日本経済再生への可能性は十分に期待できるのである。とくに地域小規模事業者のイノベーション発現において小規模支援法への期待は高い。小規模支援法に基づき商工会及び商工会議所が作成する経営発達支援計画の認定制度に基づいた取組は、地域一体で小規模事業者が経営革新に取組むことを可能とする支援策である。地域の商工会及び商工会議所が地域の抱える問題と問題解決の主体となる地域企業を繋ぐ役割を果たすことで「地理的距離・範囲」、「心理的距離」、産学公連携に取組むことで「知的距離」にも有効働くことが可能であろう。

　しかしながら小規模基本法及び小規模支援法は制定されてからそれほど時間が経過しておらず、経営発達計画に基づく認定が地域小規模企業におけるイノベーション発現にどれほど寄与しているかは定かではない部分が多い。くわえて認定数とイノベーションの因果関係において現段階では測定することは難しい。今後、計画期間を超えた調査や他地域との比較を行なうことで、制度的問題点や課題を検討していく必要があろう。

---

[25]　髙橋美樹（2006）による。

## 【参考文献（引用文献を含む）】

足立辰雄 (2013)「中小企業における CSR 研究の視覚」足立辰雄編『サステナビリティと中小企業』同友館、pp.3-29.

中小企業庁編 (2009)『中小企業白書 2009 年版』ぎょうせい.

中小企業庁編 (2014)『中小企業白書 2014 年版』日経印刷.

中小企業庁編 (2015)『中小企業白書 2015 年版』日経印刷.

中小企業庁編 (2016)『中小企業白書 2016 年版』日経印刷.

中小企業庁編 (2016)『小規模企業白書 2016 年版』日経印刷.

Dees, G. J., Emerson, J., and Economy, P. (2001) *Enterprising Nonprofits: A Toolkit for Social Entrepreneurs*, Hoboken, N. J.: Wiley. pp.5-12.

Drucker, P. F. (1954) *The Practice of Management*, Harper and Row. Publishers, Inc.（上田惇生訳『現代の経営(上)(下)』ダイヤモンド社、2006 年）.

Drucker, P. F. (1985) *Innovation and Entrepreneurship*, Harper & Row, Publishers.（小林宏治監訳　上田惇生・佐々木実智男訳 (1985)『イノベーションと企業家精神—実践と原理—』ダイヤモンド社）.

Drucker, P. F. (1993) "The practice of management" Harper business: Reissue.（上田惇生訳 (1996)『現代の経営：新訳』ダイヤモンド社）.

後藤晃 (2000)『イノベーションと日本経済』岩波書店.

後藤俊夫 (2012)『ファミリービジネス—知られざる実力と可能性—』白桃書房.

久富健治 (2013)「中小企業と金融機関」足立辰雄編『サステナビリティと中小企業』同友館、pp.235-249.

久富健治 (2015)『現代資本と中小企業の存立—中小企業の CSR・経営品質・ソーシャル・イノベーション—』同友館.

清成忠男 (2009)『日本中小企業政策史』有斐閣.

小西唯雄 (1977)『産業組織政策原理』東洋経済新報社.

三井逸友編 (2001)『現代中小企業の創業と革新—開業・開発・発展と支援政策—』同友館.

中沢孝夫 (2012)『グローバル化と中小企業』筑摩書房.

西田稔 (2000)『イノベーションと経済政策』八千代出版.

野中郁次郎・廣瀬文乃・平田透 (2014)『実践ソーシャルイノベーション—知を価値に変えたコミュニティ・企業・NPO—』千倉書房.

小川正博・西岡正編 (2012)『中小企業のイノベーションと新事業創出』同友館.

大薗恵美・児玉充・谷地弘安・野中郁次郎 (2006)『イノベーションの実践理論』白桃書房.

佐竹隆幸編（2002）『中小企業のベンチャー・イノベーション―理論・経営・政策からのアプローチ―』ミネルヴァ書房.
佐竹隆幸（2008）『中小企業存立論－経営の課題と政策の行方』ミネルヴァ書房.
Schumpeter, J. A. (1950) Capitalism, Socialism and Democracy (3.ed), G. Allen & Unwin.（中山伊知郎・東畑精一訳（1995）『資本主義・社会主義・民主主義』東洋経済新報社）
関智宏（2011）『現代中小企業の発展プロセス―サプライヤー関係・下請制・企業連携―』ミネルヴァ書房.
十川廣國（2006）「イノベーションの創出の組織と文化」『イノベーションと事業再構築』（慶應経営学叢書第1巻）慶應義塾大学出版会、pp.1-37.
髙橋美樹（2006）「イノベーションと中小企業の地域学習」『イノベーションと事業再構築』（慶應経営学叢書第1巻）慶應義塾大学出版会、pp.81-104.
髙橋美樹（2012）「イノベーションと中小企業の企業成長」小川正博・西岡正編（2012）『中小企業のイノベーションと新事業創出』同友館.
髙橋美樹（2013）「中小企業とイノベーション」中小企業総合研究機構編『日本の中小企業研究（2000-2009）』（第1巻成果と課題）同友館、pp.373-391.
谷本寛治・大室悦賀・大平修司・土肥将敦・古村公久（2013）『ソーシャル・イノベーションの創出と普及』NTT出版.
寺岡寛（2011）『イノベーションの経済社会学―ソーシャル・イノベーション論―』税務経理協会.
塚本一郎・山岸秀雄編（2008）『ソーシャル・エンタープライズ―社会貢献をビジネスにする―』丸善.
山下紗矢佳（2014）「イノベーションによる中小企業の事業創造プロセス」『星陵台論集』（兵庫県立大学大学院神戸商科キャンパス研究会）第47巻第1号、pp.77-91.
山下紗矢佳（2014）「中小企業基本法の変遷と企業・地域振興」『星陵台論集』（兵庫県立大学大学院神戸商科キャンパス研究会）第47巻第2号、pp.51-65.
山下紗矢佳（2014）「中小企業の海外事業展開とイノベーション」佐竹隆幸編『現代中小企業の海外事業展開―グローバル戦略と地域経済の活性化―』ミネルヴァ書房、pp.137-159.
山下紗矢佳（2015）「中小企業の存立基盤強化のためのベンチャー・イノベーション」『星陵台論集』（兵庫県立大学大学院神戸商科キャンパス研究会）第47巻第3号、pp.61-75.
山下紗矢佳・久富健治・飯嶋香織（2016）「小規模事業者の経営実態に関する受託研究報告書―兵庫県多可郡多可町における小規模事業者に対する質問紙調査より―」兵庫県

商工会連合会・神戸山手大学.
山下紗矢佳（2017a）「小規模事業者によるイノベーション―企業家論の視点より―」『中小企業季報 2016 No.4』大阪経済大学中小企業・経営研究所.
山下紗矢佳（2017b）「小規模事業者等の経営実態に関する研究―加東市商工会会員事業所に対する質問紙調査より―」加東市商工会・神戸山手大学・兵庫県商工会連合会.

（山下　紗矢佳）

# 第12章 顧客価値創造経営を実効するソーシャル・イノベーション

## 第1節 「ヒトづくり」からイノベーションへ

　「企業はヒトなり」とはよくいわれることであるが企業のみならず、あらゆる組織や集団は当然のこととして、ヒトで構成されている。自社を取巻く経営環境が大きく変わる現代経営環境下では、企業は規模の大小を問わず、ヒトのあり方が最大の課題となっている。

　経営にとって重要な要素に企業の永続的な発展（以後、「going concern」とする）がある。企業が将来にわたって無期限に事業を継続することであるが、日本的経営にとっての最大の経営目標である。"going concern"を実効することで老舗企業が形成される。老舗企業の三種の神器[1]として、①「創業の志（こころざし）」、②「のれん」、③「屋号」が挙げられる。「創業の志」とは、企業が創業された時点での創業者の想い、信念、目標などの志（こころざし）である。いわゆる経営理念が経営の主軸として継承されていることが前提となる。経営理念とは、社会・社員に対するお役立ち、自社のスローガン・モットー（社訓・社是）であり、企業経営の中核となることが求めら

---

(1) 神田　良・岩崎尚人（1994）を参照のこと。

れる。「のれん」とは、いわゆる信用のことである。いくら志があっても、経営者や企業に信用がなければ、経営は継続できない。創業時にはなかなか信用が得られにくいが、経営を継続する過程と実績により、顧客はもちろん取引先などのステークホルダーから得られた信用力が継承されていく。「屋号」とは、いわゆるブランドのことである。創業の志を原点に、経営を継続することが信用となり、コーポレート・ブランドが形成され、主力事業が継承されることとなる。

　「企業」という経済主体に対する捉え方には、各国の歴史・文化・伝統によってさまざまな相違がある。特に日本とアメリカにおいては、企業の価値に大きな違いが存在する。日本型企業は、"going concern"を第一義とし、そのためのシステムとして高度経済成長を支えてきたシステムに、終身雇用・年功序列・企業別組合がある。一方、アメリカ型企業は、企業価値を示す指標として株価がその大部分を占めている。つまり企業は投資家である株主のものであって、株主のための利潤の最大化が経営の第一の目標とされる。同時に成果主義賃金や雇用の流動化を採用するなど、短期的な市場拡大や競争力強化を優先させ、顧客価値創造の軽視や企業倫理の低下の原因となっている。こうした状況を踏まえ、イノベーションの創出により、"going concern"を実現していくための原動力として「ヒト」が重視されていく。日米間の大きな差異のなかで、日本においては、「中小企業はまさにヒトの顔」であるとされる。中小企業の特質は異質多元性といわれるが、中小企業は企業の数だけ特質があるということになる。

　企業におけるヒトづくりのための、経営者の潜在意識については、経営者はリーダーシップ、従業員はオーナーシップが不可欠である。経営者のオーナーシップとして重要な要素は"going concern"である。経営者がオーナーシップに邁進しすぎると守りの経営に入り、従業員軽視の経営に陥りやすい。企業は従業員のためのものであって、社会の公器であるという意識に基づき、経営理念の浸透と実践を通して、社員と共有することに務めなければ

ならない。従業員のオーナーシップ醸成のためには、仲間意識、忠誠心、所属意識の醸成が必要とされる。「うちの会社」という自覚に象徴される従業員のオーナーシップが、自社への誇り、愛情となって、イノベーション創出の土壌を形成することになる。

　企業＝「イエ」[2]という認識がある。ここで示された「イエ」の特質としては以下の4点があげられる。すなわち①集団の成員となるための個体の資格及び諸個体を集団に結び付けている集団の存立根拠である超血縁性、②集団において共有されている集団形成の目標である系譜性、③集団形成の目標達成のための集団内の役割分業体系である機能的ヒエラルキー、④全体としての集団が示す主体性である自立性、以上の4点が「イエ」の特質としてあげられる[3]。超血縁性は、血縁の有無にかかわらずいったん十分な資格を持った「イエ」の成員と認知された場合には、無限定かつ無期限に集団に帰属し、忠誠をつくすようになることである。「親の血をひく兄弟よりもかたい契の義兄弟[4]」に表現される、現実的な血縁関係よりも集団内における関係を、血縁的関係を超える関係として比喩表現されたもので、疑似的な家族関係の形のことを指している。系譜性は、「イエ」を相続すべき直系が傍系成員よりも「イエ」内部で圧倒的に高く位置づけられ、直系の存続が集団の目標として共有されていることである。血縁的集団において、嫡子が家督を継ぎ、その地位は誰よりも高く設定されたことになぞらえ、事業承継するのは直系の息子や娘あるいは娘婿というのが最も収まりがよいという趣旨で、出身地や出身校による学閥などがこれにあたる。機能的ヒエラルキーによって経営体としての「イエ」が、経営行動を存続させていくための手段的合理性を尊重し、一定の目標達成を志向していく基盤となることから、集団内に

---

(2) 佐竹隆幸（2008）第6章を参照のこと。
(3) 村上泰亮・公文俊平・佐藤誠三郎（1979）第7章 pp.211-253による。
(4) 1965（昭和40）年発表の歌手・北島三郎による「兄弟仁義」（作詞　星野哲郎、作曲　北原じゅん）の一節。

おける階統性たるヒエラルキーが機能的要請に応じた倫理体系となることである。自立性は、「イエ」の集団成員としての生活は集団内で支えていくものであると同時に、高度に自立しているために多数の集団を要素としてもつ全体としての社会の統合が難しいことである[5]。

　以上4点からなる特質は従来から日本社会の中で醸成されてきた特質、すなわち「飴と鞭」とでもいうべき同質性と異質性という要素にまとめることができる[6]。同質性とはイエ内部における仲間意識・同族意識・恩情意識を表現しており、いわば共同体的親和関係を表している。一方、異質性とはイエ内部における権力構造・強権構造・階層構造を表現しており、いわば支配従属関係を表している。すなわち異質性となる階統性による支配従属関係の下で基本的関係として絶対的帰依としての行動をとる限りにおいて、同質性となる親和性ともいうべき保護関係の形成により「イエ」の構成員は守られることになる。日本の組織構造はピラミット型が中核で、フラットな組織ではない。階層によって統治するシステムで組織体制を確立してきたことがむしろ日本的経営の強みになっている。日本のイエの構造はある意味では相矛盾する同質性と異質性という2つの要素の調整により成り立ち、現代日本の産業構造の高度化・企業の近代化過程においては、この両者の調整による併存が決定的な役割を果たしてきたといえる[7]。

## 第2節　理念型経営によるソーシャル・イノベーション

　理念型経営を実効するビジョナリー・カンパニー、すなわち「地域・社員・顧客・業界にとってなくてはならない企業」こそが持続可能な企業となりうる。こうした要素を有した企業が地域経済の活性化に貢献することが可能と

---

(5)　村上泰亮・公文俊平・佐藤誠三郎（1979）第7章 pp.211-253 による。
(6)　中村　精（1983）pp.39-41 による。
(7)　村上泰亮・公文俊平・佐藤誠三郎（1979）第12章 pp.427-494 による。

なる。中小企業こそが地域経済の担い手であり、地域における雇用創造の源泉となる。中小企業が成長・発展していくには、経営理念を基盤に卓越した企業経営をめざし、ヒトづくり、ビジネスモデルづくり、地域貢献を行っていける企業へと進化し、さらに中小企業家として実現したい価値を創造していくことで「なくてはならない企業」への転換を目指すことになる。そこで実践されるのがソーシャル・イノベーションである。地域経済の活性化に対応するには、地域に密着している企業家の存在が大きくかかわっている。企業家の存在を基盤に、社会や組織のあり方を変えることが必要となり、社会・経済問題の解決法としての「ソーシャル・イノベーション」をいかに創出していくかが課題となる。地域住民が一体となった地域創生・地域再生・地域活性化を目指すために、率先して地域をまとめるリーダーを育成し、そこから形成される地域コミュニティを構築する必要がある。地域リーダーは有為な経営資源である「地域」で活躍しなければならないし、さらに「地域」は閉鎖的であってはならず、多様性・開放性を備えていなければならない。現代経済下での企業経営、地域振興には、「地域」のデザインとして地域間をつなぐ視点が欠かせない。

　地域の自主財源を生み出すためには、「地域内再投資」の循環を活用することが求められる。「地域内再投資」の循環によって、地域におけるネットワークの住民、企業間の人的関係の基盤となる信頼をより強固なものにしながら、経営体験の交流・取引・情報提供と経営資源の共有を通して、さまざまな地域の課題解決の処方箋を導き出すことが必要となる[8]。その処方箋に成り得るものとして考えられるのが、「ソーシャル・イノベーション」である。ここで重要となるのが、「地域」に潜在的に内包されるさまざまな社会的ネットワークや既存経営資源が持つポテンシャルである。ポテンシャルを引き出すためには「地域リーダー」の育成、収益性をも確保できる優位性を有する

---

(8)　岡田知弘（2005）による。

コア・コンピタンスの抽出、経営資源の獲得と蓄積、等が必要となる。ポテンシャルを実現することで経営資源の地域還元として地場の連携機能の強化のために再投資され、経済的機能が強化される。ここで生まれる好循環によって地域活性化が可能となる。ソーシャル・イノベーションの実効には経営品質の向上が不可欠となる。

　経営品質の向上には、5つの要素を向上させることが必要となる。経営品質向上のためになすべき方策は「顧客価値の創造[9]」である。これはDrucker, P. F. による「事業目的＝顧客創造」に基づくもので、顧客の視点から見た価値を実現する経営を実効していく指標として、日本生産性本部による日本経営品質賞の目指すべき視点に、「社員重視」「顧客本位」「社会との調和」「独自能力」の4つが設定されている。経営理念を再考し、徹底することで事業が再定義され、既存事業（本業）を通じた地域貢献を柱にしてCSRを実現し、理念型経営企業（Visionary Company）を体現することを目指し、企業の存立基盤を強化していこうとするものである。そのための方策として次の5つがあげられる。①「社員重視＝ES（社員満足度）」の向上：既存事業（本業）でのCSR等を通じて、従業員自らが仕事や会社に誇りを持つことで社員満足を高める取組である。②「顧客本位＝CS（顧客満足度）」の向上：既存事業（本業）でのCSR等を通じて、従業員自らが仕事や会社に誇りを持つことで社員満足が高まり、その結果、顧客満足が創造される取組である。③「社会との調和＝CSR（企業の社会的責任）」の高度な実現：既存事業（本業）を通じた地域貢献を柱にしてCSRを実現し、理念型経営企業（Visionary Company）を体現する取組である。

　第1章でも示したように「経営品質が高い企業」とは、「ESが高く、CSが高く、そのうえでCSRを高度に実践している企業であり、これをPDCAサイクルで実効し、利益に直結させるメカニズムを構築できている企業」の

---

(9)　Drucker, P. F.（1954）による。

ことである。利益に直結させるシステムこそ「独自能力」である。独自能力とはイノベーションを発揮できる能力であり、そのためには経営者のリーダーシップと従業員のオーナーシップが不可欠である。経営者のリーダーシップとは、経営の「三種の神器」である「創業の志（こころざし）」、「のれん」、「屋号」を基盤に、創業者の想い、信念、目標などを確立した経営理念のもとで、経営を継続し、信用を創造し、ブランド力が高まることとなる。リーダーシップは構築しうる企業経営の中核である。リーダーの決断力を向上させることが持続可能な企業づくりにつながる。さらには従業員のオーナーシップである。「ヒトが価値を生み出す」自社独自の経営モデルを創造していくことが重要である。企業の持続的な成長の原動力は、「人財」である。ヒトが育つ環境づくり、企業風土づくりを進めることが重要であり、組織や集団への所属意識と、そこにおける存在価値を向上させる、いわゆる忠誠心を醸成する「居場所と役割」をもってオーナーシップを育むことが重要となる。企業の持続可能な成長（サステイナビリティ）の実現には、顧客価値創造経営の実現が不可欠である。

　こうして確立された「独自能力」は企業の存立基盤を強化し、地域経済に貢献しうる企業を形成していく。それには企業と地域とのつながりを確立していく必要がある。地域内部の社会経営資源の再編成、これに呼応する地域外部との緊密な連携など、巧みで稠密な内外のパートナーシップ形成、すなわち「連携の架け橋（エンゲージ・クリエイション）機能」を強化し、「イノベーション・コラボレーション」を進めていくことが不可欠となる。地域経済力の蓄積を豊かにすることによって、地域企業・団体の存立基盤を強化し、グローバルな事業継続力も獲得することで地域経済の再生・創造を実現する。この基盤となるのが「ソーシャル・イノベーション」である。地域においてソーシャル・イノベーションを創出することは、地域経済に貢献しつつ、企業も成長・発展していくことにつながり「仕事づくり・ヒトづくり・地域づくり」を支えることになる。活力ある豊かな地域や社会を創るためには、

「一人ひとりが輝く地域社会[10]」としての幸福社会の実現を目指し、社員にとって、顧客にとって、産業にとって、地域にとって必要不可欠な「なくてはならない企業」の存在が不可欠である。つまり経営理念を基盤にし、優れた技術や製品・サービスに頼るのではなく、卓越したビジネスを実践し続けることのできる企業の存在が必要なのである。

以上の内容を踏まえ次節では以下の3つの視点か企業の存立基盤強化による「地域にとってなくてはならない企業」の創造がソーシャル・イノベーションへとつながっている事例について検証していく。第1には、経営者のリーダーシップから「地域にとってなくてはならない企業」となりソーシャル・イノベーションが」実現している事例、第2には、従業員のオーナーシップから「地域にとってなくてはならない企業」となりソーシャル・イノベーションが」実現している事例、第3には、社会との調和の推進から「地域にとってなくてはならない企業」となりソーシャル・イノベーションが」実現している事例、の3事例である。ESとCSが有機的に連関していくメカニズムも明らかにしながら、イノベーション力を強化し、企業の存立基盤を高めていくことが地域活性化へとつながり地域貢献型企業を形成していくことを検証していく。

## 第3節　ケース分析による中小企業の存立とソーシャル・イノベーション

### (1) 近畿タクシー株式会社[11]

経営者のリーダーシップから「地域にとってなくてはならない企業」となりソーシャル・イノベーションが」実現している事例として近畿タクシー株式会社（以下、「近畿タクシー」とする）を取上げる。近畿タクシーは、阪神・淡路大震災をきっかけに経営革新による第二創業や経営品質の向上を遂げ、

---

(10)　岡田知弘（2005）による。

第12章　顧客価値創造経営を実効するソーシャル・イノベーション　　*293*

イノベーションによる存立基盤を強化した企業である。震災復興過程において中小企業の事業継続性を確保するために、存立基盤を強化し、企業を安定的に成長させていった。存立基盤安定の背景には、経営者の強いリーダーシップと地域貢献を核とするソーシャル・イノベーションがある。以下では、以上の趣旨に基づく戦略的方向性、企業の事業継続能力について分析する。

　強いリーダーシップに基づくソーシャル・イノベーションは具体的には、観光タクシー事業をベースに進められた。2006(平成18)年から始まったユニークなサービスとして始まったのが観光タクシー事業である。神戸の有名ケーキ店を巡る「神戸スイーツタクシー[12]」をはじめ、同様のアイデアを横展開した「神戸ビーフタクシー」「神戸Jazzタクシー」「神戸銀幕タクシー」などを次々と実施し、全国的なブランド力向上にもつながった。社長の森﨑の理念に「「ありもの」を機能で「つなぐ」」がある。「神戸スイーツタクシー」を始めるにあたって、まず近畿タクシーのタクシー事業の中核を「流し営業」から「予約営業」に替えたことがある。1991(平成3)年、ロンドンタクシーに着目し、このクラシックカーを観光事業用に導入した。これが「流しから予約へ」と事業の発想を変えた端緒である。さらに阪神・淡路大震災後、長田区復興の「まちづくり」に関わったことから、「ありもの」を使って、タクシーという輸送機能でつないだ。「予約営業」の車に、地元の観光地への

---

(11)　近畿タクシー株式会社
　　　所在地　　神戸市長田区上池田5丁目5番18号
　　　代表者　　代表取締役社長　森﨑　清登(もりさき　きよと)
　　　事業内容　タクシー・バスサービス事業
　　　設立　　　1952(昭和27)年7月　　資本金　1,000万円　　社員数　70人
(12)　「神戸スイーツタクシー」には複数の企画があるが、たとえば「山から海コース」は、三宮エリアにある有名ケーキ店6店を選び、好きなところへ行ってケーキを味わえる。プラン限定メニューのある「ボックサン三宮店」なら、3個500円で、顧客の名前を入れた菓子のプレートを付けて歓迎してくれる。さらにビーナスブリッジ、しおさい公園といった名所も巡れるという内容である。タクシー代は2時間1台で6000円となっている。

案内サービスを付加したわけである。乗客の観光客が喜ぶのは当然として、案内したドライバーも「いいところへ案内してくれて、ありがとう」と感謝され、スイーツ店も「限定メニュー」でもてなし顧客に喜ばれる。さらに喜ばれるアイデアを考案しようとするので、社員のモチベーションも高まる。流し営業で運転手が感謝の言葉をかけられることはほとんどない。本来の観光タクシーは名所旧跡に代表される地域の観光資源を巡るのが主流である。地域に普通に存在する資源、すなわち「ありもの」に対する価値創造を戦略的に取り込むことによって顧客価値を創造したわけである。ちなみにスイーツ店と近畿タクシーのあいだには、何も特別な契約があるわけではない。取次料などの料金も取っていない。顧客での還元ということであくまで地域貢献型のサービス事業である。神戸にはユーハイム、アンリシャルパンティエ、モロゾフ、風月堂などと、錚々たる全国ブランドが存在するが、これらのブランドも神戸の「ありもの」である。それをタクシー機能でつないだわけである。普通に存在する資源「ありもの」を新たな戦略で取り込んでみると価値創造につながる。地域の「ありもの」を活用して活性化に貢献し、CSが高まることでESが高まったという循環が成立することとなる。いわゆる経営品質の3要素がここで循環し、地域内再投資力が生じ、企業の信用力が高まると企業の存立基盤強化、すなわち持続可能な企業となる。

　本来タクシーは「即時サービス財[13]」であり、顧客を選ぶことができず、顧客価値創造からは無縁の業種とされている。価格競争でのCS向上はあり得ても、サービス向上によるCS向上には何がしかの戦略的行動が必要であった。そこで一台900万円のロンドンタクシー（商品名はポートキャブ、現在も予約貸切制で営業している）を活用したタクシーサービスを始動した。旅行会社、行政、ホテルなどに営業し、主として神戸旧居留地をエリア

---

(13) 元来、交通業は生産物を貯蔵することができず、生産されたその時、その場でしか消費できない「即時性」と「即地性」を有しているとされる。

第12章　顧客価値創造経営を実効するソーシャル・イノベーション　295

にしたブライダル用として活路を見いだした。採算ベースにはなかなか乗らなかったが、副次効果はあった。すなわち地域との関係強化、近畿タクシーに対する好感度の向上が生じ、さらに近畿タクシーに対する好感度の向上はCS向上につながり運転手のESの向上へと循環した。いかなる企業でも従業員が定着して、非価格競争力をつくっていくというのが経営の基盤となる。その企業しか行なっていない事業、同業他社と異なった事業を運営していくことが非価格競争力となる。近畿タクシーは新規事業を地域との連携のなかで開発していった。自社の機能で地域と結びついていく。非価格競争力を強めるためには、従業員の定着が基本となる。タクシー業界は一般的には労働力の悪さから定着率が悪い業種の代表とされている。定着を高めるためには、働きがいのある職場環境を形成していくことが不可欠である。「あの会社、いい会社だよ」という評判が立つかどうか。その地域で企業の知名度、好感度が上がるというサイクルは、CSR⇒CS⇒ESの循環という経営品質の向上による持続可能な企業づくりには不可欠な要素となる。

　ソーシャル・イノベーションとして地域とのつながりを強化し、地域活性化へとつながっていく。長田は阪神・淡路大震災で最も被害を受けた地域である。長田の地の復旧・復興を果たし、活性化させる取組は、近畿タクシーの営業エリアともかぶるため相乗効果が期待された。そこで発案されたのがモニュメントの建設である。復興のシンボルとして「鉄人28号のモニュメント[14]」が創建された。長田が観光の街として再スタートし、のちに土産物の名物を生み、広場には鉄人28号のモニュメントがつくられる。長田復興の流れの端緒となった。スタートは社会見学として修学旅行生を呼ぶことであった。長田の街めぐり企画は、近畿タクシーが旅行会社に持ち込み実現

---

[14]　「鉄人28号」の作者・横山光輝が地元神戸市須磨区の出身である。2009（平成21）年高さ18メートルの実物大のモニュメントが完成。JR新長田駅前若松広場に設置。総工費は1億3,500万円で神戸市の補助金、地元からの寄付・協賛金で賄われた。「東のガンダム、西の鉄人28号」として話題となる。

する。多くの学生が訪れるようになった。そして「店が復興の名所・店主は語り部」ということで学生の質問に答えるという、社会見学をかねた観光になった。商店街のモティベーション、すなわち地域のモティベーションが上がることとなる。さらに土産ものの名物を長田の街のなかから考案することとなる。地元料理の、ぼっかけ（牛筋にこんにゃくを甘辛く煮込んだもの）を使った「ぼっかけカレー」を考案し、地元食品会社 MCC 食品の新製品として売り出すことに尽力している。庶民の食卓に並ぶありふれた食材を、レトルトに加工した。それが全国展開できることとなる。この流れのなかで「喜んだのは地元商店だけではなく、食品会社の営業の社員も、以前よりも胸を張って歩いている。とくに地元出身の社員です。大手に伍して、そういう商品を自社が手がけることができたのが、なによりうれしいわけで、もちろん観光客も喜んで買って帰る。みんながうれしくなる。この経験が、タクシーでも活かせた」[15]ということである。店主の語り部の企画も、ぼっかけも、街のなかのありふれた「ありもの」である。それを戦略に転換し、事業へと進化させた。それも地域貢献型のイノベーションに転換したわけである。

　近畿タクシーは既存事業を「ありもの」を使って、他の事業（スイーツ、ジャズ、映画）および地域と関係を深め、結果的には、「ぼっかけカレー」や「鉄人28号」、「修学旅行生の社会見学」といった新しい観光サービスを生み出した。これらは全て社長である森﨑清登氏のリーダーシップから生まれた戦略である。したがって近畿タクシーと長田地域の復興は、地域活性化と事業との連携的イノベーションを実現させた好例といえよう。企業の戦略的展開が地域資源を活用した地域密着事業へとつながり、地域に根差した「地」的経営[16]を実践していることとなる。地的経営を実効している中小企業にとって顧客は、その地域の方が中心である。その地域でのブランド力を

---

(15)　近畿タクシー代表取締役社長・森﨑清登氏の弁
(16)　佐竹隆幸（2012）を参照のこと。

高め、地域活性化と連関したソーシャル・イノベーションを展開することが企業の存立基盤を強化し、持続可能な企業づくりへとつながる。

## (2) 株式会社サンエース[17]

　株式会社サンエース（以下、「サンエース」とする）は、社名のとおり「太陽の光」のような存在を目指している。「皆揃って幸せになって欲しい」との願いは、仕事を通じて自己成長し、自分と自分のまわりを幸せにすること、すなわち太陽の光のごとく世の中を明るく照らす会社であり続けることがサンエースの根本思想である。まさに「理念型経営」を実践する理念の柱が確立されている。サンエースは、全社員に経営理念を浸透させ、共有されているからこそ持続的な成長を可能にしている。つまりサンエースの血が流れている組織風土を創りあげている。そのためには、サンエースの基本精神であり、経営戦略や人材育成の柱となる根本思想を全社員が共有する必要がある。つまりサンエースの血が流れている組織風土を創りあげることが求められる。社員の人間力教育とチームワークの向上、そして組織風土の確立のためにまとめた、いわゆる理念を伝える『サンエース物語』（成文化した経営指針書）によって全社の絶えず意思統一された行動を可能なものにしている。

　サンエースは、1949(昭和24)年に現在の永来会長の父が塗料販売業として創業した。1964(昭和39)年、神戸商科大学卒業後、現会長の永来は父の

---

(17)　株式会社サンエース
　　　所在地　　神戸市東灘区御影中町2丁目1番4号
　　　代表者　　代表取締役社長　中山　勇人（なかやま　はやと）
　　　　　　　　取締役会長　　　永来　稔章（えひろ　としあき）
　　　事業内容　オートサプライヤー事業（自動車の鈑金塗装用塗料・副資材・工具・機械設備のトータル専門商社）
　　　　　　　　リファイン事業部（戸建・マンションの増改築、プランの提案、企画、施工など建物のトータルリフォーム）
　　　設立　　　1949(昭和24)年1月　資本金　4,800万円　社員数　121人

会社に入社する。会社でみたものは、挨拶もできない、まともに働いていない社員たちであった。当時は高度経済成長期に入り、いくらでも労働力需要があった。労働力不足化が顕著となると社員が減っていき、社員1人、両親、そして永来だけになった。このとき永来は、ヒトがいないと何もできないと、社員の大切さを知るとともに、人財としての「質」の大切さを学んだ。

　1971(昭和46)年、塗料販売からオートサプライ業へ業態転換を図る。いわゆる経営革新（第二創業）である。きっかけは、営業先に3軒の自動車鈑金塗装工場があった。当時はマイカーブームであり、どんどん車が増える一方、事故も増えていた。鈑金塗装屋は忙しい。何もしないでも顧客が来る。顧客に偉そうにしても仕事が成り立っていた。永来は、これから日本でもペイントショップ（塗料販売店）は伸びると考えた。1967(昭和42)年頃渡米し、米の鈑金塗装屋の現場を調査・研究した。ペイントショップだけでは、専門の塗料や、自動車を治すために必要なものが全て揃わないことがわかった。そこで日本で初めてのオートサプライヤー事業を展開することとなる。顧客である鈑金塗装工場に必要な、自動車を治すための機械設備・工具・副資材（接着剤・テープなど）などありとあらゆる必要なものをアメリカから輸入した。日本でも独自に商品開発を行ない、自動車のボディを治すのに必要なものをすべて届ける供給会社、いわゆるオート・ボディ・サプライヤーとしての事業を他社に先駆け確立した。当時の競合他社は、工具屋は工具だけ、塗料屋は塗料だけ、副資材屋は資材だけを鈑金塗装屋へ届けていた。サンエースは、すべてを揃える総合商社となり業界のパイオニア的存在となった。

　次なる戦略は、「連携」である。連携効果を発揮する前提として、各社の経営者自身が集うことが必須である。1997(平成9)年、これからはネットワークの時代と捉え、面的な戦略として全国展開をめざし、販売エリアが競合しない地域のトップ企業をターゲットに連携した。北海道・東北・東京・兵庫・九州の業界トップ5社で「トップネット」（会長：サンエース永来会長）を設立した。トップネットの目的は、競争力のある会社を創ること、相互啓発

## 第12章　顧客価値創造経営を実効するソーシャル・イノベーション

による人材共育（共に育てる）を行なうこと、外部変化への機敏な対応力をつけること、であり、特に情報共有化は経営実態（決算書の公開等）から営業ノウハウ（職場等の公開）の相互公開（会社のすべてを見せ合う）に踏み込むまで、連携各社の深い信頼関係がベースになっている。深い信頼関係を築けた背景には、各社が強い「危機意識」を有していたのは当然とし、まずは親しくなることを実践した。飲む、遊ぶ、ゴルフや旅行で親睦を深めた。総会は、5社持ち回りで幹事会社はすべての経費を負担することや事業による損失の全社負担を取り決めた。さらにトップ・幹部クラスの会合（2カ月に1回）、全国大会（年1回）や人材育成研修などを毎年開催している。オートサプライヤーの生命線は商品力と人財にあるが、5社が結集することで独自の「TNブランド159品目」を立ち上げ商品力での差別化を図り、もう一方で人財を共に育てることを実践している。近年、業界のマーケットは下方に振れており、残存勝者の傾向にあるが、地域No.1を目指し、5社は拠点数・従業員増加を図るなど攻めの経営を維持し、TNブランドの確立とマンパワーこそが競争優位性と差別化につながっている。なによりも連携がうまくいっている最大の要因は、会社の利益が連携参加企業全社で出ていることである。

　こうした戦略の根底にあるのが、サンエースが経営のあり方に対し最も基本にしていること、「あいさつ」、「整理整頓」、「時間厳守」の3つの原則である。永来会長にはさまざまな逸話が残っている。たとえば各支店をまわっては、整理整頓ができていない店舗で「店を閉める！」と言って帰ったり、また挨拶ができていないと支店長であってもその場でやり直しをさせた。さらに永来会長は顧客の前でも社員教育をその場で実践した。社員が顧客へお茶をお出ししたときのことであった。永来は、顧客に対し、「すみません。今ここで社員教育をさせていただいてよろしいでしょうか」と了解をえる。社員に対して顧客へお出ししたお茶の入った湯呑の花柄が顧客の方に向いていなかったことを改めさせ、その場で直させたのである。顧客の前でなぜさ

せるのかと顧客が聞くと、永来会長はこう答えた。「社員を後で呼びつけて指摘すると、社長（当時）は私のことを嫌っているのではと感じる。また社員は、ちゃんと湯呑の花柄を顧客の方に出したと思い違いをしていても、後からでは確認できないし、社員の私に対する不満の原因になってしまう。だから今、その場で顧客の前であっても社員教育の場とすることが大切なのである」と、そこまでするサンエースの社員教育の現場を目の当たりにすると、顧客からすると、サンエースに対する印象は良くなり、高い評価を受けることにつながり、信用力が増すことにつながっていったのである。つまり、「売り方・やり方」の前に「生き方・考え方」がある。「あいさつ」、「整理整頓」、「時間厳守」がよい社風づくりの原点となっている。異質多元的な中小企業にとって社風、組織風土は組織の数だけ存在する。営業・経理・工場など組織風土に差が出るのは、組織風土がよい順に営業成績のランクもみごとに同じ順になっていると永来会長自身が認識している。それは、組織のリーダーで決まるものであり、まさしくヒトが価値を生み出す「ヒトづくり」が重要であることを確信することにつながった。

　サンエースは、創業以来66年間連続黒字を続け、自己資本比率は80％を超える。日本経済新聞「2015年卒関西地区就職希望企業ランキング」37位にランクインし、関西の中小企業では人気No.1の企業へと成長した。中小企業のサステイナビリティを確実なものにするには、経営革新（第二創業）をはじめとしたイノベーション力の推進が不可欠である。従来の塗装販売業から業態転換を図り、オートサプライヤー事業とリフォームを行なうリファイン事業を展開している。さらには企業間連携によって新製品開発・新市場開拓を推進しているなどサンエースの歴史を検証するとイノベーションの歴史であることがわかる。イノベーションの推進によって、「顧客価値創造経営」を実現させていくためにはES（社員満足度）を高めることが不可欠である。サンエースは『サンエース物語』を基軸に理念型経営を推進しており、ESが高まり、同時にCS（顧客満足度）が高まっている。こうして神戸阪神

地域を中心に信用力創造が図られ、地域にとってのみならず、業界・社員・顧客にとって「なくてはならない企業」として存立基盤を強化している。その地域に長く存立し続け、自立的経営を果たしてきたこと、いわゆる「雇用と納税」を実効してきたこと、中小企業でありながら特に雇用面での社会的貢献はソーシャル・イノベーションであり、新しい社会的価値を創出してきたといえる。

### (3) 農業生産法人　株式会社 Teams[18]

　地域活性化のためのソーシャル・ビジネスは近年、農業が典型的な事例としてあげられる場合が多い。施策としての「農商工連携」、戦略としての「6次産業化」とあいまってアグリビジネスとして地域活性化へのイノベーション推進力が期待されている。農業生産法人株式会社 Teams（以下、「Teams」とする）は、設立当初から「アグリカルチャーからアグリビジネスへ」、さらには「よい野菜で人とのつながりを広げる」を理念に掲げ、「循環型農業」[19]を推し進めてきた。農業は第1次産業として、発展途上国型の産業であり、産業構造における所得構成比・労働力構成比は低い産業[20]であった。農業に従事する次世代経営者・従業員は減少傾向にあったが、Teams は「農業の新 3K」を理念に掲げ、「かっこいい、稼げる、感動する」をテーマに、次世代を見据えた新しい農業スタイルを追求している。農業を発展させることで地域経済の活性化を実現し、主に農産物の生産販売から加工品の開発、

---

(18)　農業生産法人　株式会社 Teams
　　所在地　　豊岡市日高町日置 23 番 18 号
　　代表者　　代表取締役社長　新免　　将（しんめん　まさし）
　　事業内容　農産物の生産・卸販売、包装食肉販売、魚介類販売
　　設立　　　2009（平成 21）年 6 月　　資本金　3,000 万円　　社員数　12 人
(19)　スーパーなどで廃棄された作物を液肥肥料に加工し栽培作物に使用。収穫した作物をスーパーなどに出荷するなど、環境問題に着目したエコサイクルの実現を目指す。
(20)　篠原三代平（1976）を参照のこと。

有機液肥販売なども行なっている。さらには地域内の連携も重視しており、地元で長年にわたり農業を営んできた農業者から、これまで培った農業の知識・経験に基づく指導を受け、環境に配慮した方法で栽培された農作物を産地直送型のWEB販売、地元直売所や飲食店・ホテルなどへの卸販売も行なっている。高付加価値化を目指す戦略として、地元醤油製造会社との連携による「にんじん」を活用したドレッシングの開発や、地元酒造会社との連携により、Teamsで栽培した酒米（五百万石）で純米酒を製造・販売するなど、地域内の農業者や中小企業等との連携による加工品販売に取組み、地域を包括した形での「循環型農業」と地域内産業との有機的連携を前提とした6次産業化[21]を推進している。

　少子高齢化の問題が深刻化する過疎地において地域活性化を推進していくには地域が一丸となって事業展開することが不可欠であるとし、Teamsの名称にもあるように地域で一つの「チーム」を編成して事業展開していくことを経営理念の根幹に据えている。さらに人財育成の面では「農村塾」を運営している。設立当初より農業を文化ではなく、事業としながら、「地産地消」をより大きな循環でとらえ、地域で作って過疎地以外の都市部の消費者に販売することを掲げ、「地産都商」を提唱し、都市部との地域間交流に注力している。その取組の1つとして、就農支援や研修、体験イベント、セミナーなどを行なう「楽農や農村塾」を開校し人財育成、情報発信にも積極的に取組んでいる。こうした活動がマスコミ等の宣伝効果もあり、地域住民や行政からも、地元活性化や雇用創出の面で期待が高まっている。実際に企業の社

---

(21)　農業経済学者今村奈良臣による概念である。第1次産業である農林水産業のさらなる高付加価値化を推進し、産業の高度化を図るには、生産された1次産品の加工や流通・販売に至る産業連関効果の発揮による第1次産業従事者による主体的・総合的な戦略を指す。従来は第1次産業に第2次・第3次産業を加える、すなわち「$1+2+3=6$」としたが、第1次産業が加わらないことには成立しないことから「$1×2×3=6$」とされている。加えて第3次産業である観光業を加えて、「$1×2×3+3=9$」として9次産業化への戦略も見受けられる。

員研修や大学のゼミ、地元小中学校のバスツアーにも採用されている。今後は農業を活用した体験型教育や宿泊施設などを考えており、農業や地域の自然環境を身近に感じることができる、一種の「テーマパーク」的な展開を模索している。

　さらに手軽に無農薬野菜と自らが栽培する楽しさを提供するため、「農園オーナー制度」を提案している。飲食業等の顧客がTeams農場のオーナーとなって、当社スタッフによる委託栽培により手軽に自家契約農園の実現を図るサービスである。これは自家栽培・無農薬の健康野菜として、飲食店などでは店舗メニューの付加価値向上が図れるほか、オーナーとなった顧客には実際に野菜に触れることで、スタッフのモティベーションアップにつながり、オーナーは顧客も農場に同行しての収穫体験や、収穫した野菜をその場で食べることが可能な飲食体験なども実施している。加えてオーナーの店舗でTeamsスタッフが販売イベントを開催するなど、顧客の店舗PRに協力するとともに、FBなどで農場の状況も発信している。収穫した農作物の余剰分はTeamsが買取るか、または「ベジポイント」として、Teamsが取扱っている野菜や精肉、鮮魚と交換することが可能であり、Teams自体とオーナーの双方にメリットとなるシステムを展開している。

　Teamsが存立している但馬地域は兵庫県下でも代表的な過疎地であり、人口減少傾向が著しい。したがって経営理念の柱に全国の地域社会が抱える共通の課題である人口減少・少子高齢化による過疎化への対策を上げており、事業展開の中核をなしている。そこでソーシャル・イノベーションを展開すべく6次産業化を模索し、農業地域の問題点ともなっている農業者の減少による耕作放棄地の増加[22]に対応すべく事業に取組んでいる。さらには9次産業化[21]への新規展開である。兵庫県但馬地域は城崎・湯村という全国的にも屈指の温泉場を有するなど長きにわたって観光産業が地域経済を支えてきた。Teamsは地域資源の有効活用の観点から耕作放棄地の解消・再生に取組むことで、地域での雇用を創出している。地域内企業、地域住民、行

政、団体等との連携のなかで事業を展開しており、地域内企業との取引関係を主体に運営していることから社会的分業での側面や、雇用創出上の役割は、経済的に衰退傾向にある地域にとって貢献度は少なくない。また農業という文化的側面の強い産業のイノベーションにも寄与している。中小企業政策の視点からすれば、当社が地域におけるソーシャル・ビジネスの担い手として存立している現状で、中小企業の2つの役割である経済的役割、社会的役割を果しているといえる。

さらに養父市が国家戦略特区[23]に指定されたなか地域の農業者、中小企業経営者等が集まり出資して設立されたのがTeamsの関連会社である株式会社アグリイノベーターズ[24]である。新産業として農業を見直すことで、国の地域振興策に乗りながら持続的な地域社会を再構築することを目的に創業された。事業については、第1に、農作物生産・販売である。Teamsと同様に地産都消をめざし、地元生産者との連携により生産量・販路の拡大を図り、有名料理店、都市部ホテル等との契約を結んでいる。第2に、農地整備・管理である。環境面での配慮から、耕作放棄地の復旧・整備、担い手育成に注力し、地元の畜産堆肥の活用や在来種の生産にも力を入れている。第

---

(22) 耕作放棄地は全国で約40万ha（およそ滋賀県の面積に相当）存在している。耕作放棄地の解消は、農産物生産の増産による食糧問題、農業従事者の増加による雇用問題、過疎化が進行する地域社会の地域活性化問題等の課題解決につながると期待されている。
(23) 国家戦略特別区域：養父市は、「中山間農業改革特区」として、2014(平成26)年9月9日に区域計画が認定された。
(24) 株式会社アグリイノベーターズ
  所在地  豊岡市日高町日置23番18号
  代表者  代表取締役社長　由良　大（ゆら　まさる）
  事業内容 ①農畜産物、加工品の生産・販売、②農業用肥料等の販売、③農業機器、農機具販売・リース、④農地整備、⑤飲食店経営・食料品販売、⑥旅館経営
  設立  2014(平成26)年7月　　資本金　500万円　　社員数8人

第12章　顧客価値創造経営を実効するソーシャル・イノベーション　　305

3に、「観光としての農」ということで、当初から9次産業化を視野に農業体験ツアー、社員研修等の企画・誘致や、農畜産物の加工・販売による「製販共栄のネットワーク」づくりを図っている。養父市国家戦略特別区域農業保証（アグリ特区保証）融資制度を活用することで運営している。

　Teamsは資金調達において、近年注目されているファンドを活用した。ファンドといえば、かつて米国のヘッジファンドのような巨大資本での投資をイメージしがちであるが、比較的少額の、いわゆるマイクロファンドを活用している。Teamsは、日本におけるマイクロファンドの草分け的存在である、ミュージックセキュリティーズ株式会社[25]のクラウドファンディング[26]を活用した。このファンドの特徴は、出資者は投資の経済的リターンを第一の目標にするのではなく、あくまで投資するビジネスの目的、特に社会的課題の解決を目指すような、ソーシャル・ビジネスとしての事業発展を支援するファンドである。ファンドのメリットとしては、金融機関による融資と比較して、①出資者から直接的な投資を受けることで、顧客との強固な関係性が構築でき、②企業としても多くの出資者に投資いただくことで認知度が高まり、③出資者は同時に顧客にもなるという点で、ファンドの活用は熱烈な顧客（ファン）を作る最大のPRになるのである。

　以上、Teamsの経営行動は、社会的分業での面、特に雇用創出上の役割は、但馬地域という経済的に衰退傾向にある地域にとっては貢献度は少なくな

---

(25)　本店／事業所所在地　東京都千代田区大手町1-6-1 大手町ビル3階、設立　2001(平成13)年11月26日（創業2000年12月）、資本金　3億2,726万5,300円（資本準備金3億1,803万1,700円）、事業概要　証券化事業：マイクロ投資プラットフォーム「セキュリテ」の運営業務、ファンド組成業務、ファンド販売業務、音楽事業：レコードレーベル業務、著作権管理業務、アーティストマネジメント業務。

(26)　Teamsは「楽農や　神鍋高原ごちそう野菜ファンド」と銘打ってファンドを募集した。一口金額は30,000円で、募集期間は2013(平成25)年10月31日から2014(平成26)年3月31日であった。参加人数は271人であり、募集総額は11,910,000円となった。約2週間で資金が集まるという結果となり、償還も毎年順調に実施している。

い。また農業という文化的側面の強い産業の革新にも寄与している。Teamsの経営行動が、ソーシャル・イノベーションの創出という観点からも、ステークホルダーとの関係性のなかで、社会的な営みとしての機能と役割を果しているといえる。以上の課題の解決を第一義として、Teamsは地域資源の有効活用による「循環型農業」の実現により、雇用の創出を図るとともに地元業者との連携を基本に地域内投資力を実効し、地域活性化への具体的な取組を行なうソーシャル・ビジネスとしての位置付けで事業展開しているのである。

## 第4節 「強い企業」と「よい企業」の同時実現

「経営革新と経営品質のソーシャル・イノベーションによる融合によるサステイナビリティの実現」、各ケースの内容をまとめるとこのような含意となる。この含意を「強い企業」であるとともに「よい企業」を実現することが重要であると考える。「強い企業」とはイノベーション創生力を有した経営革新実現可能な企業のことであり、「よい企業」とはES、CS、CSRを高度に実現しうる経営品質の高い企業である。従来の議論では「イノベーション」というと、大企業や、ものづくり製造業、また優良企業においてのみ実効力のある戦略と考えられてきた。「イノベーション」とはそれぞれの企業の存立基盤を支える根源力に源泉を有したものである。各中小企業において社員、人財を再評価する。また関係企業との連携を模索する。さらに長年にわたって自社製品として販売している製品の信用力を再度、見直してみることで、「イノベーション」の源泉、すなわち企業の持続可能性を高める経営資源がある。

### 【参考文献】

Drucker, P. F. (1954) *The Practice of Management*, Harper and Row. Publishers, Inc.（上

田惇生訳（2006）『現代の経営（上）（下）』ダイヤモンド社).
神田　良・岩崎尚人（1994）『老舗の教え』日本能率協会マネジメントセンター.
村上泰亮・公文俊平・佐藤誠三郎（1979）『文明としてのイエ社会』中央公論社.
中村　精（1983）『中小企業と大企業—日本の産業発展と準垂直的統合—』東洋経済新報社.
岡田知弘（2005）『地域づくりの経済学入門 地域内再投資力論』自治体研究社.
佐竹隆幸（2008）『中小企業存立論—経営の課題と政策の行方—』ミネルヴァ書房.
佐竹隆幸（2012）『「地」的経済のすすめ』神戸新聞総合出版センター.
篠原三代平（1976）『産業構造論』筑摩書房.

（佐竹　隆幸）

# 終章

# 地域中小企業によるソーシャル・イノベーションへの展望

## 第1節 「ヒト」による「顧客価値創造経営」の実効

　多くの尊い人命が失われた第二次世界大戦の終焉から70年が経過した。日本は見事に経済復興を成し遂げ、1960年代には先進国へのキャッチアップを果たした。また兵庫県は阪神・淡路大震災という未曾有の大災害を経験し20年が経過した。当時多くの社会・生活の基盤が崩壊し中小企業も、その多くが被災した。しかし震災を契機に単なる再生ではなく、むしろ経営を革新する原動力として見事に乗越えてきた。この20年間、中小企業の自然淘汰は進んだ半面、イノベーション力を有する中小企業は、むしろ存立を維持し、いわゆるサステイナビリティを実現してきている。この間各中小企業は明確な「ビジョン」を示し、ステークホルダーに対し理念を浸透させ、叡智を結集した実践経営戦略を実現してきたわけである。まだ多くの課題は存在するものの、創造的復興が着実に進みつつある。

　第1章でも示したように、地域＝中小企業といってよいほど、地域社会での中小企業の果たす役割は大きい。なんといっても雇用と納税の苗床である。中小企業を復活させることは日本の今後を左右する大きな課題となっているが、カギとなるのが「ヒトへの投資」である。企業にとって大切なのは

「規模」ではなく「質」であり、「質」を形成する要因は長年にわたり育成した人「財」である。従業員のモチベーションを如何にして高めるのか。日本的経営の強みを発揮すべきであろう。そもそも日本経済の強みとはいかなるものであろうか。近年、海外において日本的経営が評価される機運にあるが、欧米人の見地からは到底容認できない文化・伝統が日本的経営には生きている。集団内における所属意識・忠誠心・相互信頼の存在である。会社内部における仲間意識・恩情意識といったいわば共同体的親和関係と、会社内部における権力構造・階層構造といったいわば支配従属的階統関係は表裏一体であるが、そのメカニズムのなかで形成される経営力は存立基盤の源泉となる。日本企業の強みそのものでもある。これは地域社会にも当てはまる。中小企業は地域の有力な住民であり、雇用をつくり地域での生活を支え、地域を活性化させていく担い手なのである。

　中小企業最大の課題は、自社の存立基盤を強固にし、変化に耐えられる強靭な体質づくりを目指すことが第一義となる。そこで重要なのは「ヒトづくり」である。これこそが、強さを生み出す基盤であった。今、日本のメーカーに精彩がなくなりつつある。かつてのヒトを土台にした現場第一主義から、財務データを中心とした経営へと変化した。賃金、売上、コストダウンに目が行き過ぎ、アメリカ型マネーゲームの悪しき影響を引きずっている。結果、企業の成長と引き換えに、ヒトづくりの根本的な大切さは失われた。経済・経営環境が目まぐるしく変化するなかにおいて、中小企業や地域はどのような理念と意思を持ち、どのような戦略を持って存立を果たしていくべきであろうか。中小企業の存立なくして「地域創生」の実現はあり得ない。

　中小企業のサステイナビリティ[1]を確実なものにするための議論として、経営革新（第二創業）をはじめとしたイノベーション力の推進は重要なポイントとなる。イノベーションの推進とは「顧客価値創造経営」の実現である。「顧客価値創造経営[2]」とは「顧客のニーズを的確に把握し、顧客満足度を極大化させる製品・サービスを提供しうる」経営のことであるが、それを実

現するのは従業員、すなわち「ヒト」である。したがって「顧客価値創造経営」とは「ES（社員満足度）を高めることによってCS（顧客満足度）を高める」経営であり、その経営の実効性を高めることによって中小企業の存立基盤は強化され、サステイナビリティを実現できることになる。ES（社員満足度）を高めるには「ソーシャル・イノベーション」は不可欠である。

　以下では、まず「失われた20年」の経営環境を概括的にまとめ、現代日本の中小企業のおかれている現状と問題点、主要施策について把握する。次に「顧客価値創造経営」実効のメカニズムについて明らかにし、「ソーシャル・イノベーション」の役割について検証する。最後に理論的枠組をモデル化し、サステイナビリティを担保しうる中小企業経営について明示する。

## 第2節　過去20年間における現代中小企業の現状と方向性

　バブル経済の崩壊から今日までを称して「失われた20年」といわれている。以前までは、バブル経済が崩壊した1990年代初頭から、小泉構造改革が始まるまでの期間を「失われた10年」と呼んでいた。小泉純一郎内閣における「いざなぎ越え」によって一時期回復基調になったかのように思われた。「踊り場からの脱却」が各経済書評等では盛んに発表されていた時期である。つまり中小・零細企業にとっての新たな展開を模索する時期であった。

---

(1) 「サステイナビリティ＝持続可能性」という用語が最初に使われたのは1987年にさかのぼる。国際連合によって設置された「環境と開発に関する世界委員会（World Commission Environment and Development: WCED）＝通称ブルントラント（Brundtland, G. H. 元ノルウェー首相）委員会」が出した報告書（"Our Common Future"）において使われたのが最初とされる。本来は「地球環境が我々の生存できる環境を維持できること」とする意で用いられたが、「個別企業が社会で支持されて生き残る（存立維持できる）」という意で使われることが多くなっている。

(2) そもそも「企業価値」は「株主価値」であるとする経営学者は主流を占めていたが、Drucker, P. F. は「企業価値」は「顧客価値」であり、企業・組織の目的は顧客価値の創造にあるとした。（Drucker, P. F.（1954）による）

しかしリーマンショックなどの国際経済の影響によって、さらには東日本大震災の影響によって、今日に至るまで経済には明るさが戻ってきていない。「失われた20年」を示す指標として、名目GDP（国内総生産）や消費者物価指数があげられる。両指標はここ20年ほどほとんど変化がない。アベノミクスはデフレ脱却を目指しているが、政府による「脱デフレ宣言」にまでは至っていない。そうした背景の中にあって、中小企業は、自律的経営戦略[3]のもと中小企業政策の支援も活用しながら存立維持を果たしてきた。受動的戦略ではなくあくまで能動的な経営行動による自立的経営戦略を模索した企業が自立可能な中小企業へと進化を遂げている。以下では、阪神・淡路大震災が発生した1995（平成7）年以降を5年ごとで区切り、各中小企業戦略・政策の推移について整理していく。

### (1) 異業種交流からネットワーク化へ　1995(平成7)年から2000(平成12)年

　阪神・淡路大震災ののち、経営環境の激変に対応すべくのちの中小企業政策の柱となる中小企業の戦略行動の基盤をなす試みが模索され始めた時期である。すなわちネットワークによる交流の場を創出し、自律的施策として経営革新が始まることになる。

　1980年代に入ってネットワーク施策として定着したのが異業種交流である[4]。中小企業単独では、経営資源が一般に不足しており、特に情報収集や新製品開発においては大企業能力との企業間格差は明白なものがあった。そこで企業単独ではなく、異業種分野の中小企業が連携して新分野への事業展開を図ろうとする戦略が異業種交流あるいは異企業間連携である。これは企業・業種の枠を超えての企業間交流・異業種交流を図って、情報交換を交流によって奨め新分野への進出を促し、組織化を推進して組合を設立し、需要の高度化・多様化が進展するなかにおいて研究開発、開発成果の製品化、需

---

(3)　池田　潔（2012）による。
(4)　佐竹隆幸（1999）を参照のこと。

要開拓を奨め、事業化し、市場展開していくという総合的な施策であった。しかし、こうした中小企業間における異業種交流は、多くの失敗例が見られるといった現実に直面してきた。中小企業を集団としての連合体として包括化しようとしてもそれは多分に、利害の相違がある参加企業をある一面をもって一般化し、参加中小企業の相違点を規制・統制することによる画一的な中小企業経営行動を提唱し実行することに他ならないのである。

　こうした失敗から後の連携・クラスター形成戦略に至る準備段階として、異業種交流施策はむしろネットワーク形成策として評価できる。すなわち「場」の形成である[5]。経営者にとって自身の経営戦略を策定し、積極的な市場開拓を進めるうえで能動的戦略行動としての情報発信と情報収集は必要不可欠である。特に1999（平成11）年に定められた経営革新行動たるイノベーションを推進していく必要条件として「場」たるネットワーク化は重要な役割を果たすことになる。ネットワーク化の基盤として経済諸団体の役割も再認識されることとなった。

## (2) 経営革新（第二創業）の推進　2000（平成12）年から2005（平成17）年

　1999（平成11）年、中小企業基本法が35年ぶりに改定された。改定の趣旨は従来型の「近代化」と「不利是正」を柱とした中小企業の育成振興策から「創業」と「経営革新」を柱とした中小企業創業・起業化政策たるイノベーションの推進・強化への転換を目指したものである。こうして現代中小企業は「活力ある大多数（vital majority）」と位置づけられ、「市場競争の苗床」、「イノベーションの担い手」、「雇用機会創出の担い手」、「地域経済発展の担い手」としての役割を求められることとなった。中小企業基本法改定に伴って「中小企業近代化促進法」か改定・転換された「中小企業経営革新支援法[6]」によって各中小企業は「経営革新計画の認定制度」に取組んだ。2005

---

(5)　小川正博（2000）を参照のこと。

(平成17)年には、中小企業の創業・経営革新・異分野連携の促進・支援について「中小企業経営革新支援法」に加えて「中小企業創造活動促進法」[7]、「新事業創出促進法」[8]の3つの政策を統合させ、それらを発展的に解消することで「中小企業新事業活動促進法」(「中小企業の新たな事業活動の促進に関する法律」)が制定され、今日に至っている[9]。

　こうして各中小企業は、中小企業基本法改定による「やる気のある企業」への支援充実策を受け戦略的に自立型企業づくりに方向性を定め、中小企業こそ「イノベーション」の源泉という機運の高まりによる経営革新（第二創業）をキーワードに、これまでの事業領域、経営を見直して事業のあり方を再構築することで、経営革新（第二創業）を実現する経営指針策定によるビジネスモデルを自律的に創造していく戦略へと変換した。ここでいう経営革新（第二創業）を体現したイノベーションは、経営資源を戦略的に集中させ、新たな価値を創造する経営革新（第二創業）である。いわゆる自社におけるイノベーションの創出であるが、経営革新（第二創業）の内容には、イノベーションの主流であるプロダクト・イノベーション（新製品開発）、プロセス・イノベーション（生産工程の革新）、のみならず人材育成や事業承継のシス

---

(6) 1999(平成11)年11月に施行された法律であり、「中小企業近代化促進法」と「中小企業新分野進出等円滑化法」を発展的に統合したもので、「幅広い中小企業の経営の革新（新たな事業活動による経営の向上）を支援していく「経営革新計画」と外的要因により業況が悪化した業種の中小企業の経営の建て直しを支援していく「経営基盤強化計画」とで構成されている」政策である。

(7) 1995(平成7)年4月に施行された法律（時限立法）であり、正式名称は、「中小企業の創造的事業化活動の促進に関する臨時措置法」である。「中小企業の創造的事業活動（創業や研究開発・事業化を通じて、新製品・新サービス等を生み出そうとする取組）の促進を通じて、新たな事業分野の開拓を図り、産業構造の転換の円滑化と国民経済の健全な発展に資することを目的」としている。

(8) 1998(平成10)年12月に制定された法律(1999年2月施行)である。日本における経済の閉塞感を打破し、雇用機会を確保するために、日本で蓄積された産業資源を活用し、新事業の創出を図ることを目的としている。

(9) 2016年(平成28)年の制度改定については第11章第5節を参照のこと

テムを確立していく経営資源のイノベーション、企業間連携や分社化を果たす組織のイノベーション、コーポレート・アイデンティティを確立していくブランド・イノベーションも含まれる。優良企業の選別であるとの批判もあるが、能動的に戦略行動を果たし得る中小企業にとっての存立基盤強化策への方向性が明確化したという点で評価できる[10]。

### (3) ソーシャル・キャピタルによる連携の形成
#### 2005(平成17)年から2010(平成22)年

　2005(平成17)年の「中小企業新事業活動促進法」によってイノベーションたる経営革新（第二創業）のみならず連携が施策の柱の1つと位置付けられた。自社の事業コンセプトを明確にしたうえで、「連携」をキーワードに企業間で信頼関係をつくり、地域との関わりを持ち、社会的にも貢献するべくソーシャル・キャピタルを基盤に企業の存立基盤を強化していくという戦略が取られた。「連携」とは、不足する経営資源を相互に補完し、それぞれの強みを活かしていくことであり、制度として発足したのが「新連携」である。中小企業連携組織は、新しい制度として中小企業新事業活動促進法に基づく「新連携[11]」という制度が地域振興の基盤強化を志向し推進されていく。
　「連携」の成果とは何か。「連携」というプラットフォーム上における取組、あるいは他の経営者との出会いを通じて、経営戦略を策定するうえでのヒントが多く存在し、連携に参加する企業が切磋琢磨し、それが既存事業に活かされ、業績があがる仕組がシステムとして確立された[12]。全国的にも成功

---

(10) 佐竹は、二場邦彦（立命館大学名誉教授）、関智宏（同志社大学商学部准教授）と共著で兵庫県中小企業家同友会経営環境改善委員会による「NTレポート」を作成し、景況調査を行っている。「NTレポート」は1997(平成9)年1月に第1号が発表され、以降年2回発行されている。最新号にあたるのが2017(平成29)年1月発行の第41号である。調査対象企業は兵庫県中小企業家同友会会員企業約1,500社が対象であり、約300社より毎回回答を得て兵庫県経済の景況動向を検証している。具体的なイノベーション展開については参照のこと。

例として注目されている兵庫県中小企業家同友会の連携組織「アドック神戸[13]」の事例にみられるように、連携参加企業間における信頼関係という意味での競合関係が有効に機能していることが成功の核心となっている。これはプラットフォームとしての兵庫県中小企業家同友会が単なる親睦団体ではなく、経営者にとっての最大のリスクヘッジ策である「学ぶ場」として有効に機能している証拠でもあろう。

　同じ組織、すなわち同じプラットフォーム（「場」）の属する仲間企業間であるというメリットを最大限に生かすことが連携の必須条件である。企業間連携・ネットワークの仲間企業間の人間同士の信頼関係をより強固なものにしながら、連携組織をより豊かな経営体験の交流・取引・情報提供と経営資

---

(11)　政策対象となる「新連携」（法律上では「異分野連携新事業分野開拓」と呼ぶ）とは、「その行う事業の分野を異にする事業者が有機的に連携し、その経営資源（設備、技術、個人の有する知識及び技能その他の事業活動に活用される資源のこと）を有効に組み合わせて、新事業活動を行うことにより、新たな事業分野の開拓を図ること」である。新事業活動・異分野連携・販売につながる事業の３つを踏まえなければならない。「連携体」の条件に、①中核となる中小企業が存在すること、②２社以上の中小企業が参加すること（なお大企業、大学、研究機関、NPO、組合などを構成メンバーに加えることはできるが、中小企業の貢献度合いが半数以下の場合は支援対象外となる）、③参加事業者の間で規約などにより役割分担・責任体制などが明確であること、がある。

(12)　実効力ある成果を上げている連携組織の事例として兵庫県中小企業家同友会の事例がある。阪神・淡路大震災を契機に全国に先駆けて組織した「アドック神戸」は、全国に数多く作られた連携組織の中でも成功例となっている。兵庫中小企業家同友会企業は、「企業間連携」を戦略に1995(平成7)年の阪神・淡路大震災で企業同士が支え合った信頼関係を生かし、翌年に製造部会を立ち上げ、2000(平成12)年にはワット神戸を、2002(平成14)年にはチームITプロ（現「チームIT神戸」）を設立させ、産業クラスターを形成し、異分野の中小企業、行政・大学・研究機関等の強みを持ち寄って連携し、新しい市場への展開、高付加価値製品・サービスを創出する新事業活動を展開してきた。その成果は、連携によって経営革新（第二創業）を達成し、本業を進化させるなど兵庫中小企業家同友会企業の存立基盤を強化している。さらに「企業間連携」、「産学公連携」を推進すべく、産学公連携本部（LINC（Liaison（連携）・Innovation（変革）・Network（ネットワーク）・Collaboration（協力））を設立し、企業の成長、連携の新たな質的発展をめざすという進化を遂げている。

(13)　佐竹隆幸（2012）を参照のこと。

源の共有の場とし、連携組織を活用し、さまざまな存立基盤強化に向けた課題解決の処方箋を導き出すことが可能となる。こうして信頼関係をベースに企業間連携・ネットワークを構築し、仕事上・産業上の関わりを構築していくことが可能となる。このためには「ソーシャル・キャピタル（social capital）」を形成することが求められる。「ソーシャル・キャピタル（social capital）」とは、企業・住民・行政・研究機関・地域を結びつける人間関係、市民関係ネットワーク・信頼関係を意味する。連携組織構成員たる中小企業が、企業としての価値を高めていこうとすると、一社では力が限られており経営資源も不足している。企業間連携を円滑に構築していくためには、連携組織構成員の自助努力と相互の切磋琢磨を前提とする協力関係づくりが課題となる。連携組織構成員であるという信頼関係をベースに連携を進化・編成すれば、強固な連携組織が形成可能となり、連携組織構成員間においてさらなる協力関係形成が可能となる。多様な企業間連携・ネットワークを通じて、自社の存立基盤の強化やイノベーションの実効性を高めることが可能となる[14]。

## (4) 理念型経営の実効によるソーシャル・イノベーション
### 2010（平成22）年から2015（平成27）年

　第1節・第2節で示したように現代日本経済は大きな転換点を迎え、企業を取り巻く経営環境も従来とは異なる理念・戦略・計画といったビジネスモデルが求められている。加えて高度経済成長型の自分の企業及び自分の業界のみが成長発展することで自ずと地域や国が経済成長する時代は終焉を迎え、新たな地域活性化の方向性が求められる。そこで核心となるのが企業と地域の関わりである。ここ5年、さまざまな動きがあった。2010（平成22）年には「中小企業憲章」が閣議決定され、続いて日本全国の地方公共団体で、

---

(14)　佐竹隆幸（2008）第7章を参照のこと。

制定目的は同じであるが「地域」「産業」「中小企業」の違いはあれ、「振興基本条例」の制定が相次いでいる。2014(平成 26)年には「小規模基本法(小規模企業振興基本法)」、「小規模支援法(商工会及び商工会議所による小規模事業者の支援に関する法律の一部を改正する法律)」が制定され、地域経済団体の役割を見直し、定義において同一次元で施策対象となる中小企業からいわゆる零細企業を切り離した形式で育成・振興策が展開されることとなった。さらには、行政に一元化されてきた役割が「新しい公共」へと移行しつつある。「新しい公共」とは、「官」に代わって市民・事業者・行政が協働して公益を担う、各種経済団体や中間支援組織、NPO 等の民間セクターのことである。経済社会の成熟や個人の価値観の多様化によって、行政の一元的判断に基づく「上からの」公益の実施では社会的満足度を高めることができなくなってきた。こうして「官」とともに「公共」を担う「民」の役割が強調されたわけである。

　「新しい公共」を担うのは各種経済団体や中間支援組織、NPO 等だけではない。私的利潤極大化を目的に存立する企業そのものも「新しい公共」を担うことになる。「新しい公共」に向かうメカニズムは、イノベーションを契機として発現する。こうして実効しうるイノベーションが「ソーシャル・イノベーション」である。「ソーシャル・イノベーション」を担う経済主体が「ソーシャル・ビジネス」であり、この場合目指すべきは理念型経営を実効するビジョナリー・カンパニー、すなわち「地域・社員・顧客・業界にとってなくてはならない企業」なのである。こうした企業が地域経済の活性化に貢献することが可能となる。長い間その地域において存立を維持してきた中小企業こそが地域経済の担い手であり、地域における雇用創造の源泉となる。中小企業が成長・発展していくことは、「仕事づくり・ヒトづくり・地域づくり」につながる。活力ある豊かな地域や社会をつくるためには、中小企業の役割が不可欠である。経営理念を基盤に卓越した企業経営をめざし、まずは、黒字体質を有した「強い企業」へ、そしてヒトづくり、ビジネスモデル

づくり、地域貢献を行なっていける「よい企業」へと進化し、さらに中小企業家として実現したい価値を創造していくことで「なくてはならない企業」への転換を目指すものである。「なくてはならない企業」はいわゆる経営品質が高い企業となる。

## 第3節　ヒトづくりの経営と新たな価値創造

　業界・業種・職種を問わず、ヒトの時代といわれている。第二次世界大戦後、日本は先進国へのキャッチアップを目指し、世界から奇跡といわれた経済復興・経済成長を成し遂げたわけである[15]が、1985（昭和60）年のプラザ合意以降の30年、特にバブルが崩壊してからのここ20年はいわゆる「失われた20年」といわれている。高度経済成長を担い、日本の先進国化に貢献してきた世代、いわゆるベビーブーマーがリタイヤし、その次の世代が政治・経済・社会を担ってから、日本の経済や社会にどこか歪が生じたといわれている。終身雇用・年功序列という日本的経営の強みが「よし」とされた時代を経て、激動する経済や社会環境において、その変化に機敏、迅速、効果的に対応しなければならない状況下では日本的経営の強みが必ずしも有効に機能しないといわれている。いわば「ヒトの衰退」、「日本人の劣化」が生じているのである。

　今後、日本が平和で安定した社会の維持と実現のための持続可能な企業づくり・地域づくりはどうあるべきか。そのための「新たな価値」とはどういうことなのであろうか。「価値」については、世代や職種、所属する組織や立場によって異なるのは当然で、多くの研究者や評論家、政治家、企業家、芸術家などが、それぞれのキャリアや体験、理念や思想に基づいて言及している。そこで人財にとって不可欠な要素とは何であろうか。今、問われるの

---

(15)　経済復興・経済成長に果たした産業政策の役割は大きいとされる。この点については、佐竹隆幸（2002）及び鶴田俊正（1982）を参照のこと。

は「居場所と役割」である。ヒトは生まれてから、死ぬまで何かの組織や集団（家族、学校、地域、サークル、職場等）に所属する。日本人は従来、それぞれの所属する組織のなかで、「イエ」や「ムラ」的な意識が自然と培われてきたのである。いわゆる「内輪」といった、緩くなく、固くもない所属感、また相互依存関係を築いていたのである。組織の中での「自分の役割」が不明瞭になると、人は組織内での「居場所がない」と感じる。「居場所がない」と感じると、組織と自分との関係が希薄になって、帰属意識を失うという悪循環が生じる。企業においても、組織においても、社会においても、地域においても自らを必要とする「場」が存在し、居場所を認識することができれば安心感が生まれ、モティベーションが生じ、そこから生まれるものが組織や集団への所属意識と、そこにおける存在価値である[16]。所属意識については、所属することで得られる安心感が最大の要因であり、所属あるいは帰属する組織や集団での、存在価値を所属する者自身と組織を構成するメンバーが共に認識することで、さらに所属意識、存在価値が増幅され、組織や集団への忠誠心が芽生える。「ヒト」という経営資源の観点で地域や中小企業経営について検討してみると以下の3つの視点がある。

　第1には、将来の地域を支える地元指向と地域貢献という面で有効であるとされる担い手として、「マイルドヤンキー」が注目されている[17]。「マイルドヤンキー」には、次のような特性があるとされている。①生まれ育った地元指向が強く、遠出を嫌い、生活も遊びも地元で賄う。②郊外や地方都市に在住している。③内向的で上昇志向が低く、保守的であり、「絆」「家族」「仲間」という言葉を好む。地元志向はすなわち地元に定着する労働力へと直結する。地域に雇用が存在すれば、地域で就職し地域活性化の原動力となる若年層が増加傾向にあることを「マイルドヤンキー」論は示している。今後、地域は「マイルドヤンキー」指向の若年層が地域社会を支える大きな原

---

[16]　阿部真大（2011）による。
[17]　マーケティング・アナリスト 原田曜平氏が2014（平成26）年に定義した造語。

動力になる可能性がある。地域の持続可能性を追求するうえで不可欠な視点であろう。

　第2には、地域活性化と活性化実現のための「「場」づくり」を目的とした「プラットフォーム」の形成が重要となる。地域には、さまざまな地域資源が存在し、経営資源を有効に活用することで、地域の活性化が実現するわけであるが、地域資源の活用には、地域におけるいくつかのステークホルダーによる「場」の形成が不可欠である。地域にヒトがいて、多くの地域資源を有していながらもこれらを活用する「場」がないことには、具体的で現実的な戦略行動を行使することができない。これまでも、「プラットフォーム」のためのネットワーク化や連携体の編成が求められ、各省庁（総務省・農林水産省・経済産業省・国土交通省等）の政策においても、地域活性化に際しては、地域における連携体をつくり、連携体の取組による政策の波及効果を求めている。経営資源が「プラットフォーム」に集積することで、主体間のつながりが生じ、相互の信頼関係の醸成によるソーシャル・キャピタル[18]が形成され、情報を収集し、発信していくメカニズムが形成されたとき地域活性化への、持続可能な企業づくりへの環境[19]が形成されることになる。

　第3には、地域や企業で多様性を活かすという点で「ダイバーシティ・マネジメント」の必要性が説かれている。「ダイバーシティ」とは「多様性」という意味であるが、現代社会では、いわゆる多様な人々が共存し共栄できる社会をつくることが求められている意で使われている。企業経営においても、職場に女性や非正規社員をはじめ、さまざまな年代やワークスタイルの人、また外国人の雇用も増加しており、「ダイバーシティ」の広がりが高まっている。「ダイバーシティ」としては、「女性」「高齢者（末老）」「第二新卒」「外国人」「障がい者」が指摘されている。現在の働く環境、働くヒトへの実情から組織のマネジメントを見直し、組織のなかの多様性をどう捉え、どの

---

(18)　Cohen, D. & Prusak, L. (2001) による。
(19)　佐竹隆幸（2008）第7章を参照のこと。

ように活かしていくか。中小企業の持続可能性はもとより、あらゆる組織や地域にとっても重要な視点となる。

「ダイバーシティ・マネジメント」は、個人や集団間に存在するさまざまな相違点（多様性）を競争優位の源泉として生かすために、組織全体を変革しようとするマネジメント・アプローチである。「個人の属性」で見ると、年齢・性別・国籍など客観的に認知しうる違いや、宗教・価値観・性格・生き方・考え方など客観的に認知できない違いが存在する。また「働く条件の面」では、ワーク・ライフ・バランスのもとで、正規・非正規の雇用状態の違いや、短時間労働、フレックスタイム制といった違いなどがある。タイバーシティの高まりは、人口減少、少子高齢化の進展が一段と進んでいる日本において、労働人口の減少による人財の不足、労働者の意識や価値観の変化、市場や顧客の多様化やグローバル化に対応するマネジメントとして重視されている。近年、ダイバーシティに積極的に取組む企業も増えてきた。グローバル化やイノベーションが求められるなか、女性・高齢者・外国人などに活躍の場を提供し、多様な人財の活躍を進めていくことが企業戦略の中核課題として位置づけられている。特に「日本再興戦略[20]」では、「日本の稼ぐ力」を強化すべく重要施策として位置付けられており、なかでも「女性の活躍」に力を入れようとしている。

日本において、企業がダイバーシティを経営戦略の重要課題として認識するようになったのは、21世紀に入ってからのことである。経団連が2002(平成14)年に出した報告書を契機として、変化の激しい経営環境に対応するためにはダイバーシティ・マネジメントが必要であるという認識による取組が

---

[20] 2013(平成25)年6月に閣議決定された第二次安倍内閣以降の成長戦略であり、アベノミクスを推進していく経済計画となっている。新産業創造プログラムの傾向が強く、製造業においては国際競争力の強化、サービス業においては高付加価値化を掲げている。さらには新産業として医療・エネルギー産業を掲げるなど新製品開発・新市場開拓といったイノベーションの推進に力点を置いている。

開始された。異質性や多様性を受入れ、その違いを認め、活かしていく。そして労働力の確保や、社員の働きがい・生きがいの向上、さらには、新たな発想や価値の創造などの実現を可能とする経営戦略になる。ダイバーシティは競争力の源泉であり、企業や組織が継続的に成長するための重要なプロセスといえる。ダイバーシティ・マネジメントの実践では、そのプロセスにおいてコンフリクト、つまり対立や葛藤が生じることが多々ある。しかしコンフリクトがあるからこそ、イノベーションが促進され結果として高い成果が得られる。主な成果として、①適度な緊張感による社員間の関係性の活性化が実現できること、②集団思考のみの意思決定から脱却し、意思決定の高度化が図れること、③コンフリクトを克服した先に、大いなる推進力が得られること、などである。高齢化の中で大家族主義をとっている企業では定年を廃止する企業もでてきている。グローバル化のなかでは海外事業のトップは現地で採用した外国人である場合も多くなっている。企業ガバナンスの観点から、出産後の女性社員の復帰率が高い企業ほど女性管理職の割合が高くなっているともいわれており、ダイバーシティ・マネジメントの実践によって、ヒトを最大限に活かすことが、組織のマネジメントの最大の課題ともいえる。

## 第4節　経営革新と経営品質の同時実現

　持続可能な経営の実現、経営革新（第二創業）によるイノベーションの創出には、従業員の自社への忠誠心や所属意識・仲間意識が不可欠であり、そのための戦略として、「理念型経営」の実践が不可欠である。そもそも「イノベーション」とはいかなる現象を指すのか。「イノベーション」は大企業のものだけという発想から脱却することが重要である。それでは中小企業の「イノベーション」を実効しようとする経営革新（第二創業）にはいかなる形態が存在するのか。何をもって「イノベーション」が創出されるのかを示

図表 終-1 経営革新と経営品質の同時実現

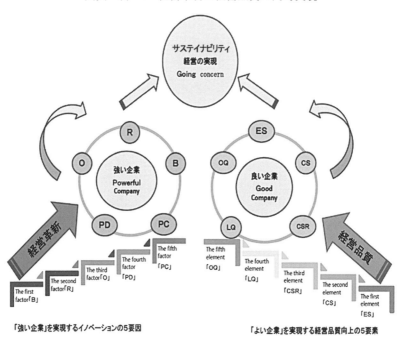

（出所）　筆者作成

し、経営行動に直結する取組を提示する必要がある。

　「イノベーション」を単なる技術革新という現象だけを指すのではなく、広義で捉えた「ベンチャー・イノベーション」・「ビジネス・イノベーション」を実践することで、中小企業にとって新たな取組の可能性を推進し、持続的成長可能な経営基盤を強化していくことが可能になる。以下に示す5つのイノベーション形態が存在する。「強い企業」を実現するイノベーションの5要因として、①「B」（ブランド・イノベーション）はコーポレート・アイデンティティの転換であり、「私が創った会社」という意識の確立や屋号の変更等で、企業の信用力を高めるために実効するイノベーションである。②

「R」（リソース・イノベーション）は経営資源の革新のことで、特に「ヒト」に力点を当て、人財育成や事業承継等を行なうためのイノベーションである。③「O」（オーガニゼーション・イノベーション）は組織の変革のことで、企業間連携・産学連携といった連携を組織したり、分社化したり、経営のフラット化を進めるなどのイノベーションである。④「PC」（プロセス・イノベーション）は生産工程の革新のことで、製品を製造したり、サービスを提供する業務の過程（プロセス）を根本的に刷新することでコストや品質などの改善を行なうイノベーションである。⑤「PD」（プロダクト・イノベーション）は新製品開発のことで、顧客に提供する製品やサービス自体について、画期的に優れたものを創造するイノベーションである。

　中小企業の経営者の多くが「イノベーション」と聞くと、大企業や、ものづくり製造業、また優良企業の話と錯覚する。実は「イノベーション」と各企業において社員、人財を再評価する、また関係企業と連携を模索する、さらに長年にわたって自社製品として販売している製品の信用力を再度、見直してみることで、「イノベーション」の源泉、すなわち企業の持続可能性を高める中小企業が有する「糧」ともいうべき源泉が存在するのである。Vital Majorityなる概念によって中小企業こそ「イノベーション」の源泉という機運の高まりによる経営革新（第二創業）を中核にこれまでの事業領域、経営を見直して事業のあり方を再構築することで、経営革新（第二創業）を実現する経営指針策定によるビジネスモデルを自律的に創造していく戦略へと変換する。ここでいう経営革新（第二創業）を体現したイノベーションは、「経営資源を戦略的に集中させ、新たな価値を創造する経営革新（第二創業）」そのものなのである。

　こうしたイノベーションの基盤にあるのが理念型経営である。理念型経営を実効するビジョナリー・カンパニー、すなわち「地域・社員・顧客・業界にとってなくてはならない企業」こそが「よい企業」である。こうした企業が地域経済の活性化に貢献することが可能となる。中小企業こそが地域経済

の担い手であり、地域における雇用創造の源泉となる。中小企業が成長・発展していくには、経営理念を基盤に卓越した企業経営をめざし、ヒトづくり、ビジネスモデルづくり、地域貢献を行なっていける「よい企業」へと進化し、さらに中小企業家として実現したい価値を創造していくことで「なくてはならない企業」への転換を目指すこととなり、いわゆる経営品質が高い企業となる。この流れこそ「ソーシャル・イノベーション」そのものである。

　「ヒトが価値を生み出す」企業の持続可能な存立維持に不可欠となる経営品質の向上には、経営理念を再考し、徹底することで事業を再定義していくことが求められ、本業を通じた地域貢献を柱にしてCSRを実現し、理念型経営企業（Visionary Company）を体現することを目指し、企業の存立基盤を強化しくことが必要である。以下の示す経営品質向上に向けて高度化しなければならない5つの要素が存在する。「よい企業」を実現する経営品質向上の5要素して、①「ES」（社員満足度向上）は既存事業（本業）でのCSR等を通じて、従業員自らが仕事や会社に誇りを持つことで社員満足を高める取組である。②「CS」（顧客満足度向上）は、従業員自らが仕事や会社に誇りを持つことで社員満足が高まり、その結果、顧客満足が創造される取組である。③「CSR」（企業の社会的責任向上）は経営行動を通じた地域貢献を柱にしてCSRを実現し、理念型経営企業（Visionary Company）を体現する取組である。④「LQ」（経営者のリーダーシップの資質向上）は創業者の想い・信念・目標などの志（こころざし）を通じて、経営を継続することで企業の信用力創造が実現し、この積み重ねが、経営者のリーダーとしての決断力を向上させ、ひいては従業員をはじめとしたステークホルダーの企業へのアントレプレナーを向上させる。⑤「OQ」（従業員のオーナーシップの資質向上）は「ヒトが価値を生み出す」自社独自の経営モデルを創造していくことが重要であり、企業の持続的な成長の原動力は、「人財」である。ヒトが育つ環境づくり、企業風土づくりを進めることが重要であり、組織や集団への所属意識と、そこにおける存在価値を向上させる、いわゆる忠誠心を醸

成する「居場所と役割」をもってオーナーシップを育む取組である。

　経営革新と経営品質の同時達成メカニズムを図示したものが図表終－1である。経営品質が高い企業とは、「ESが高く、CSが高く、そのうえでCSRを高度に実践している企業であり、利益に直結させるメカニズムを構築できている企業」のことである。このメカニズムが、これまでに存在しなかった価値を創造し、「顧客価値創造経営」を確立することとなる。企業の持続可能な成長（サステイナビリティ）の実現には、顧客価値創造経営の実現が不可欠である。

## 第5節　むすび　ソーシャル・イノベーションによる持続可能な企業の実現

　企業の持続可能な成長（サステイナビリティ）の実現には、顧客価値創造経営の実現が不可欠である。顧客価値の創造とは「従業員満足度を高めることによって、顧客が最高の価値と認める製品・サービスを創造し、提供すること」である。まずは社員満足（ES）と顧客満足（CS）が有機的に連関することで相互に高位平準化し、企業の存立基盤を高めていくことが重要となる。経営革新（第二創業）によるイノベーションの追求によって「強い企業」を実現し、経営品質の向上による理念型経営を実効するビジョナリー・カンパニーの確立によって「よい企業」を実現することとなる。「強い企業」、「よい企業」という二軸の流れを並行して実効し、共に融合された実践行動が創発されたとき、持続可能な経営を体現することになるのである。

　「強い企業」とは経営革新（第二創業）をキーワードに、これまでの事業領域、経営を見直して事業のあり方を再構築することであり、経営資源を戦略的に集中させ、経営革新（第二創業）を実現する経営指針を策定し、ビジネスモデルを自律的に創造していく戦略へと変換するものである。そして「よい企業」とは、「地域・社員・顧客・業界にとってなくてはならない企業」であり、経営理念を基盤に卓越した企業経営を目指し、ヒトづくり、ビジネ

スモデルづくり、地域貢献を行なっていける企業のことである。さらには中小企業家として実現したい価値を創造していくことで「なくてはならない企業」への転換を目指すものである。この2つの軸を並行に進め、持続可能な経営の実現を創造していくことが重要となる。つまり経営革新（第二創業）によるイノベーションの追求（「強い企業」への流れ）と経営品質の向上（「よい企業」への流れ）による二軸の融合化の実効を通じて、経営革新（第二創業）への取組と経営品質向上のための取組について、互いに並行して行使しうる各軸の取組が持続可能な企業づくりへ進化することになる。相互補完によるイノベーション力強化となる可能性を有する。

　ここ数年の流れを踏まえると民主党政権下の2010（平成22）年に「中小企業憲章」が閣議決定され、全国的な地方公共団体による（中小企業・地域・産業）振興基本条例の動きが加速された。後の自由民主党への政権交代後に小規模基本法、小規模支援法が制定された。これは中小企業政策において、従来の企業単体を対象とした点的支援から複数の企業や一定の地域を包括した面的支援に主軸がシフトしたことを表している。さらに地域創生のもと国家戦略特区などによる地域活性化が推進された。このうえで「新しい公共」の概念や、産学公融連携などへ進化するも、着地点は、中小企業がビジョナリー・カンパニーとして、地域・社員・顧客・業界にとって「なくてはならない企業」へと進化することであった。こうして中小企業は、さまざまなパラダイムシフト下で直面する社会的・経済的課題に対し、企業として追及する経済的価値（利益）と社会的価値（利益）の実現に向け取組んでいくことが不可欠である。いわゆる企業としての成長可能性を進めるべくイノベーションを行使しながら、CSR（企業の社会的責任）を果たしてきたのである。社会貢献を通じて企業価値の向上を図り、社会や環境への負荷を自社の責任として取組み、ステークホルダーとの良好な関係を築いていくことが不可欠である。こうした一連の流れが企業の持続可能な成長（サステイナビリティ）の実現のためのソーシャル・イノベーションである。

終章　地域中小企業によるソーシャル・イノベーションへの展望　329

　Portor, M. E. が提唱する概念に CSV：Creating Shared Value（共通価値の創造）[21]がある。「共通価値の創造」とは、いわゆる企業の経済的価値と社会的価値とは、トレードオフの関係にあるのではなく、むしろシナジー効果のあるものに進化しうるという概念である。社会のニーズや課題を理解することで、企業には大きな市場創造の機会が生まれる。よって本業での高収益化と社会の課題を同時に解決することで企業の持続的成長戦略を大転換することができる。つまり自社の強みを活かして社会問題を解決することでソーシャル・イノベーションを創出することができ、市場もより拡大していくことが可能となる。CSV に取組むことが新たな市場を創出し、製品やサービスに付加価値を生み出す可能性につながる。これこそが企業価値と社会価値の同時創造、すなわち「強い企業」と「よい企業」の同時創造に他ならない。その結果、「経営を「高める」のではなく「深める」こと」が、また「社会の豊かさを「高める」のではなく「深める」こと」が実現でき、「企業づくり」が「地域づくり」となっていく。この実現のためには、経営革新（第二創業）によるイノベーションの追求と経営品質の向上の「二軸の融合化」によって、企業の持続可能性を高める決意が強く求められるのである。
　こうした企業では、多くの場合、企業という組織と、その構成員である従業員とが、共通の目的たる経営理念のもとに一体になって行動し、持続可能な企業づくりへの存立基盤強化要因となっている。したがって企業が、あるいは経営者が、従業員と、顧客と、地域社会と、有効なコミュニケーションを図ることによって企業の存立基盤は高まることになる。こうしたコミュニケーション力を高めていくことがソーシャル・イノベーションにつながっていく。特に重要な企業（経営者）と従業員とがコミュニケーション力を高めていく方法としてコーチングの有用性が近年注目されている。コーチングとは、「人生の目標に向けて、道に迷うことなく最短距離で到達できるように

(21)　Portor, M. E. & Kramer, M. R. (2011) による。

サポートすること」であり、「馬車の車輪」という意味からきた概念である。今の企業は存立をかけた景況が厳しい状況にあり、消費者本位のものづくりや顧客満足（CS）を第一に考えた企業経営が必要になってきている。こうした状況下で、環境の変化に即座に対応したり、新しい分野を切り開いていけるような、人財を育てていかなければならないための方策として注目されている手法がコーチングなのである。すなわち上司から部下への「一方的な指示命令型コミュニケーション」ではなく、共生的な人間関係を築く「双方的な質問型コミュニケーション」が重要であり、部下にやらせる指示命令型ではなく、傾聴たるコーチングという「やりたいと思わせるヤル気」を引き出す技術を経営者や上司がもつことにより、上司と部下との間に良好なコミュニケーションが確立できる。これはまさに社員満足（ES）を高め、企業の成長を図ろうとする戦略である。今日の経営環境は、多種多様でまたスピード化が要求されている。したがって日々迅速に的確な経営対応をしていかなければならない。企業の目標を達成するために、経営者自身、また管理職自身が部下の意見を聞き入れ、それを吸収しつつ、そのなかから答えを見つけていくことが必要とされている。コミュニケーション力を有し、ESが向上した企業には「ヒトはコストではなく、資源であり、宝である」という組織運営にとって最も重要な考え方が浸透している。企業にとって中核的な人的資源が極めて重要であるということを示している。

　経営品質の向上こそが経営革新（第二創業）によるイノベーション実現にとって重要となる。従来、企業にとって最も重要な品質とは、提供する製品・サービスの質であった。この質こそがマネジメントでいわれる品質管理の対象となってきた。さらには企業を成長させていくためには優良な経営資源を獲得すること、すなわち質の高い「ヒト・モノ・カネ」を確保することが求められてきた。しかし必ずしも優良な経営資源を保有しても提供する製品・サービスの質が高まるものではないことが認識されるに至った。すなわち企業にとって重要なのは「資源そのものではなく、資源がもたらす用役（service)」である。これは「同じ資源が別の目的に用いられる場合や別の仕方で用いられる場合、あるいは別の資源と一緒に用いられる場合には、異なった用役、または用役の集合体をもたらす[22]」ことから明らかである。問題解決能力の基礎にあるのは、企業の資源活用能力である[23]。したがって経営資源の質を高めることこそが重要となる。こうして普及した考えが経営品質であり、企業にとって重要なのは「ES（社員満足）」であり、ESが向上すれば自ずと「CS（顧客満足）」は高まり、ESを高めるためには、企業は地域貢献を柱に「CSR（企業の社会的責任）」を果たし、人財育成を重視すべきであるという基本的な考えが定着するに至った。経営品質の向上をすすめることは「三方よし」の考えに由来する。この考えは日本でも古くから伝えられてきた近江商人の「売り手よし・買い手よし・世間よし」の思想である。「三方よし」は「企業は社会の公器」という考えにつながるものである。「人と社会に貢献するために」企業活動を行なっているということにつながる[24]。Drucker, P. F.は企業は営利組織ではなく、社会の機関であり、その目的は社会にあり、顧客を創造することであるとした。換言すれば、企業は社会的存在として、社会的使命を果たすことこそ、その目的であると論じている[25]。すなわちこれは顧客満足（CS）、社員満足（ES）、企業の社会的責任（CSR）の「三方よし」の実現によるソーシャル・イノベーションに他ならない。

　以上のように企業が長くその地域に存立し続けること自体が地域貢献であ

---

(22)　Penrose, E. T. (1959) による。
(23)　髙橋美樹 (2011)「イノベーション、中小企業の事業継続力と存立条件」日本中小企業学会全国大会統一論題報告 2011年10月1日（於：兵庫県立大学）による。なお詳しくは髙橋美樹 (2007a) 及び髙橋幸樹 (2007b) を参照のこと。
(24)　髙田亮爾 (2011)「企業経営の原点と中小企業」財団法人商工総合研究所『商工金融』2011年7月号、pp.1〜2.
(25)　Drucker, P. F. (1973) "Management: Tasks, Responsibilities, Practice" Tuttle-Mori Agency, Inc.（上田惇生訳 (2001)『マネジメント』【エッセンシャル版】―基本と原則―』ダイヤモンド社）による。

り、企業にとってのCSRである。「地域にとってなくてはならない企業」への進化し、経済的価値と社会的価値のシナジーによる二軸の融合化の実現は持続可能な企業づくりへとつながり、地域活性化の源泉となる。こうした一連の動きがソーシャル・イノベーションである。ソーシャル・イノベーションを進めていくことが企業にとって事業継続力を向上させることに繋がり、サステイナビリティが実現することとなる。

## 【参考文献（引用文献を含む）】

阿部真大（2011）『居場所の社会学　生きづらさを超えて』日本経済新聞出版社.

Acs, Z. J. & Audretsch, D. B. (1990) *Innovation and Small Firms*, MIT Press.

Acs, Z. J. & Audretsch, D. B. (eds) (1991) *The Economics of Small Firms*, Kluwer,.

Acs, Z. J. & Audretsch, D. B. (eds) (1993) *Small Firms and Entrepreneurship*: An East-West Perspective CUP.

Borzaga, C. & Defourny, J. (eds) (2001) *The Emergence of Social Enterprise*, London & New York, Routledge.（内山哲朗・石塚秀雄.柳沢敏勝訳『社会的企業―雇用・福祉のEUサードセクター』日本経済評論社、2004年）

Cohen, D. & Prusak, L. (2001) *In Good Company: How Social Capital Makes Organizations Work*, Harvard Business School Press.（沢崎冬日訳『人と人の「つながり」に投資する企業―ソーシャル・キャピタルが信頼を育む―』ダイヤモンド社、2003年）

土居靖範（2012）「自治体による生活交通再生の評価と課題（Ⅳ・完）―京都府内地方部における乗合バスに焦点をあてた検証―」『立命館経営学』第51巻1号、pp.83-108.

Drucker, P. F. (1985) *Innovation and Entrepreneurship*, Harper & Row, Publishers.（上田惇生・佐々木実智男訳（1985）『イノベーションと企業家精神』ダイヤモンド社）

後藤　晃・児玉俊洋編（2006）『日本のイノベーション・システム―日本経済復活の基盤構築に向けて―』東京大学出版会.

後藤康雄（2014）『中小企業のマクロ・パフォーマンス　日本経済への寄与度を解明する』日本経済新聞出版社.

池田　潔（2012）『現代中小企業の自律化と経営戦略』ミネルヴァ書房.

池田　潔編（2014）『地域マネジメント戦略―価値創造の新しいかたち―』同友館.

Kotler, Philip. (2000) *Marketing Management, Millennium Edition, Tenth Edition*, Pren-

tice-Hall, Inc.（恩蔵直人・月谷真紀訳（2001）『コトラーのマーケティング・マネジメント ミレニアム版』ピアソン・エデュケーション）
増田寛也・日本創成会議（人口減少問題検討分科会）（2013）「2014年、地方消滅。「極点社会」が到来する」『中央公論』2013年12月号、pp.18-31.
増田寛也・日本創成会議（人口減少問題検討分科会）（2014）「消滅可能性都市896全リストの衝撃―523は人口一万人以下―」『中央公論』2014年6月号、pp.32-49.
松永桂子（2012）『創造的地域社会―中国山地に学ぶ超高齢化社会の自立―』新評論.
中沢孝夫（2012）『グローバル化と中小企業』筑摩書房.
西岡 正（2013）『ものづくり中小企業の戦略デザイン―サプライヤー・システム、産業集積、顧客価値―』同友館.
小川正博（2000）『企業のネットワーク革新―多様な関係による生存と構造―』同文館.
小川正博・西岡　正編（2012）『中小企業のイノベーションと新事業創出―』同友館.
大西 謙（2004）「顧客創造の経営」『龍谷大学経営学論集（龍谷大学経営学会）』第44号第2巻、pp.114-124.
Penrose, E. T. (1959) *The Theory of the Growth of the Firm*, Basil Blackwell, p.25.（末松玄六訳（1980）『会社成長の理論（第2版）』ダイヤモンド社）
Piketty, T. (2013) *Le Capital au XXIe siècle*, Les Livres du nouveau monde. (Arthur Goldhammer (trans) Capital in the Twenty-First Century. 山形浩生・守岡桜・森本正史訳（2014）『21世紀の資本』みすず書房）
Portor, M. E. & Kramer, M. R. (2011)（DIAMONDハーバード・ビジネス・レビュー編集部訳）『DIAMOND　ハーバード・ビジネス・レビュー　経済的価値と社会的価値を同時実現する共通価値の戦略』ダイヤモンド社.
Prusak, L. & Cohen, D. (2001) "How to Invest in Social Capital," Harvard Business Review, Vol.79, No.6, pp.86～97.（小林大克訳（2001）「『見えざる資本』に投資する―ソーシャル・キャピタル組織力の本質―」『ハーバード・ビジネス・レビュー』第26巻第8号, pp.108-119）
Rothwell, R. & Zegveld, W. (1982) *Innovation and the Small and Medium Sized Firm*, Pinter.（問学谷男・岩田勲・庄谷邦幸・太田進一訳（1987）『技術革新と中小企業』有斐閣）
佐竹隆幸（1999）「VB（ベンチャー・ビジネス）・VC（ベンチャー・キャピタル）の振興策」後藤幸男・西村慶一・植藤正志・狩俣正雄編著『ベンチャーの戦略行動』中央経済社, pp.207-224.

佐竹隆幸（2002）「中小企業政策の歴史的展開」佐竹隆幸編著『中小企業のベンチャー・イノベーション』ミネルヴァ書房，pp.269-295.
佐竹隆幸（2008）『中小企業存立論―経営の課題と政策の行方―』ミネルヴァ書房.
佐竹隆幸（2012）『「地」的経営のすすめ』神戸新聞総合出版センター.
佐竹隆幸（2014）『「人」財経営のすすめ』神戸新聞総合出版センター.
Schumpeter, J. A. (1950) *Capitalism, Socialism and Democracy* (3.ed), G. Allen & Unwin.
関　智宏（2011）『現代中小企業の発展プロセス―サプライヤー関係・下請制・企業連携―』ミネルヴァ書房.
谷本寛治編（2006）『ソーシャル・エンタープライズ―社会的企業の台頭―』中央経済社.
鶴田俊正（1982）『戦後日本の産業政策』日本経済新聞社.
安田　雪（2004）『人脈づくりの科学―「人と人との関係」に隠された力を探る―』日本経済新聞社.

（佐竹　隆幸）

# あとがき

　「まさか、こんなことが」。2016年アメリカで起こった大統領選の衝撃は英国の「まさか」に続き、今後に対する危機感を抱かせ、私事ではあるが「ブルー」な日々が続くことになった。「グローバリゼーションに対する揺り戻し」がまさに生じた瞬間である。後年になって、「2016年は、いろいろな意味で歴史的なエポックだった」ということになるかもとの複雑な思いが、いまだに拭えない状態が続いている。

　「アメリカを再び偉大にする」。このスローガンを掲げて2017年1月にアメリカ大統領にドナルド・トランプ氏が就任した。2016年11月トランプ氏が次期大統領に選出されたことで、一時期日本の金融市場は円高株安が進んだが、その後円安株高に転じている。これは安易な期待感であり、2017年の世界の政治経済は激動の幕開けとなった。2016年はイギリスのEU離脱支持の国民投票結果と並んで大きく第二次世界大戦後の秩序崩壊の序曲となる気配である。こうした動向の指導者たちはどのような世界を求めているのであろうか。

　アメリカにおけるトランプ現象、その根底にはいわゆる"Poor White（白人中間層）"の怒りがある。重工業主要産業の拠点であったアメリカ合衆国の中西部地域と大西洋岸中部地域の一部に渡る脱工業化が進んでいる領域である"Rust Belt"は白人労働者が支えてきた。しかしアメリカンドリームは消え去り、グローバル化による自由貿易によって製造業は衰退し、製造業の就業者はおよそ3分の2へ減少した。しかしアメリカ全体をみると景気は上向きであり失業率は低下している。これは富裕層と貧困層の二極化が進行していることを示し、現代アメリカでは7人に1人が貧困層ともいわれている。しかしアメリカは"Pax Americana"が示す通り第二次世界大戦後長きにわたり覇権国であった。覇権国アメリカの崩壊、これは世界に大きな影響

をもたらすことになる。アメリカ第一主義、排他主義では問題は解決しない。このままではますますアメリカは政治的にも経済的にも追いつめられていくことになるだろう。経済状況が悪化するにつれて人々はどんどん保守化している。保守的になればなるほど強い政府を求めるようになる。しかしトランプ氏を支持した人は1年か2年でがっかりするだろう。国民は気づく。「おいおい、あんなに約束したはずなのに具体的成果は何もないじゃないか！」と。

　トランプ氏の外国企業に対する排他的政策が実行されれば、アメリカに海外事業展開を行っている日本の大企業は経営上の制約を課されることになる。自動車メーカーではメキシコの工場で生産された自動車をアメリカに供給することが困難となる可能性も考えられる。トヨタ自動車はトランプ氏の動向に合わせる形で、今後5年間で100億ドルをアメリカに投じることを表明した。また日産自動車・本田技研工業・マツダの自動車メーカーは一部の車種でメキシコで生産されたものをアメリカに供給しており、各社の「メキシコで自動車を生産して、北米等に供給するという事業戦略」に支障が生じるかもしれない。雇用の確保に向けた経済界・産業界に対するトランプ氏の動向は一時的には雇用の増加につながる可能性もあるが、介入の仕方が異常であり、本来の自由主義経済体制のもとでは民間企業に指示をすることは考えられない。自由主義国家では大統領が民間企業の経営行動に対して指図するなどありえない。ある意味、恐ろしいことが始まったという感さえある。強者が弱者に対して自分の論理を押し付ける時代では少なくともないとの共通認識がある。こういう状況では世界システムは形成できない。共通のルールや価値観、仲間づくりをいかに広げていくかが真の課題となる。

　ロンドンで発行されている The Economist 誌は「新年展望」で今年のキーワードとして、「プラネット・トランプ」を明示した。「プラネット」とは「放浪する・迷走する」の意で、トランプ氏によって地球が揺さぶられることを意味する。昨今のトランプ相場はまだ政策が発表されていないにもかかわら

ず日経平均 20,000 円というのは、ある種のはしゃぎすぎであり、根拠なき熱狂といわざるを得ない。格差と貧困への怒りがトランプ現象につながったわけであるが、ネット情報の氾濫で世界は真実と虚偽との区別がつかなくなっている。虚偽が人々を動かすにもかかわらず、トランプ流の「つぶやき」は誰も検証できない。子供のいたずらのように思い付きでツイートしている。世界に不安と期待を煽っているだけである。何をしでかすかわからない。トランプ氏の言っていることは言葉だけとなる可能性がある。トランプ新内閣にはビジネスマンと軍人しか集まっていない。トランプ氏の発言を真実にするためには取引をするか戦争をするかしか無いようにも思えてならない。政治は調整が必要である。「こちらを立てればあちらが立たず」、現実的な選択をどうするのか。ビジネスであれば儲からなければ切ることができるが、国民は切り捨てることができない。混迷の世界経済はもうすぐそこに来ているのである。

　同様に余裕を失っているのがイギリスである。そのイギリスが「イギリスに主権を取り戻す」として国民投票により EU 離脱の方向性を決めた。有史以来戦争を繰り返してきたヨーロッパではあるが、1914 年第一次世界大戦で 3,700 万人の死者が、その後、ナチス政権台頭により 1939 年第二次世界大戦が勃発し 6,000 万人の死者が出るという悲惨な歴史への反省から、ヨーロッパから国境をなくし、平和への願いを込めて EU が誕生した。発足当初は壮大な実験といわれたが、共通通貨ユーロ、入国の自由を認めたシェンゲン協定に象徴されるように人と人との交流は促進され、2012 年にはノーベル平和賞を受賞した。しかし反グローバル化の流れはイギリスからヨーロッパ全域に拡散する恐れがあり、ドイツ・フランス・イタリア・オランダといった EU の理念を支持する姿勢のリーダーを『過激なリーダー』たちが脅かし始めている。トランプ氏をはじめとする「過激なリーダー」の共通点は、反既成勢力、反エリート主義、反グローバル化、移民への反感、敵と味方を区別することで仮想敵を糾弾し、国民の不満や怒りを吸収している。いわゆる

「ポピュリズム（大衆迎合主義）」である。

　得体の知れない不安に影を作る。壁を造るとは心に壁を造ること、ヒトとのコミュニケーションが創れないこと、自分の価値が否定されるのが怖いし不安だから自分の世界に閉じこもる。こうした内向きの傾向が国内一辺倒の路線を作り、民族・宗教・人種は純化思想に向かう危険をはらんでいる。民主国家のなかでとんでもない選択が進行しているわけである。アメリカで生まれたはずの価値観"political correctness"は軽視される傾向がある。"political correctness"とは、政治的・社会的に公正・公平・中立的で、なおかつ差別・偏見が含まれていない言葉や表現のことで、職業・性別・文化・人種・民族・宗教・ハンディキャップ・年齢・婚姻状況などに基づく差別・偏見を許さないという理念に基づく基本姿勢のことである。従来の社会には「それを言っちゃあおしまいよ」という建前があった。全世界にフェイクニュース・ヘイトクライムといった憎悪や差別意識が増幅され、理念や理想をかなぐり捨てて本音だけをストレートにいう現象が蔓延している。支持者たちにとっては「タブーを破ったような快感」があるのであろうが、それこそがポピュリズムの本質に他ならない。マジョリティによる支配が確立し、マイノリティの権利が蹂躙されることになればファシズムの再来となる。

　一方、アメリカのトランプ現象、イギリスのEU離脱に象徴されるグローバルな右傾化の動向は「世界一平和な国」としてかえって日本に安定感を生んでいる。短期的には、アメリカの政治情勢が日本のものづくり企業を中心に影響を及ぼすこととなり、日本の製造業にとって業績不振を引き起こす要因となる可能性も孕んでいる。国内の中小製造業は大企業との関係性が強く、大企業の業績不振が中小企業の業績不振につながる可能性が高い。アメリカによって今後、急激な円高による取引先の業績悪化が進行した場合、中小製造業の存立基盤を脅かされることになる。中小製造業の業績が停滞すれば、既知の通り日本の労働人口の約7割が中小企業で働いているため、一般消費にも影響し、中小サービス業等にも波及してしまう。その一方で世界一

安全な国日本のいわゆるインバウンド人口は2,000万人を超え、2020年には4,000万人に迫る勢いである。政府は2030年には6,000万人を目標に据えている。「爆買い」現象は2016年半ばごろから縮小傾向にあるが、海外からの交流人口の増加は消費を生み、消費は投資を、投資は投資を生むという再投資経済効果は大いに期待できる。

　以上、雑感を述べたが、日本は明治維新から150年を迎えている。明治維新から70年を経て真珠湾へと至った。さらに第二次世界大戦敗戦から70年余が経とうとしている。戦争において歴史の忘却が危惧される。時間が流れ、語り部がいなくなる。今、戦後70年で歴史の教訓としての戦争が消えていく。第二次世界大戦後、日本が達成したのは平等である。近年再評価されている田中角栄を中心に形成された「一億総中流化」は世界の奇跡であり、世界で最も平等な国、格差のない国、平和な国となったのは戦後日本が築いた栄光そのものであろう。近年格差拡大傾向が表れ、企業間格差・地域間格差・個人間格差が深刻化しつつあり、第一次世界大戦以前の格差状態に戻っているとの指摘もある。グローバル化によって生じる格差拡大現象は平等からの離脱現象そのものである。これからの日本社会には中間層を安定的に増やすことが課題となる。そのためには、医療・年金・介護・保険といった皆が安心して暮らしていくことに社会資本を投入することが重要となる。しかしその財源は努力なしでは形成できない。目先の成長がどこにあるのかではなく、安定的なシステムを創っていかないと日本もアメリカ・EUと同じような現象に悩まされることになるかもしれない。世界的な流れに押し流されないようにすることが求められる。日本人は仕事・会社に自身のアイデンティティを有してきた。日本的経営に限界がきたとき、どの方向に向かうべきかが見えないことが近年の不況につながっているといっても過言ではない。格差の拡大はナショナリズムにつながりやすい。孤立を生まない社会の形成が必要である。市民社会の力は大きなエネルギーとなる。人道主義、人権、平等、市井の人々の不断の努力によって得てきた価値観が現代にこそ求められる。

再び地域を主役にする時代の到来を願う。

関西学院大学に赴任して1年
兵庫県立大学での最後の佐竹ゼミ生の卒業に際して

2017年3月

佐竹　隆幸

# 索　引

## [欧　文]

BGC　43
CSV　164, 329
going concern　285, 286
M&A　211
money supply　24, 25
Schumpeter 仮説　262
Visionary Company　34
Vital Majority　325

## [あ　行]

アーキテクチャの進化　129
アウトソーシング型　223
アグリビジネス　301
アジア通貨危機　122
新しい公共　33, 318, 328
アドック神戸　316
アベノミクス　312
飴と鞭　288
暗黙知　163, 165, 168
イエ　288
異業種交流　312, 313
いざなぎ越え　21
異質多元性　286
一億総活躍社会　27, 28
一億層中流化　15, 16
イノベーション　261
イノベーション・ダイナミクス　115, 125, 126
居場所　291, 320, 327
意味解釈法　238
インテグラル型　129
失われた 20 年　19, 27, 311, 312

歌津小太郎こぶ巻ファンド　190, 194, 195
ウプサラモデル　43
オーガニゼーション・イノベーション　325
オーナーシップ　35, 38, 286, 326
想いの表出　250, 252
恩情意識　288, 310

## [か　行]

階層構造　288, 310
階統性　288
格差社会　15
学習ケイパビリティ　45
価値提案（value proposition）　54
活力ある大多数　313
家電業界　105
為替差益　26
雁行形態論　108
間接的支援　174
カンバン方式　128
起業家（企業家）精神　267
企業価値　286
起業家的機能　262
企業間格差　312
企業間ネットワーク　210, 218, 222
企業間分業体制　214
企業間連携　162, 163, 237, 252, 317, 325
企業規模の諸類型　236
企業づくり　329
企業の社会的責任（C3R）　32, 33, 34, 38, 290, 295, 326, 331
技術革新　262, 263, 264
機能的ヒエラルキー　287
基本政策　275

強権構造　288
業態転換　300
共通価値の創造　329
共同体的親和関係　288, 310
極点社会　31
緊急雇用創出基金事業　92
近代化　234, 313
9次産業化　303, 305
クラウド・ファンディング　98, 99, 175, 176, 203, 305
グループ補助金　175, 192, 193, 194, 202, 205
グローバリゼーション　214, 215
グローバル・スタンダード（世界標準）30, 32
グローバル化　135, 210, 214, 218, 220
グローバル競争　106
経営革新（第二創業）　230, 232, 234, 239, 263, 264, 292, 298, 300, 310, 313, 314, 315, 323, 325, 327, 328
経営支援政策　276
経営資源　325
経営資源のイノベーション　315
経営指針（ビジネスプラン）　156, 297, 314
経営品質　34, 155, 292, 327, 328
経営理念　34, 285, 292, 327
経済的価値　328
経済的合理性　232, 234, 250
系譜性　287
ケイレツ　128
限界集落（化）　76, 78
原形復旧　194, 198
権力構造　288, 310
コア・コンピタンス　237, 290
広域需要志向型　271, 274
公共の利益　232, 234, 250
耕作放棄地　92, 303, 304
構造不況業種　215, 216
郷鎮企業　213
高度化政策　275

高付加価値化　302
コーチング　329
コーポレート・アイデンティティ（CI）　35, 315, 324
顧客価値　72, 294
顧客価値創造（経営）　32, 34, 156, 268, 286, 290, 300, 310, 311, 327
顧客志向　157
顧客の創造　262
顧客満足（CS）　32, 34, 270, 295, 300, 311, 326, 330, 331
顧客満足度　290, 300, 311
国際分業型　222
国民所得倍増計画　15, 21
コストダウン型　224
国家戦略特区　304
コミュニティ・ビジネス　265
コモディティ化　129, 133
雇用創造　318
混合経済体制　16
コンプライアンス　33, 142
コンフリクト　323

［さ　行］

サステイナビリティ　291, 309, 310, 311, 327, 328, 332
サプライチェーン　113
サプライヤー　26
産学連携　325
産業クラスター　162, 163
産業クラスター形成　237, 252
産業構造　301
産業集積　162, 163
産業振興ふるさと雇用事業　92
三種の神器　291
三方よし　331
市場創造形成　248
市場創造の形成プロセス　229, 239, 249, 250, 252
持続可能性　306, 329

索引　343

持続可能な経営　327
持続可能な成長　327
老舗企業　285
支配従属関係　288
支配従属的階統関係　310
社員満足（ES）　32, 290, 295, 300, 311, 326, 330, 331
社員満足度　290, 300, 311
社会企業家　265
社会的課題　266
社会的価値　328
社会的企業（ソーシャル・エンタープライズ）　232, 265
社会的企業家精神　265
ジャスト・イン・タイム　128
社内ベンチャー　236, 250
集約ベンダー　220
手工業　212
循環型農業　306
小規模企業施策　278
小規模基本法　318, 328
小規模支援法　318, 328
所属意識　310, 320, 323, 326
所得再分配　16, 29, 30
自立性　287
新結合　261, 262
新結合の遂行　261
振興基本条例　318, 328
新事業創出促進法　314
新自由主義　158
診断・指導政策　276
人的ネットワーク　245, 249
人的ネットワーク創り　252
信用力創造　38, 301
新連携　277, 315
水産業共同利用施設復興整備事業　198
垂直統合　217
ステークホルダー　328
摺り合わせ　129
成果主義　286
生産機能移転型　223

生産年齢人口　20
世界経済フォーラム　50
セキュリテ被災地応援ファンド　176, 177, 179
創業　313
創業化　234
創業の志　285, 291
相互依存関係　320
相互信頼　310
創造　294
ソーシャル・アントレプレナー　252
ソーシャル・イノベーション創出　229
ソーシャル・エンタープライズ　141, 142
ソーシャル・キャピタル　315, 317
ソーシャル・ビジネス　31, 32, 33, 36, 304, 305, 306, 318
即時サービス財　294
組織化対策　276
組織構造　288
組織内部の学習ケイパビリティ　45
組織のイノベーション　315
組織風土　300
存立基盤強化　261

［た　行］

第3のイタリア　212
ダイナミック・ケイパビリティ　44
第二創業（経営革新）　229, 233, 246, 250, 264, 292, 298, 300, 310, 314, 315, 323, 325, 328
ダイバーシティ　21, 22
ダイバーシティ・マネジメント　321, 322, 323
ダボス会議　50
多様化　21, 22
地域　289
地域間格差　29, 30
地域経済活性化　229, 233, 239
地域貢献　296, 328, 331

地域資源　　102, 218, 229, 238, 246, 249, 303
地域需要志向型　　271, 274
地域振興　　289
地域創生　　289, 310
地域創生システム　　16
地域中小企業　　260
地域づくり　　329
地域内再投資　　36, 289
地域内再投資力　　29, 32, 35, 268, 274, 294
地域内産業連関　　36
地域リーダー　　289
地産地消　　302
地産都商　　302
地産都消　　304
地的経営　　296
中山間地域　　75, 77, 78, 79, 80, 101
中小企業基本法　　234, 263, 264, 313, 314
中小企業近代化促進法　　313
中小企業経営革新支援法　　264, 313, 314
中小企業憲章　　317
中小企業新事業活動促進法　　279, 314, 315
中小企業創造活動促進法　　314
中小企業等グループ施設等復旧整備補助業　　174
忠誠心　　310, 323, 326
超血縁性　　287
直接的支援　　174, 205
強い企業　　306, 318, 324, 327, 328, 329
定常状態　　168, 169
デジタル家電　　134
投資型クラウド・ファンド　　82
同族意識　　288
独自能力　　291
匿名組合　　204
匿名組合員　　177
トップネット　　298
ドミナント・デザイン　　109, 110, 115
富の偏在　　31

トヨタ生産方式　　128
トヨタ品質管理　　129
トリクルダウン　　26, 30

[な 行]

仲間意識　　288, 310, 323
仲間取引型　　224
なくてはならない企業　　166, 168, 169, 288, 289, 292, 301, 318, 319, 325, 326, 327, 328
二重構造　　31
日本再興戦略　　322
日本創成会議　　16, 17, 19
日本的経営　　33, 285, 310
日本的生産システム　　215
日本列島改造　　21
ネットワーキング・ケイパビリティ　　45
ネットワーク　　312
ネットワーク型　　224
農商工連携　　301
のれん　　285, 286, 291

[は 行]

場　　313, 316, 320, 321
阪神・淡路大震災　　292, 295, 309, 312
販路開拓型　　224
被災中小企業　　173, 176, 203
ビジネス・イノベーション　　324
ビジネスモデル　　289, 314, 325, 326
ビジョナリー・カンパニー　　288, 318, 327, 328
ヒト・モノ・カネの地産地消　　35, 36
ヒトが価値を生み出す　　326
ヒトづくり　　310, 319, 326
兵庫県中小企業家同友会　　316
分厚い中間層　　15, 29
ファブレス化　　221
プラザ合意　　214, 216
プラットフォーム　　315, 321

プラットフォーム化　118, 120, 126
ブランド・イノベーション　315, 324
不利是正　234, 313
ふるさと創生　21
フレキシブル・オートメーション　129
フレキシブル化　118
プロセス・イノベーション　108, 109, 110, 112, 127, 133, 314, 325
プロダクション・イノベーション　113, 126
プロダクト・イノベーション　108, 109, 110, 112, 133, 314, 325
プロダクト・ライフサイクル　108, 109
ヘゲモニー　154
ヘゲモニー性　154
ヘゲモニー的性質　154
ベンチャー・イノベーション　324
ベンチャー・ビジネス　211, 232, 234, 236, 249
（広義の）ベンチャー・ビジネス　236
ベンチャー型中小企業　229, 232, 233, 234, 236, 237, 239, 249, 250, 252
ベンチャーの諸類型　236, 249
変動相場制　122
ボーン・グローバル企業　42, 43

[ま　行]

マーケティング言説　157
マイクロ投資　176, 177, 178
マイスター制度　212
マイルドヤンキー　320
ミュージックセキュリティーズ株式会社　175, 176
モジュール化　118
モジュラー型　129
モチベーション　33

[や　行]

役割　291, 320, 327

屋号　285, 286, 291
有機的連携　302
輸出型　222
輸出型大企業　26
よい企業　306, 319, 325, 326, 327, 328, 329

[ら　行]

ラジカル・イノベーション　112
リーマンショック　21, 23, 87, 105, 122, 220
リーン生産方式　129
利益至上主義　32
リスクヘッジ　316
リソース・イノベーション　325
理念型経営　36, 288, 297, 300, 317, 323
理念型経営企業　34, 156, 166, 290, 326
連携　298, 315, 317
6次産業化　186, 188, 301, 302, 303

[わ　行]

ワーク・ライフ・バランス　322

## 【執筆者紹介】(執筆順)

山口　隆英（やまぐち たかひで）……………………………………… 第 2 章 執筆
　兵庫県立大学大学院経営研究科教授　経営研究科長
　博士（経営学）兵庫県立大学
　神戸商科大学大学院経営学研究科博士後期課程単位取得退学
　主著　『新興国における人事労務管理と現地経営』（共編著）、白桃書房、2015 年.
　　　　『多国籍企業の組織能力』白桃書房、2006 年.

西岡　正（にしおか ただし）……………………………………… 第 3 章 執筆
　兵庫県立大学大学院経営研究科教授　　博士（経営学）兵庫県立大学
　名古屋市立大学大学院経済学研究科修士課程修了
　主著　『日本自動車産業グローバル化の新段階と自動車部品・関連中小企業』（共著）、社会評論社、2016 年.
　　　　『ものづくり中小企業の戦略デザイン―産業集積、サプライヤーシステム、顧客価値―』同友館、2013 年.
　　　　『ネットワークの再編とイノベーション』（共編著）、同友館、2012 年.
　　　　『中小企業のイノベーションと新事業創出』（共編著）、同友館、2012 年.
　　　　『日本企業のものづくり革新』（共編著）、同友館、2010 年.

梅村　仁（うめむら ひとし）……………………………………… 第 4 章 執筆
　大阪経済大学経済学部教授、高知大学客員教授
　博士（創造都市）大阪市立大学
　大阪市立大学大学院創造都市研究科博士後期課程修了
　主著　「これからの自治体産業政策」「自治体産業政策の課題と政策学習」日本都市センター編『これからの自治体産業政策』日本都市センター、2015 年.
　　　　「産業集積地域の活性化と学習クラスター」池田潔編著『地域マネジメント戦略』同友館、2014 年.
　　　　『地方都市の公共経営』南の風社、2013 年.

**長野　寛之**（ながの　ひろゆき）……………………………………第5章 執筆
　　兵庫県立大学産学連携・研究推進機構教授　　博士（技術経営）立命館大学
　　京都大学工学部機械工学科卒業
　　立命館大学大学院テクノロジー・マネジメント研究科博士課程後期課程修了
　　元パナソニックプラズマディスプレイ株式会社代表取締役社長
　　主著　「電子デバイス事業における後発優位のメカニズム―液晶事業を事例として―」『多国籍企業学会誌』Vol.6、2013年.
　　　　　"The mechanism of the late mover advantage in mid-product for the electronics industry: a case study on CRT", *International Journal of Business and Systems Research*, Vol.7, No.3, 2013.

**藤川　健**（ふじかわ　たけし）……………………………………第6章 執筆
　　兵庫県立大学経営学部准教授　　博士（商学）同志社大学
　　同志社大学大学院商学研究科博士課程（後期課程）修了
　　主著　「金型産業の技術競争力の再考」日本中小企業学会編『アジア大の分業構造と中小企業』同友館、2014年（日本中小企業学会若手研究奨励賞受賞）.
　　　　　「四国における金型製造企業の存立基盤」湯浅良雄・大西正志・崔英靖編著『地域創生学』晃洋書房、2014年.
　　　　　「デザイン重視の製品転換過程」粂野博行編著『産地の変貌と人的ネットワーク』御茶ノ水書房、2010年（商工総合研究所中小企業研究奨励賞（準賞）受賞）.

**久富　健治**（ひさとみ　けんじ）……………………………………第7章 執筆
　　神戸山手大学現代社会学部教授　　博士（経営学）兵庫県立大学
　　立教大学経済学部経営学科卒業
　　立教大学大学院経済学研究科博士後期課程単位取得退学
　　主著　『銀行業と政治経済システム　国家・市場・環境』時潮社、1998年.

青田　良介（あおた　りょうすけ）・・・・・・・・・・・・・・・・・・・・・・・・・・・・・・・・・ 第 8 章 執筆
　兵庫県立大学大学院減災復興政策研究科教授　　博士（学術）神戸大学
　神戸大学大学院自然科学研究科博士後期課程修了
　主著　「岩手県・宮城県における東日本大震災復興基金の活用に関する考察」『災
　　　　害復興研究 Vol.8』関西学院大学災害復興制度研究所、2016 年.
　　　　「復興基金とローカル・ガバナンス」『震災研究センター No.162』兵庫県
　　　　震災復興研究センター、2016 年.
　　　　"Consideration on the Situation in One Year after 2015 Nepal Earthquake",
　　　　IDRiM (Integrated Disaster Risk Management) 2016.

長谷川　英伸（はせがわ　ひでのぶ）・・・・・・・・・・・・・・・・・・・・・・・・・・・・・・ 第 9 章 執筆
　玉川大学経営学部助教　　博士（経営学）兵庫県立大学
　兵庫県立大学大学院経営学研究科博士後期課程修了
　主著　「産地企業の産地内企業間関係の構築と製品差別化─豊岡カバン産地の産
　　　　地企業を事例に─」大西正曹編著『時代の車窓から見た中小企業』晃洋
　　　　書房、2012 年.
　　　　「豊岡カバン産地の構造変化」日本中小企業学会編『中小企業のイノベー
　　　　ション』同友館、2012 年.

須佐　淳司（すさ　じゅんじ）・・・・・・・・・・・・・・・・・・・・・・・・・・・・・・・・・・・・・ 第 10 章 執筆
　大阪経済大学経営学部准教授　中小企業・経営研究所特別研究所員
　兵庫県立大学大学院経営研究科（MBA）修了
　独立行政法人 中小企業基盤整備機構中心市街地商業活性化アドバイザー
　元 JTB 地域交流プロデューサー
　主著　「「第二創業型ベンチャー企業」による市場創造形成プロセスについての
　　　　一考察〜地域資源を活かす大歩危観光㈱の事例から〜」『大阪経大論集』
　　　　第 67 巻第 5 号、2017 年.

**山下　紗矢佳**（やました さやか）……………………………………… 第 11 章 執筆
　　神戸山手大学現代社会学部専任講師　　博士（経営学）兵庫県立大学
　　兵庫県立大学大学院経営学研究科博士後期課程修了
　　主著　「小規模事業者によるイノベーション―企業家論の視点より―」『中小企
　　　　　業季報』2016 No.4、大阪経済大学中小企業経営研究所、2017 年.
　　　　　「中小企業の海外事業展開とイノベーション」佐竹隆幸編著『現代中小企
　　　　　業の海外事業展開―グローバル戦略と地域経済の活性化―』ミネルヴァ
　　　　　書房、2014 年.

## 【編著者紹介】

**佐竹　隆幸**（さたけ たかゆき）………… 序章、第1章、第12章、終章、あとがき
　1960 年生まれ
　1983 年　関西学院大学経済学部卒業
　　　　　関西学院大学大学院経済学研究科博士課程後期課程単位取得退学
　　　　　博士（経営学）兵庫県立大学
　現在　　関西学院大学大学院経営戦略研究科教授
　　　　　兵庫県立大学（旧神戸商科大学）名誉教授
　　　　　兵庫県参与
　　　　　日本中小企業学会副会長
　　　　　(株)メック取締役（社外）
　　　　　サンテレビ「キラリけいざい」　ラジオ関西「時間です！林編集長」
　　　　　レギュラーコメンテーター
　主著　　『現代中小企業の海外事業展開─グローバル戦略と地域経済の活性化
　　　　　─』（編著）ミネルヴァ書房、2014 年.
　　　　　『「人」財経営のすすめ』神戸新聞総合出版センター、2014 年.
　　　　　『「地」的経営のすすめ』神戸新聞総合出版センター、2012 年.
　　　　　『中小企業存立論─経営の課題と政策の行方─』ミネルヴァ書房、2008 年.
　　　　　『中小企業のベンチャー・イノベーション』（編著）ミネルヴァ書房、2002 年.
　　　　　『中小企業論の新展開─共生社会の産業展開─』（編著）八千代出版、
　　　　　2000 年.

2017年 4 月10日　初版第 1 刷発行

## 現代中小企業のソーシャル・イノベーション

Ⓒ 編著者　　佐竹　隆幸

　　発行者　　脇坂　康弘

発行所　株式会社 同 友 館

東京都文京区本郷 3-38-1
郵便番号　　113-0033
TEL　03(3813)3966
FAX　03(3818)2774
http://www.doyukan.co.jp/

落丁・乱丁はお取替え致します。　　　　　三美印刷／東京美術紙工

ISBN 978 4 496 05260 0　　　　　　　　　　　　Printed in Japan

本書の内容を無断で複写・複製（コピー），引用することは，
特定の場合を除き，著作者・出版社の権利侵害となります。